Henry Schmedemann • Der große Ideenbringer für Geschäftsbriefe und Reden

Henry Schmedemann

Der große Ideenbringer für Geschäftsbriefe und Reden

Im Berufsalltag überzeugend korrespondieren und wirkungsvoll reden

2. Auflage

HOLZMANN BUCHVERLAG

2., bearbeitete Auflage 1993

Gesamtherstellung: Holzmann Druck, Bad Wörishofen
Umschlaggestaltung: Atelier Günter Egger, Bad Wörishofen
Art.-Nr. 1133
Printed in Germany
ISBN 3-7783-0337-6

INHALTSVERZEICHNIS

KAPITEL 1 Voraussetzungen für die erfolgreiche Korrespondenz

Voraussetzungen für die erfolgreiche Korrespondenz

Briefe bestehen aus Sprache. Wenn von erfolgreicher Korrespondenz die Rede ist, muß es also um die Qualität dieser Sprache gehen. Für die Korrektheit haben wir Regeln, für den Stil gibt es dagegen nur Faustregeln. Beides ist hilfreich. Die Regeln erleichtern das Formulieren und das Verstehen, weil für alle dieselben Vorschriften gelten. Die Faustregeln geben dagegen zwar Orientierungshilfen, zwingen uns aber zu nichts.

Stellen Sie sich vor, in jedem unserer Autos wäre alles Technische nach irgendeinem Belieben geregelt. Chaos, nicht wahr? Und stellen Sie sich vor, unsere Autos sähen alle gleich aus, hätten dasselbe Design. Die Langeweile regierte.

So ähnlich verhält es sich mit unserem Briefstil. Wir brauchen viel Gleichartiges, damit die Verständigung schnell und reibungslos klappt. Wir brauchen aber auch Individuelles, weil nur so jeder zumindest die Möglichkeit hat, seinen persönlichen Stil zu gestalten.

Warum gestalten? Warum nicht auch in diesem Bereich Uniformität? Weil Gestaltung zugleich Wirkung bedeutet. Und wer sich die Mühe macht, Briefe zu produzieren, dem geht es ja zweifellos darum, andere zu einem Tun oder Unterlassen zu bewegen, wenn wir einmal von schlichten Mitteilungen wie einer Warenankündigung absehen. Doch selbst die soll noch gut „ankommen“, in dem Sinn: Wer die Lieferung einer bestellten Ware pünktlich und freundlich ankündigt, treibt damit ebenfalls Werbung – eine indirekte Werbung – für sein Unternehmen.

Aber die Forderung „Gestalten!“ ist leichter als ihre Ausführung. Wie gestalten? In diesem Fall lohnt es sich, in kurzen Zügen die geschichtliche Entwicklung zu betrachten; sie ist aufschlußreich.

In den ersten zehn Jahren des bundesdeutschen „Wirtschaftswunders“ nahm man in den meisten Unternehmen die Korrespondenz so wieder auf, wie man es von altersher gewöhnt war.

In den 60er Jahren lief man damit langsam aber sicher auf eine Wand zu, denn Arbeitskräfte wurden knapp. Für den Briefverkehr waren es vor allem Steno- und Phonotypistinnen sowie Sekretärinnen. Und wer auch noch Ansprüche an dieses Personal stellte, hatte es besonders schwer. Die Korrespondenzarbeit wurde mit blühenden Geschäften immer umfangreicher, der Mangel an Kräften, zumal an guten Kräften, immer schlimmer. Was nun?

In dieser Zwangslage wurde die Textprogrammierung entdeckt und später mit der automatischen Textbaustein-Verarbeitung gekoppelt. Für die Textprogrammierung brauchte man jedoch ausführliche, gründliche Textanalysen. Diese Textanalysen wiederum brachten es an den Tag: In den meisten Unternehmen pflegte man einen Briefstil, der um durchschnittlich 30% zu aufwendig war. Da Kaufleute gute Rechner sind, merkten sie schnell, daß sich hier eine außerordentliche Sparmöglichkeit anbot. Das Stichwort hieß:

Aufwandsverringerung!

Und diesen Aufwand galt es durch Korrespondenz-Seminare systematisch zu verringern.

In den 70er Jahren stellte sich immer stärker ein weiteres Stichwort ein:

Verständlichkeit!

Was nützte es, wenn die Texte zwar kürzer wurden, die Sätze aber lang blieben, mit Hauptwörtern vollgestopft erschienen und aus diesen sowie anderen Gründen oft erst bei mehrfachem Lesen verstanden oder gleich mißverstanden wurden?

Solche Texte wurden vor allem in den Behörden produziert. Deshalb engagierten sich in jener Zeit zahlreiche Spitzenpolitiker, um die Verständlichkeit unserer schriftlichen Kommunikation zu fördern.

Aber natürlich war der „Schwerverständlichkeitsstil" (etwa so wie dieses Wort) nicht auf Behörden beschränkt. Und deshalb wurden die Rufe nach Verbesserung noch mehr dort gehört, wo man auf ökonomisches Arbeiten angewiesen ist, wenn man nicht früher, als einem lieb ist, seinen Platz an der Sonne räumen will.

Man kann sich knapp und klar ausdrücken und dabei trotzdem unhöflich oder sogar saugrob schreiben. Und an Stilarten, die in diese Schublade gehören, war man auch vielerorts gewöhnt, sobald es Meinungsverschiedenheiten gab. Aber war das eigentlich gut? Begünstigte das die eigenen Ziele? In der Regel wohl kaum. Zu den Zielvokabeln „Aufwandsverringerung" und „Verständlichkeit" gesellte sich immer öfter ein drittes Stichwort:

Leserfreundlichkeit!

Man begann einzusehen: Bestimmtheit oder sogar Härte und Höflichkeit schließen einander keineswegs aus.

So entstand allmählich ein neuer Geschäftsbriefstil. Nicht überall natürlich. Eine solche Entwicklung dauert Jahrzehnte. Und da ist es nicht verwunderlich, daß wir heute alle möglichen Stilarten nebeneinander finden. Sicher ist jedoch, daß diejenigen – einzelne wie Unternehmen –, die schneller als andere dazulernen, sehr bald die Nase vorn haben.

Am Anfang war von der Langweiligkeit des Ewiggleichen die Rede. Fügen wir hinzu: Selbst ein moderner Briefstil kann langweilig werden, wenn alle ihn in derselben Weise praktizieren. Und aus dem Grunde zeigt sich nun öfter oberhalb der Grenzlinie dieses modernen Briefstils so etwas wie ein individueller Briefstil. Stichwort:

Individualität!

Ein guter Korrespondenzstil als Grundlage, ausgeflaggt mit einigen in ganz persönlichen Farben leuchtenden Extrafähnchen! Auch das hat es selbstverständlich schon immer gegeben, aber eben nur bei wenigen. Heute wagen mehr und mehr Korrespondentinnen und Korrespondenten hier und da auch einmal ein „ganz persönliches Wort".

Bringen wir unsere kleine „Geschichte" mit ihren Schlüsselwörtern nun in eine etwas bessere Ordnung, indem wir uns fragen: Was wollen wir mit unserer Korrespondenz und unseren stilistischen Möglichkeiten erreichen?

1. Wir wollen Informationen übertragen.
2. Wir wollen beeinflussen.
3. Wir wollen uns selbst günstig darstellen.

In der Einzelbesprechung dieser drei Aufgaben, die wir uns stellen, werden die vier genannten Punkte wieder auftreten, nur in anderer Reihenfolge, in einer sinnvollen Systematik.

Stil als Mittel der Informationsübertragung – *Logik*

Wenn die Logik unserer Aussagen nicht stimmt, liefern wir falsche oder zumindest schiefe Informationen. So gefährden wir von vornherein die Erfolgsaussichten unseres Vorhabens.

Der Geschäftsführer eines großen Scheckkartenanbieters schreibt im zweiten Satz eines Werbebriefes so:

– *Nach Durchsicht der ...-Karteninhaber haben meine Mitarbeiter und ich festgestellt, daß Sie, sehr geehrter Herr ..., nicht zu unseren Mitgliedern zählen.*

Was halten Sie davon? –

Haben die Mitarbeiter und der Geschäftsführer die ...-Karteninhaber durchgesehen? Bevor man die Inhaber durchsieht, muß man sie erst einmal einladen. Und ob sie dann, wegen der Durchsicht, kommen ...?

Man hat höchstens die Kartei durchgesehen, und auch das wird wohl im Zeitalter moderner Datenverarbeitung nicht zutreffen. Die Technik kann uns heute auch ohne unsere Durchsicht sagen, ob Herr X Mitglied ist oder nicht.

Schließlich bleibt noch festzuhalten, daß mir der Hauptinhalt dieses Satzes ohnehin bekannt war. Ich werde doch wohl selbst wissen, ob ich Mitglied bin oder nicht.

Wir haben es hier mit einem harmlosen Beispiel zu tun, über das Betroffene nicht verärgert sein, sondern nur lachen sollten. Wenn solche Ungereimtheiten jedoch ernsthafte Sachverhalte verdrehen?

Stil als Mittel der Informationsübertragung – *Verständlichkeit*

Ein Spezialistenteam hat den Auftrag, ein bestimmtes Verfahren für einen bestimmten Einsatz zu beurteilen. Soll der Auftraggeber es verwenden? Bringt es etwas? Antwort:

Wenngleich die Zweckmäßigkeit bzw. die Wirksamkeit einer solchen Arbeitsmethode nicht überbewertet werden soll, scheint uns das Verfahren doch interessant genug, Anlaß zu der Überlegung zu geben, ob Sie nicht Ihrerseits das betreffende Schema, gegebenenfalls auf die spezifischen Bedingungen Ihres Marktes zugeschnitten, übernehmen wollen.

Verstanden? – Vermutlich müssen Sie den Satz ein zweites Mal lesen, um auf die Frage „Verstanden?“ eine Antwort geben zu können. Welche Hauptfehler enthält der Satz, was macht ihn so schwer verständlich?

a) Der Satz ist zu lang.
b) Dieselbe Sache wird im selben Satz mit drei verschiedenen Ausdrücken bezeichnet: Arbeitsmethode, Verfahren, Schema.
c) Die beiden mit dem vagen „bzw.“ gekoppelten Wörter „Zweckmäßigkeit“ und „Wirksamkeit“ lassen nicht erkennen, worin sie sich genau unterscheiden, ob sie einander überschneiden oder ob beide nur so hingesagt worden sind.
d) Die Formulierungen „scheint“, „Anlaß zu der Überlegung zu geben“, „gegebenenfalls“ verbreiten Unsicherheit; gesteigert wird diese Unsicherheit dadurch, daß die Aussage mit „ob Sie nicht Ihrerseits“ einen Dreh vom Auskunftgebenden zum Auskunftempfänger bekommt. Was der Empfänger am besten wollen soll, möchte er ja gerade vom Sender erfahren.

Sie sehen an diesem Beispiel: Der Schreiber hat nicht nur schwerverständlich formuliert, sondern auch inhaltliches Durcheinander veranstaltet – und das geht meistens Hand in Hand. Wenn man sich Mühe gibt, kann man herauslesen:

– *Sie dürfen dieses Verfahren nicht überbewerten. Es kann Ihnen aber nützliche Ergebnisse liefern, wenn Sie es – auf Ihren Markt zugeschnitten – einsetzen.*

Letze Frage dazu: Wodurch ist der miserable Originalsatz entstanden? Formulierunfähigkeit des Schreibers? Vermutlich ist das nicht der Grund. Vielmehr: Der Verfasser hat sich, bevor er den Satz zu bauen begann, inhaltlich nicht entschieden; er hat gemeint, während des Formulierens werde er „die Kurve schon kriegen“. Er hat sie nicht gekriegt, er ist im Graben gelandet.

Stil als Mittel der Informationsübertragung – *Sprachaufwand*

Wenn wir Geschäftsbriefe diktieren oder selbst schreiben, können wir nicht immer zugleich daran denken: Habe ich nun auch kein Wort zuviel gesagt? Unnötiger Aufwand! – Auf die Weise kämen wir nicht voran, und auch das wäre Aufwand.

Es geht nur darum, sich grundsätzlich Weitschweifigkeiten abzugewöhnen, die nichts einbringen. Wer ständig mit Füllfloskeln arbeitet – wenn man sie einmal „drauf hat“, fließen sie wie von selbst über die Zunge – der bekommt im Laufe eines Diktierjahres oder gar eines Diktierlebens eine ganze Menge Überflüssiges zusammen.

Ziel muß sein, einen klaren, floskelarmen Briefstil zu entwickeln, nach dem Motto:

Fasse dich kurz! Aber bleib immer verständlich und höflich!

Der Aber-Zusatz ist schon deshalb notwendig: Wer, etwa im Telegrammstil, Rückfragen oder durch unhöfliche Kürze Widerstände provoziert, treibt den Aufwand auch in die Höhe.

Wenn wir schreiben „Schicken Sie uns die Unterlagen bis spätestens Dienstag!“, ist das zwar knapp, aber ob der andere es daraufhin tut, erscheint fraglich. Besser werden die Aussichten, wenn wir ein wenig mehr Aufwand treiben, sinnvollen Aufwand: „Schicken Sie uns die Unterlagen bitte bis Dienstag. Danke.“

Lesen Sie jetzt bitte den Beispielsatz unter „Verständlichkeit“ noch einmal – und den Verbesserungsvorschlag. Dort geht es nämlich ebenfalls um Aufwand. Meistens fördern wir die Verständlichkeit, wenn wir uns die Mühe machen, das Notwendige kurz und klar zu formulieren.

Stil als Mittel der Beeinflussung – *Merkmale fragwürdiger Stilgestaltungen*

Ich kann versuchen, jemanden dadurch zu beeinflussen, daß ich ihm drohe. Wenden Sie dieses Verfahren einmal an, wenn Sie einen überfälligen Rechnungsbetrag hereinholen wollen, der andere aber kein Geld *hat*! Werden Sie ihr Geld bekommen? – Sie bekommen höchstens etwas anderes, etwas zu spüren nämlich: Beleidigtsein, Trotz, Widerstand. Es geht auch anders, besser, manchmal sogar mit Humor. Lesen Sie bitte einmal den Mahnbrief auf Seite 205 (1. Mahnung)

Sie möchten einen Preisnachlaß erzielen und schreiben:

Die Preise für ... sind deutlich gesunken. Hören wir irgend etwas von Ihnen? Nein. Und das, obwohl Sie uns bei Beginn unserer Geschäftsbeziehung darauf hingewiesen haben, daß Sie ... na, und so weiter. Halten Sie das für fairen Umgang unter Partnern?

Auch Vorwürfe zählen zu den fragwürdigen Mitteln der Korrespondenz. Natürlich dürfen wir sie nicht ausschließen. In der Praxis werden sie jedoch viel zu leicht eingesetzt. Vermutlich denken die Verwender dabei am wenigsten an ihr eigenes Geschäft.

Zu den Merkmalen fragwürdiger Stilgestaltungen sind vor allem zu rechnen:

a) Anonymstil (zu häufiges Passiv, man ...)
b) Belehrungen (Sie sollten doch eigentlich wissen, ...)
c) Drohungen (Mit allen verfügbaren Mitteln werden wir ...)
d) Gönnerhaftigkeit (Ausnahmsweise gewähren wir ...)
e) Ironie (Wenn wir so arbeiteten, wären wir schon ...)
f) Schroffheit (Nicht mit uns!!!)
g) Vorwürfe (... haben Sie unser Vertrauen wiederum mißbraucht)

All diese Tonarten sind in bestimmten Fällen verständlich. Aber – sind sie nützlich? Fast nie.

Stil als Mittel der Beeinflussung – *Merkmale moderner Stilkonzeptionen*

Und was setzen wir gegen die „Stilverderber“?

a) Kompromißbereitschaft
b) Freundlichkeit
c) Höflichkeit

Warum in dieser Reihenfolge? Wenn man weiter miteinander Geschäfte machen will, falls es irgendwie geht, muß man in mancherlei Situationen Kompromisse eingehen.

Wenn es Meinungsverschiedenheiten in der Sache gibt, man einander jedoch nicht als „böser Feind" gegenübersteht, ist es zu empfehlen, freundlich zu sein. Gerade dann! Freundlichkeit im Ton bei Härte in der Sache, das nimmt der Härte die Schärfe.

Wenn ich den Eindruck habe, daß mich jemand übers Ohr hauen will, kann ich schlecht mit Freundlichkeit reagieren; es könnte geradezu albern wirken. Aber höflich kann ich trotzdem bleiben. Höflichkeit in wirklich unangenehmen Situationen zeigt sogar Überlegenheit, während Schimpfen eher das Gegenteil signalisiert. Also Höflichkeit als Mindestausstattung der Umgangsformen.

Sehen Sie sich bitte einige Briefe zu dem Thema „Preisänderung" an. Dort finden Sie das, was hier gemeint ist, an vielen Stellen.

Stil als Mittel der Selbstdarstellung

„Selbstdarstellung", ist das denn ein seriöses Ziel? Ist es. Außerdem können wir an diesem Ziel ohnehin nicht vorbeigehen. Wenn Ihnen jemand auf Ihr Angebot schreibt „Für so einen Quatsch gebe ich mein Geld nicht her!", hat er sich sehr schön selbst dargestellt. Zwar nicht betont positiv, aber – dargestellt. Ob wir also wollen oder nicht: immer stellen wir uns mit einem Brief auch selbst dar.

Ein kleines Beispiel aus einem anderen Bereich: Wenn ein Mitarbeiter sein Geld nicht wert gewesen ist und gehen muß, pflegt man sich mit dessen Zeugnis oft keine allzu große Mühe zu machen. Klar, sein Zeugnis wird schlecht. Aber auch ein schlechtes Zeugnis kann gut formuliert sein. Und bedenken wir: Der Empfänger zeigt es ein Leben lang an vielen Stellen vor, und in jedem Fall wird damit nicht nur er, sondern auch der Zeugnisverfasser beurteilt. Welches Image ein Unternehmen entwickelt, das hängt auch von vielen Briefen und anderen Kleinigkeiten ab.

Stil als Mittel der Selbstdarstellung – *Standard-Briefstil / Individueller Briefstil*

Wer beherzigt, was hier besprochen ist, und es in die Praxis umsetzt, bietet einen guten Standard-Briefstil in modernem Sinn. Die meisten Briefbeispiele aus den Bereichen „Voranfrage", „Anfrage", „Angebote", „Kaufverträge" gehören dazu. Und genau für derart stark sachorientierte Themen ist dieser sachlich-freundliche Standard-Stil auch das Angemessenste.

Natürlich erfüllt er auch in anderen Bereichen – etwa wo's um Mängelrügen oder Preisänderungen geht – einwandfrei seinen Zweck. Aber – überall, wo es ein bißchen oder sogar ein bißchen sehr knifflich wird, wünscht man sich doch manchmal *noch* ein wenig mehr. Und dieses Mehr ist nur durch einen „persönlichen Pfiff", durch eine kleine „individuelle Note" erreichbar.

So viele schreiben einen guten Standardsatz, der ungefähr lautet:

Sehr geehrter Herr Münter,

wir bedauern sehr, daß es uns nicht möglich ist, auf der von Ihnen geschilderten Basis mit Ihnen ins Geschäft zu kommen

Ein anderer sagt dasselbe, schreibt aber:

Sehr geehrter Herr Münter,

schade, daß wir diesmal nicht ins Geschäft kommen!

Noch ein Beispiel! Der jedem bekannte, uralte schlechte Schlußsatz lautet:

Wir hoffen, Ihnen mit diesen Angaben gedient zu haben, und verbleiben

mit freundlichen Grüßen

Der Gewitztere formuliert längst anders, beispielsweise so:

Wir hoffen, daß Ihnen diese Informationen weiterhelfen.

Mit freundlichen Grüßen

Und der mit dem winzigen individuellen Extra?

Wir hoffen, sehr geehrte Frau Feldmann, daß Ihnen diese Informationen weiterhelfen.

Freundliche Grüße
aus Bad Wörishofen

Während der gute, moderne Standard-Stil systematisch gelernt werden kann, sind wir bei einem individuellen Briefstil auf eine allmähliche Entwicklung angewiesen – auf eine Persönlichkeitsentwicklung nämlich, die dann – auch – im Briefstil zum Ausdruck kommt. Eins allerdings läßt sich selbst in diesem Zusammenhang bewußt tun: Anregungen geben!

Sprachliche Korrektheit

Was gehört zur sprachlichen Korrektheit eines Geschäftsbriefes? Alles, was eindeutig geregelt ist, also:

- Rechtschreibung
- Zeichensetzung
- Grammatik

Ist es wirklich so schlimm, wenn jemand mal „Rhytmus" statt „Rhythmus" schreibt oder ein Komma setzt (ohne den Sinn zu verändern), wo keins hingehört? Nein, schlimm ist das nicht, aber ...

Wer bestimmt eigentlich, ob sowas schlimm, ein bißchen schlimm oder gar nicht schlimm ist? Der Schreiber selbst, der Chef, der Duden. Und wenn die nun alle großzügig sein sollten, solange solche kleinen Fehler nicht überhand nehmen? Dann hilft uns das überhaupt nichts, falls der Briefempfänger darüber anders denkt. Bei wem wollen wir ansprechend und überzeugend wirken? Natürlich bei den Empfängern unserer Briefe (gilt auch privat). Und sicher ist: Viele darunter sind in Kleinigkeiten außerordentlich kleinlich. Und wenn ich zufällig an so einen mit meiner Bewerbung gerate ... den Rest können Sie sich denken.

In der Anfangszeit der modernen Textverarbeitung wurden Seminarleiter oft gefragt, wie man denn wenigstens halbwegs dafür sorgen könne, nicht an einen schwachen Händler zu geraten (Maschinenwartung!)? Die Antwort war oft: Gehen Sie mal unangemeldet hin. Dann lassen Sie sich nicht zu Kaffee oder einem Gläschen Sekt einladen, sondern rennen schnurstracks in die Werkstatt. Und wenn es dort wie Kraut und Rüben aussieht, dürfen Sie ziemlich sicher sein, daß es in der Werkzeugtasche der Techniker auch nicht anders aussieht.

Übertragen auf unser Problem: Wenn die sprachlichen Äußerlichkeiten auffallend nicht stimmen, schließen viele Menschen, oft vermutlich zu Recht, daraus auf die sonstigen Leistungen. Also seien wir vorsichtig bei den Äußerlichkeiten!

Speziell zur Grammatik: Niemand beherrscht sie vollkommen. Das heißt, jeder macht mal den einen oder anderen Fehler. Aber – auf Kriegsfuß dürfen wir nicht mit ihr stehen. Sonst wird rasch gesagt: „Die Brüder können nicht mal richtig DEUTSCH."

Briefbildgestaltung

In den Stilkapiteln haben wir mehrfach über den sprachlichen Aufwand gesprochen. Aber auch mit Äußerlichkeiten können wir unnötigen Aufwand treiben. Wenn die äußere Briefgestaltung nach Lust und Laune von Chefs, Sekretärinnen ... entschieden wird, bekommen wir:

1. ein heilloses Durcheinander, das weder die Leser noch die Werbeleute schätzen (ein einheitliches „Briefgesicht" wird angestrebt),
2. zusätzlichen Aufwand beim Diktieren (manches, was hausintern festgelegt sein könnte, muß angesagt werden),
3. Unsicherheiten, Rückfragen, Mißverständ-

nisse und Fehler auf der Schreibseite und Auseinandersetzungen mit den Diktierenden,

4. Verärgerung bei Diktierenden, wenn Anweisungen falsch ausgeführt werden,
5. eine ganze Menge Extraarbeit beim Schreiben (weil nicht die günstigsten Schreibweisen gewählt werden).

Allein Punkt 5 hat bei Untersuchungen ein unerfreuliches Plus von rund 25% ergeben. Wir sprechen also nicht von Kleinigkeiten. Wieviel die anderen Punkte ausmachen, wissen wir nicht; sie sind nur schwer meßbar.

Außerdem: Was soll in den berufsbildenden Schulen gelehrt werden, wenn es keine einheitlichen Maßstäbe gibt? Immer das, was dem jeweiligen Lehrer am besten gefällt? Und was bringen die so Belehrten dann in die Praxis mit? Eben mal dies, mal das. – Dies zeigt schon: So geht es nicht.

Deshalb gibt es bei uns die „Regeln für Maschinenschreiben" (DIN 5008). Aber auch diese Regeln mußten immer wieder neuen Anforderungen angepaßt werden. In der Ausgabe von 1975 wurden zum ersten Mal das Streben nach gutem Briefbild und das Streben nach rationellem Schreiben konsequent zusammengeführt. Gültig ist heute die Ausgabe von 1986 (erhältlich beim Beuth Verlag in Berlin).

Heißt das, wir brauchen uns nur nach der DIN 5008 zu richten, und alles ist in Ordnung? Nicht ganz, denn dieses Werk läßt bewußt auch einigen Spielraum. Es enthält folgende Elemente:

a) Regeln (im Sinne von Vorschriften)
b) Alternativregeln (Auswahl möglich)
c) Empfehlungen (auch ganz anderes erlaubt)
d) Muster (keine zusätzlichen Regeln begründend)

Das bedeutet: Wer sich an die DIN 5008 hält, muß außerdem Hausregeln für die Stellen festlegen, wo das DIN-Werk Freiheiten bietet. Legt man dafür nichts fest, besteht wiederum die Gefahr, daß man von den Briefproduzenten (Diktierenden, Schreibenden) sehr Unterschiedliches geliefert bekommt.

Anschrift

Bei der Anschriftgestaltung redet die Post ein erhebliches Wörtchen mit, denn sie muß unsere Briefprodukte schließlich befördern; ihre Vorstellungen sind in das Regelwerk eingegangen.

Heute wird meistens mit Fensterbriefhüllen gearbeitet, so daß man die Anschrift nur einmal zu schreiben braucht. Dieses Fenster umfaßt 9 Zeilen. Die erste Zeile im Fenster ist reserviert für:

a) Sendungsart (zum Beispiel: Drucksache)
b) Versendungsform (zum Beispiel: Eilzustellung)
c) Vorausverfügung (zum Beispiel: Nicht nachsenden)

Wird keine besondere „Versendungsform" gewünscht (dieser Ausdruck steht beim Diktieren zusammenfassend für Sendungsart, Versendungsform und Vorausverfügung), bleibt die 1. Zeile leer.

Auch die 2. Zeile bleibt leer, ob eine Versendungsform vorkommt oder nicht; sie soll den nötigen Abstand zur Anschrift bilden.

Da dieser Abstand verschwindet, wenn 2 Zeilen für die Versendungsform aufgewandt werden müssen, wird in dem Fall die 2. Zeile unterstrichen.

Hier einige Anschriftmuster:

Muster A

1
2
3 GTD
4 Linderweg 19
5
6 5063 Overath
7
8
9

Muster B

1 Eilzustellung
2
3 Gesellschaft für
4 Textverarbeitung und
5 Datentechnik
6 Herrn Hilmar Kruse
7
8 5063 Overath
9

Muster C

1
2
3 ImK Ulrich Schoenwald
4 Mittelstraße 3
5
6 4010 Hilden
7
8
9

Muster D

1 Drucksache
2
3 ImK – Institut für
4 moderne Korrespondenz
5 Ulrich Schoenwald
6 Mittelstraße 3
7
8 4010 Hilden
9

Muster E

1
2
3 Frau
4 Helga Mahlmann
5 Mohnberg 16
6
7 2000 Hamburg 12
8
9

Muster F

1 Einschreiben
2
3 Herrn Albert Weber
4 An der Tanne 14
5
6 5000 Köln 91
7
8
9

Muster G

1 Briefdrucksache
2
3 Frau Studienrätin
4 Dr. Marlene Brühl
5 Postfach 11 11 11
6
7 4000 Düsseldorf 48
8
9

Muster H

1 Mit Luftpost – Par Avion
2
3 Herrn
4 Esko Hautamäki
5 Direktor der
6 Nordiska föreningsbanken
7 Tuomickirkonkatu 31 B
8
9 SF-33100 Tampere 10

Bezugszeichenzeile

In die Bezugszeichenzeile werden in der Regel folgende Angaben gedruckt:

- Ihre Zeichen, Ihre Nachricht vom
- Unsere Zeichen, unsere Nachricht vom
- (Telefonangaben)
- (Absendeort)

DIN-gerecht stehen diese gedruckten Leitwörter so, daß sie – in der genannten Reihenfolge auf Grad 10, 30, 50 und 60 beginnen. („Grad" bezieht sich auf die Gradeinteilung der Schreibmaschinenskala.) Bei diesen und allen folgenden Angaben gehen wir von der üblichen Pica-Schrift oder einer anderen Schrift aus der Pica-Familie aus (Teilung: 10er). Wer mit einer Schrift der Elite-Familie schreiben will (Teilung: 12er), braucht die Werte nur auf entsprechende Werte der 12-Reihe umzurechnen: 12 statt 10, 24 statt 20 ...

Die aktuellen Füllungen werden so unter diese Leitwörter geschrieben, daß der erste Buchstabe unter dem ersten Buchstaben des Leitwortes steht.

Wer keine Briefblätter mit gedruckten Leitwörtern verwendet, dem ist folgendes zu empfehlen:

Datum des Briefes und Diktatzeichen: rechts ins freie Feld neben Anschrift (wo Platz ist).

Die Angaben zu „Ihre Zeichen, Ihre Nachricht vom" mit dem Betreff verbinden. Zum Beispiel:

- Korrespondenz-Seminar für Verkauf B
  Ihre Anfrage vom 12.07.19.. m-b

Betreff – Anrede – Text – Grußblock

Zwischen diesen Aussageeinheiten sind folgende Abstände einzuhalten:

Betreff – Anrede:
2 Leerzeilen (3mal schalten)

Anrede – Text: 1 Leerzeile (2mal schalten)

Text: Absätze sind grundsätzlich durch 1 Leerzeile (2mal schalten) voneinander zu trennen.

Text – Grußblock:
1 Leerzeile (2mal schalten)

Im Grußblock zwischen Gruß und Firmennamen 1 Leerzeile, zwischen Firmennamen und maschinengeschriebenen Unterzeichner etwa 3 Leerzeilen schalten!

Einrückungen

Eingerückte Texte beginnen auf Grad 20.

Anlagen- und Verteilvermerk

Diese Angaben sind in angemessenem Abstand unter der letzten Zeile des Grußblocks (mindestens 1 Leerzeile Abstand) oder, auf Grad 50 beginnend, neben dem Grußblock zu schreiben.

Hinweis auf Folgeseite – Seitenbenummerung

Für den Fall, daß Sie auf eine zweite Seite (3., 4. usw.) hinweisen wollen, *empfiehlt* die DIN 5008, auf die Vorseite unten, bei Grad 60 beginnend, drei Punkte zu setzen, also: ...

Da dies nur eine Empfehlung ist, dürfen Sie die Punkte auch an andere Stelle setzen, zum Beispiel links- oder rechtsbündig.

Die Seitennummer (– 2 –) über dem Text einer Folgeseite *sollte* auf Grad 40 beginnen. Auch dieses „sollte" drückt eine Empfehlung aus. Praktischer ist manchmal links- oder rechtsbündiges Schreiben.

In diesem Buch haben wir Hinweis-Punkte und Seitennummern weggelassen, weil eine Folgeseite nur aus Umbruchgründen vorkommt. Es ist überhaupt fraglich, ob schon bei nur 2seitigen Briefen bereits diese zweite Seite immer mit einer Seitenzahl versehen werden muß.

Briefmuster (Pica)

Welche Tabulatorsprünge man immer braucht und welche nur manchmal, zeigt das Briefmuster (Pica-Schriftgröße). Zeilenanfang: Grad 10. Zeilenende: Grad 70 ± 5. Wenn Sie über Grad 75 nicht hinausgehen, können Sie das Blatt auch beidseitig beschriften, ohne daß die Lochung in den Text der Rückseite gerät. Zu dem Tabulatorsprüngen (bitte beachten Sie die Hinweiszahlen im Briefmuster):

(1) und (2): Die Hinweise auf Sendungsart, Versendungsform und Vorausverfügung (Diktatwort: Versendungsform) sowie alle Zeilen des Anschriftblocks beginnen auf Grad 10.

(3): Datum und Diktatzeichen bei Briefblättern ohne gedruckte Bezugszeichen-Leitwörter beginnen auf Grad 50 (Dauertab!).

(4): Behandlungsvermerke beginnen auf Grad 50 (Dauertab!), wenn sie nicht in die Betreffzeile geschrieben werden sollen.

(5) bis (8): Betreff, Bezug, Anrede und Kerntext beginnen auf Grad 10.

(9): Einrückungen beginnen auf Grad 20 (Dauertab!).

(10): In Gliederungen beginnen die Gliederungskennzeichen auf Grad 10, der Text beginnt auf Grad 20 (Dauertab!).

(11): Wenn Zahlen auszuwerfen sind, ist es zweckmäßig, dafür einen Tabulatorsprung zu benutzen. Empfehlung: Tausender auf Grad 65.

(12): Wenn Zahlen halb auszuwerfen sind (in einer Kolonne vor auszuwerfenden Zahlen), empfiehlt es sich, dies mit Hilfe eines Tabulatorsprungs zu machen. Es bietet sich an: Tausender auf Grad 50 (Dauertab!).

(13): Bei Aufzählungen (1., 2., 3. usw.) erleichtert ein Tabulatorsprung auf Grad 13 die Arbeit. Wenn nämlich auf die Gliederungszahlen mehrere Zeilen Text folgen, muß man sonst nach jedem Zeilenwechsel dreimal die Leertaste anschlagen.

(14): Seitenabschluß bei mehrseitigen Schriftstücken: Die DIN 5008 empfiehlt, die beschriftete Seite mit drei Punkten abzuschließen, mit mindestens einer Leerzeile Abstand von der letzten Textzeile, auf Grad 60 beginnend.

(15): Seitenbeginn bei mehrseitigen Schriftstücken: Nach DIN 5008 werden Folgeseiten benummert. Die Seitenangabe besteht aus Mittestrich, Leerschritt, Seitennummer, Leerschritt, Mittestrich. Die Angabe beginnt auf Grad 40 (Empfehlung). Auf Blättern ohne Aufdruck sollen die Seitenzahlen bei engzeiliger Schreibweise (Zeilenabstand 1) in der 5. Zeile stehen, der Text in der 7. Zeile beginnen. Bei eineinhalbzeiliger Schreibweise (Zeilenabstand 1,5) soll die Seitenzahl in der 3. Zeile stehen, der Text in der 5. Zeile beginnen.

(16): Alle Zeilen des Grußblocks beginnen auf Grad 10.

(17), (18): Alle Zeilen des Anlagen- und des Verteilvermerks beginnen – wenn sie nicht linksbündig unter den Grußblock geschrieben werden – auf Grad 50 (Dauertab!).

Pica

```
(10)                  B R I E F K O P F                   (75)

  13    20                      40      50          65   70

Absender
----------------------------------------------------------------
Versendungsform (1)

Anschrift (2)
xxxxxxxxxxxxxxxxxxx
xxxxxxxxxxxxxx

xxxxxxxxxxxxxxxxxx

                                        Datum, Diktatzeichen (3)

                                        Behandlungsvermerk (4)


Betreff (5)
Bezug (6)

Anrede (7)

Kerntext (8) xxxxxxxxxxxxxxxxxxxxxxxxxxxxxxxxxxxxxxxxxxxxxxxxxxxxxx
xxxxxxxxxxxxxxxxxxxxxxxxxxxxxxxxxxxxxxxxxxx

          Einrückung (9)

xxxxxxxxxxxxxxxxxxxxxxxxxxxxxxxxxxxxxxxxxxxxxxxxxxxxxxxxxxxxxxxxxxx

1         Gliederung (Ordnungssystem) (10) xxxxxxxxxxxxxxxxxxxxxxx
          xxxxxxxxxxxxxxxxxxxxxxxxxxxxxxxxxxxxxxxxx

2.1.1.1   xxxxxxxxxxxxxxxxxxxxxxxxxxxxxxxxxxxxxxxxxxxxxxxxxxxxxx
          xxxxxxxxxxxxxxxxxxxxxxxxxxxxxxxxx

xxxxxxxxxxxxxxxxxxxxxxxxxxxxxxxxxxxxxxxxxxxxxxxxxxxxxxxxxxxxxxxxxxxx
xxxxxxxxxxxxxxxxxxxxxxxxxxxxxxxxxxxxxxxxxxxxxxxxxxxxxx

xxxxxxxxxxxxxxxxx (11)                                 0 000,00 DM
xxxxxxxxxxxxx (12)                      0 000,00 DM    0 000,00 DM
                                                       -----------
                                                       0 000,00 DM

xxxxxxxxxxxxxxxxxxxxxxxxxxxxxxxxxxxxxxxxxxxxxxxxxxxxxxxxxxxxxxxxxxxx

1. Aufzählung (13) xxxxxxxx
   xxxxxxxxxxxxx

xxxxxxxxxxxxxxxxxxxxxxxxxxxxxxxxxxxxxxxxxxxxxxxxxxxxxxxxxxxxxxxxx

                                                       ... (14)

                            - 2 - (15)

xxxxxxxxxxxxxxxxxxxxxxxxxxxxxxxxxxxxxxxxxxxxxxxxxxxxxxxxxxxxxxxxx

Gruß (16)                               Anlagenvermerk (17)

                                        Verteilvermerk (18)
```

Briefmuster (Elite)

Das Briefmuster zeigt dieselbe Textanordnung wie das mit Pica-Schriftgröße, jedoch mit Elite-Schriftgröße (Teilung: 12er). Zeilenanfang: Grad 12. Zeilenende: Grad 84 ± 5. Bitte beachten Sie auch hier die Hinweiszahlen im Briefmuster.

Grad							
(1)	12						Beginn Versendungsform
(2)	12						Beginn Anschriftzeilen
(5)	12						Beginn Betreff
(6)	12						Beginn Bezug
(7)	12						Beginn Anrede
(8)	12						Beginn Kerntext
(16)	12						Beginn Grußzeilen
(3)		15					Beginn Aufzählung (Aufzählungskennzeichen linksbündig)
(9)			24				Beginn Einrückung
(10)			24				Beginn Gliederungstext (Ordnungszahlen linksbündig)
(15)				48			Beginn Seitenbenummerung
(3)					60		Datum, Diktatzeichen
(4)					60		Behandlungsvermerk
(12)					60		Hunderttausender, halb ausgeworfene Zahlen
(17)					60		Anlagenvermerk
(18)					60		Verteilvermerk
(14)						72	Beginn Punkte, Hinweis auf Folgeseite
(11)						78	Hunderttausender, ausgeworfene Zahlen

Elite

```
(12)                      B R I E F K O P F                         (89)

   15          24                       48          60           78        84

Absender
Versendungsform (1)

Anschrift (2)
xxxxxxxxxxxxxxxxxxx
xxxxxxxxxxxxx

xxxxxxxxxxxxxxxxx

                                                Datum, Diktatzeichen (3)

                                                Behandlungsvermerk (4)


Betreff (5)
Bezug (6)

Anrede (7)

Kerntext (8) xxxxxxxxxxxxxxxxxxxxxxxxxxxxxxxxxxxxxxxxxxxxxxxxxxxxxxxxxxxxxx
xxxxxxxxxxxxxxxxxxxxxxxxxxxxxxxxxxxxxxxxxxxxxxxxxx

            Einrückung (9)

xxxxxxxxxxxxxxxxxxxxxxxxxxxxxxxxxxxxxxxxxxxxxxxxxxxxxxxxxxxxxxxxxxxxxxxxxxxxxxx

1           Gliederung (Ordnungssystem) (10) xxxxxxxxxxxxxxxxxxxxxxxxxxxxxxxxxx
            xxxxxxxxxxxxxxxxxxxxxxxxxxxxxxxxxxxxxxxxxxxxxxxxxxxxxx

2.1.1.1     xxxxxxxxxxxxxxxxxxxxxxxxxxxxxxxxxxxxxxxxxxxxxxxxxxxxxxxxxxxxxxxxxx
            xxxxxxxxxxxxxxxxxxxxxxxxxxxxxxxxxxxxx

xxxxxxxxxxxxxxxxxxxxxxxxxxxxxxxxxxxxxxxxxxxxxxxxxxxxxxxxxxxxxxxxxxxxxxxxxxxxxxx
xxxxxxxxxxxxxxxxxxxxxxxxxxxxxxxxxxxxxxxxxxxxxxxxxxxxxxxxxxxxxxx

xxxxxxxxxxxxxxxxxx (11)                                           000 000,00 DM
xxxxxxxxxxxxx(12)                                 000 000,00 DM   000 000,00 DM
                                                                  -------------
                                                                  000 000,00 DM

xxxxxxxxxxxxxxxxxxxxxxxxxxxxxxxxxxxxxxxxxxxxxxxxxxxxxxxxxxxxxxxxxxxxxxxxxxxxxxx

1. Aufzählung (15) xxxxxxxxxx
   xxxxxxxxx

xxxxxxxxxxxxxxxxxxxxxxxxxxxxxxxxxxxxxxxxxxxxxxxxxxxxxxxxxxxxxxxxxxxxxxxxxxxxxxx

                                                                  ... (14)

                                   - 2 - (15)

xxxxxxxxxxxxxxxxxxxxxxxxxxxxxxxxxxxxxxxxxxxxxxxxxxxxxxxxxxxxxxxxxxxxxxxxxxxxx

Gruß (16)                                         Anlagenvermerk (17)

                                                  Verteilvermerk (18)
```

KAPITEL 2 **Technik im Büro**

Technik im Büro

Texterstellung und Bearbeitung

In aller Stille verabschieden sich allmählich die reinen Textsysteme. Bis vor wenigen Jahren stellten sie noch einen stattlichen Anteil der Schreibtechnik im Büro, nun werden sie von zwei Seiten bedrängt und abgelöst: auf der einen Seite von den immer komfortableren elektronischen Schreibmaschinen, auf der anderen Seite von den vielseitigen Personal Computern, den PCs.

Bei dieser Entwicklung profitierten die Software-Häuser nicht zu knapp von der jahrzehntelangen Erfahrung der Schreibsystem-Produzenten. Hier konnten sie ohne Mühe schnell erfahren, was sich bewährt hat, welche Ansprüche die Schreibkräfte und Sachbearbeiter an diese Systeme stellen und was in der Praxis nicht benötigt wird. Wenn man heute vielleicht ein wenig mitleidig auf die „alten" Geräte blickt, schadet es nichts, sich an diese Hilfe für die „neuen" zu erinnern.

Elektronische Schreibmaschinen

Die Entwicklung dieser Schreibmaschinen ist neben den Computern fast lautlos vor sich gegangen – aber nicht weniger rasant! Was vor Jahren noch für sehr viel Geld nur in aufwendigen, ja klotzigen Textsystemen zu kaufen war, trägt man jetzt locker an der Hand spazieren: elektronische Supermaschinen im Reiseschreibmaschinen-Format.

Wem es nur um Schreibarbeiten in „normalem" Umfang geht, sollte sich die neue Generation dieser Schreibmaschinen vorführen lassen. „Normaler Umfang" kann dabei durchaus schon anspruchsvoll sein, also mehr umfassen als dann und wann mal einen Brief oder einen Aufsatz. Sehen Sie sich bitte an, was heute gängige Grundausstattung ist – für Maschinen, die man schon deutlich unter 1 000 DM bekommt:

- Blocksatz
- zentriertes Schreiben
- rechtsbündiges Schreiben
- automatisches Unterstreichen
- automatisches Sperren
- Fettschrift
- Schattenschrift
- verschiedene Buchstabenabstände (10 Zeichen/Zoll, 12 Zeichen/Zoll)
- Text einfügen an jeder beliebigen Stelle
- Text löschen an jeder beliebigen Stelle
- Text verschieben
- Text vor dem Ausdruck am Zeilenbildschirm bearbeiten
- Text speichern
- Textbausteine speichern und abrufen

Weitere:

- Wörter automatisch suchen
- Wörter automatisch ersetzen
- Serienbrieffunktion mit automatischem Einsetzen der Adressen
- automatische Silbentrennung
- Proportionalschrift auch im Blocksatz

Personal-Computer (PC) – *Systeme*

Vieles sah man im Laufe der Computerzeit kommen und gehen. Systemen wurde eine grandiose Zukunft vorhergesagt, von denen man schon nach Monaten kaum noch sprach;

andere werden bewundert, aber nicht gekauft; und wieder andere entwickeln sich zum Dauerbrenner, obwohl keiner so richtig weiß, warum.

Wenn wir in diesem Teil des Buches über die technische Seite der Textproduktion im Berufsleben sprechen, können wir den ganzen Bereich der Homecomputer – mit ein wenig schlechtem Gewissen vielleicht – vernachlässigen. Nicht, daß diese Systeme für die Textverarbeitung ungeeignet wären, aber sie wären halt nicht professionell. Das fängt bei ganz einfachen Dingen wie der Tastatur an: Die Rechner sind oft in das Tastaturgehäuse eingebaut, was zum einen eine bestimmte Größe erfordert, zum anderen die freie Wahl der Tastatur erschwert oder unmöglich macht.

Dennoch sind die Grenzen nicht mehr klar zu bestimmen: In vielen Eigenschaften sind die PCs von den Homecomputern überholt worden (Grafikfähigkeit, Sound, Bildqualität und manches mehr). Wer würde heute noch wagen zu behaupten, Amiga oder Atari seien nur Kinderspielzeug!

Auf dem klassischen PC-Markt haben sich zwei „Welten" durchgesetzt: die IBM-Welt und die Macintosh-Welt. Erwarten Sie bitte keine Entscheidung darüber, welche die bessere ist, denn man kann sie kaum vergleichen. Die IBM-Welt ist unglaublich weit verbreitet, man bekommt eine riesige Zahl an Programmen aller Art. Jeder Schüler könnte Sie kostenlos mit Software versorgen, die Sie beim Händler teuer erwerben müßten – wenn der Schüler das dürfte!

Beim Macintosh der Firma Apple sind Sie in eher exclusiver Gesellschaft. Es handelt sich um eine geschlossene Computerwelt, in der einfach alles sehr gut zusammenpaßt. Bei Macintosh gibt es kein Gestümper und kein Gefummel, die Kabel passen, die Software ist immer nach dem gleichen Muster aufgebaut, der Benutzer findet sich sofort zurecht. Prinzip von Macintosh: Sie müssen nie etwas tun, weil das System es gerade von Ihnen verlangt. Leider ist Macintosh nicht gerade billig. Zwar insgesamt höherpreisig orientiert, ist aber auch bei Apple einiges in Bewegung geraten: Es gibt neben den professionellen Rechnern verschiedener Ausbaustufen nun auch Produktfamilien für den Heimbereich.

Personal-Computer (PC) – *Hardware*

Bevor wir zu den Einzelteilen der Computeranlage kommen, wollen wir klären, welche Grundausstattung für eine sinnvolle Arbeit am PC erforderlich ist.

Zunächst braucht man den Rechner selbst, die Zentraleinheit. Hier geschieht alles, was das eigentliche „Computern" betrifft. Im nächsten Kapitel erfahren Sie mehr über die Ausstattung und das Rechentempo.

Ohne große Speicherkapazität kann man den Rechner heute fast vergessen, denn die Software ist so gut – und damit so umfangreich – geworden, daß man mit Diskettenlaufwerken allein nicht mehr arbeiten kann. 40 Megabyte sind für eine Festplatte die untere Grenze, besser ist auf jeden Fall mehr. Man glaubt am Anfang immer, es reicht.

Auch der Arbeitsspeicher sollte üppig bemessen sein. 4-8 MB sind schon nötig, wenn mit Windows und aufwendigeren DTP-Programmen gearbeitet werden soll. Preislich ist der Unterschied ohnehin nicht groß, und ein späteres Aufstocken der Kapazität ist allemal teurer.

Dann nehmen Sie am besten einen Computer mit zwei Diskettenlaufwerken: eins für die kleinen Disketten von 3,5 Zoll Durchmesser und eins für die größeren mit 5,25 Zoll. Wenn Sie dann noch ein CD-ROM-Laufwerk und ein Wechselplattenlaufwerk dazunehmen, kann Sie so schnell nichts überraschen.

Eine Frage ist noch zu klären: Welche Grafikkarte soll eingebaut werden? Für Textverarbeitung braucht man keinen Farbmonitor, es genügt eine Monochrom-Karte. Nehmen Sie die höchste Auflösung, die Sie für eine erträgliche Summe noch bekommen können, insbesondere dann, wenn Sie später mit Desktop-Programmen arbeiten wollen.

Tempo ist nicht alles

Gibt es einen Wert, an dem man die Geschwindigkeit eines Computers ablesen kann, ähnlich wie ein Tacho am Auto das Tempo anzeigt? Denn dann könnte man doch vor dem Kauf auf diesen Wert achten und hätte – genügend Geld vorausgesetzt – den optimalen Rechner.

Die Antwort ist ein vorsichtiges Jein, denn das Tempo eines Rechners setzt sich aus vielen verschiedenen Werten zusammen. Man müßte zuerst mal klären, was mit dem Tempo gemeint ist. Vielleicht dies: Ich gebe dem Computer einen Befehl, und er führt ihn aus. Während er das macht, stoppe ich die Zeit, und am Ende weiß ich, wie lange der Computer dafür braucht.

Genau so macht man es in Computertests. Es gibt bestimmte Rechenaufgaben, deren Bearbeitungszeiten man miteinander vergleichen kann. Diese Aufgaben müssen jedoch sehr komplex sein, sonst ist der Rechner fertig, bevor wir die Uhr starten. Dies betrifft die reine Rechenzeit.

Außerdem mißt man die Zeit, die der Rechner braucht, um bestimmte Daten auf der Festplatte zu erreichen: die „mittlere Zugriffszeit" zum Beispiel.

Doch um noch einen Moment bei der Rechengeschwindigkeit zu bleiben: Sie können bei der Auswahl auf die „Taktfrequenz" achten. Im Test oder im Prospekt steht sie meist in Sätzen wie „ ... ist mit 12 Megahertz getaktet ...", „... hat eine Taktrate von 10 MHz" oder „... weist eine Taktfrequenz von 10 MHz auf". Grundsätzlich gilt: Je höher die Taktfrequenz, desto schneller rechnet der Computer. Rechner mit dem Prozessor 386 erreichen bis zu 40 Megahertz, der 486er Prozessor bringt es auf 50 und mehr Megahertz.

Bedenken Sie beim Kauf bitte, daß sich die sehr hohen Geschwindigkeiten in Textverarbeitungsprogrammen in der Praxis nicht bemerkbar machen.

Wie wär's mit einem Gebrauchten?

Keine Frage, man könnte sich statt einer neuen Anlage auch eine gebrauchte kaufen. Natürlich birgt dieses Vorhaben mehr Gefahren als der Neukauf, kann sich aber bei genügender Vorsicht durchaus lohnen. Argument der Gebrauchtkäufer: „Ein neuer Rechner wäre bei der rasanten Entwicklung ohnehin nach einem Jahr veraltet. Da kann ich gleich ein wesentlich preiswerteres Gerät auf dem Gebrauchtmarkt erwerben."

Ein paar Checktips zur Gebrauchtanlage:

Ist der (Privat-)Verkäufer Hobbybastler? Stehen offene Computer herum, ist der Lötkolben und der Eprombrenner in Reichweite? Dann prüfen Sie das Gerät auf Herz und Nieren.

Wie sieht das Gerät von außen aus? Ist es sauber, nicht beschädigt? Sind eventuell versiegelte Schrauben aufgedreht oder Siegel beschädigt, Spuren abgerutschter Schraubenzieher sichtbar?

Monitor: Achten Sie auch auf eingebrannte Zeichen und Linien am ausgeschalteten Monitor. Probieren Sie, ob sich die Helligkeits-, Kontrast- und Farbregler schon am oberen Anschlag befinden oder ob noch nachgestellt werden kann.

Tastatur: Alle Tasten auf Funktionsfähigkeit prüfen! Zeichen müssen beim ersten Tippen erscheinen.

Laufwerke: Hört man Laufgeräusche, Quietschen, Rumpeln? Finger weg!

Drucker: Bei gutem Farbband die Druckqualität testen: Sind alle Buchstaben vollständig, ist das Druckbild gleichmäßig?

Personal-Computer (PC) – *Software*

Es hat sich inzwischen herumgesprochen: Ohne Software läuft nichts, erst mit den richtigen Programmen kommt Leben in den Computer. Wer noch die ersten Textsysteme kennt oder von der elektronischen Schreibmaschine kommt, könnte sich über diese Tatsache doch wundern. Bei diesen Geräten war schon alles fertig, man schaltete sie ein und konnte – wenn man's konnte – sofort loslegen. Bei den meisten Computern muß man vorher immer die Programme laden. Das ist umständlich, aber dafür wird man mit sehr viel größerem Komfort bei der Arbeit entschädigt.

Die meiste Software erhält man im Bereich Textprogramme, wenn wir hier mal großzügig von den ungezählten Spielprogrammen absehen wollen. Das ist eigentlich gut nachzuvollziehen, denn die Softwarehersteller denken marktorientiert. Was wird am meisten in Büros und auch zu Hause am Bildschirm getan? Geschrieben. Mehr als gerechnet, kalkuliert, gebucht oder fakturiert. Und so stehen wir nun vor einer Flut von Textprogrammen aller Qualitätsstufen und Preisklassen.

Aber der Mensch am Computer tut noch etwas anderes gern: er malt und zeichnet. Da lag es nahe, die Lust am Malen mit dem Schreiben zu verbinden. – „Desktop Publishing" ist das Stichwort, abgekürzt DTP. Damit sind Programme gemeint, die Schrift und Grafik miteinander verbinden. Auf diese Weise kann man zum Beispiel Prospekte gestalten, Flugblätter, zeitschriftenähnliche Produkte erstellen. Mit den entsprechenden Druckern, zum Beispiel mit einem Laserdrucker, kann man das alles sogar auf Papier bringen. Sehen Sie dazu bitte den Teil „Drucker".

Eine Übersicht über alle derzeit erhältlichen Text- und DTP-Programme mit den wichtigsten Fähigkeiten, Herstelleranschrift und Preisen würde mindestens ein Buch füllen. Wir wollen hier versuchen, ein wenig Orientierungshilfe zu geben.

In der Oberklasse finden wir sehr prominente Namen; meist Programme, die es seit vielen Jahren gibt und die sich einen anständigen Marktanteil gesichert haben: Wordperfect und MS WORD, um nur zwei der bekannten Marken zu nennen. Aber der Markt ist sehr stark in Bewegung. Im unteren Preisbereich, etwa zwischen 200 und 500 DM, findet man eine Menge sehr anständiger Programme, die sich vor allem an den Bedürfnissen von Kleingewerben, Privatleuten und Freiberuflern orientieren.

Seit einigen Jahren löst eine neue Gruppe eher exotischer Produzenten das große Staunen aus: vollwertige Programme zwischen 5 und 20 DM, angeboten von rührigen Nachwuchsunternehmern. Das ganze läuft unter den Sammelbezeichnungen „Shareware" und „Public Domain". Man bekommt die Programme für einen Spottpreis beim Händler und läßt sich anschließend bei dem eigentlichen Hersteller/Erfinder registrieren. Das kostet ungefähr 50 DM, wofür man immer die neueste Programmversion erhält und ein ausführliches Handbuch.

Kauftips:

Bedienung: Die Handbücher zum Programm sollten umfangreich und in deutscher Sprache abgefaßt sein. Gut ist es, wenn der Hersteller eine „Hotline" anbietet, also eine Telefonnummer, unter der man Auskunft bekommt, wenn man mal nicht weiter weiß. Testen Sie die Nummer ruhig, um zu sehen, wie gut die Hotline besetzt ist.

Bewährtes Programm: Kaufen Sie ein ausgereiftes Programm – man erkennt es nicht immer am Preis, aber meistens an der Versionsnummer („WordStar 5.0"). Hohe Zahlen zeigen, daß das Programm schon länger existiert und ständig weiterentwickelt worden ist.

Formate: Können Formatierungsbefehle getrennt gespeichert werden? Wichtig, wenn häufig verschiedene Papierformate oder Formulare beschriftet werden müssen.

Funktionen: Machen Sie sich vor dem Kauf klar, welche Fähigkeiten Sie wirklich brauchen. Lassen Sie sich nicht von Funktionen blenden, die Sie niemals benötigen werden.

Fußnoten: Wirklich wichtig nur für wissenschaftliche Arbeiten und gelegentlich für Zeitschriftenartikel.

Kompatibilität: Bei Verwendung mehrerer Programme miteinander (Text- und DTP-Programme zum Beispiel): Lassen Sie sich zeigen, wie die Übermittlung der Texte und Grafiken von einem ins andere Programm funktioniert.

Makros: Eine wichtige Funktion. Sie können damit immer wiederkehrende Tastenkombinationen – seien es Wörter oder Befehlsfolgen – wie auf einem Tonbandgerät auszeichnen und bei Bedarf abspielen. Spart viel Arbeit.

Mausbedienung: Ist inzwischen allgemein üblich, viel wichtiger ist dagegen die Möglichkeit, alle Funktionen – möglichst ohne Umwege – direkt von der Tastatur aus aufzurufen.

Netzverbund: Wollen Sie später mehrere Rechner miteinander verbinden? Dann berücksichtigen Sie jetzt schon die Netzwerkfähigkeit.

Rechtschreibprüfprogramm: Diese sehr angenehme Hilfe sollte man sich nicht entgehen lassen. Man schreibt seinen Text ohne allzugroße Rücksicht auf Tippfehler und überläßt die Suche danach dem Programm. Es vergleicht in Windeseile alle geschriebenen Wörter mit einem internen Lexikon und bleibt bei jedem Wort stehen, das es nicht kennt. Hier bietet es ähnliche Wörter an und überläßt im übrigen die Entscheidung dem Schreiber. Gut für fremdsprachige Texte. Wichtig: Kann man eigene (Fach-)Wörterbücher anlegen? Kann das vorhandene Wörterbuch ergänzt werden? Bis wieviele Wörter maximal? Wie lange dauert dann die Rechtschreibprüfung?

Personal-Computer (PC) – *Peripherie*

Tastatur

Der Tastatur sollte die größte Aufmerksamkeit gewidmet werden, denn sie ist neben dem Monitor die Stelle, an der der Mensch den meisten Kontakt mit dem Computer hat. Letztlich ist es eine ganz persönliche, subjektive Entscheidung, ob man diese oder jene Tastatur bevorzugt. Denken Sie beim Kauf der Anlage daran, auch nach anderen Tastaturen zu fragen. Man muß nicht unbedingt die nehmen, die gerade vor dem Monitor steht.

Qualität

Und bedenken Sie bitte auch, daß ein Hundertmarkschein mehr nach kurzer Zeit vergessen ist, aber die schlechtere Tastatur viel mehr Geld kosten kann, weil sie den Schreiber oder die Schreiberin schlichtweg behindert. Nicht ohne Grund sind Klaviertasten aus hochwertigem Material: die Finger sollen, ohne gebremst zu werden, leicht darübergleiten können. Was dagegen heute an Computer-Tastaturen angeboten wird, ist in den meisten Fällen eine Zumutung: wackelige Tasten, hakelige Form und Oberfläche, kein Druckpunkt, schwammiger Anschlag, keine Markierungen auf „f" und „j", keine Auflagefläche für die Hände, wackelige Stellfüße und so manches Ärgernis mehr!

Unser Tip: Schreiben Sie lange zur Probe, lassen Sie sich wenn möglich verschiedene Tastaturen ins Haus bringen, testen Sie selbst, setzen Sie andere Benutzer dran. Und dann nehmen Sie die beste! Wenn möglich sogar mit vergoldeten Kontakten, die sind zuverlässiger und halten länger. Nehmen sie auch eine Schutzhaube dazu, weil sich der Bürostaub am liebsten zwischen den Tasten verkrümelt.

Prüfen Sie beim Probeschreiben folgende Punkte:

- Gibt es Haken beim Bewegungsablauf?
- Stoppen die Finger plötzlich bei bestimmten Tastenkombinationen?
- Müssen Sie während des Schreibens mehrmals auf die Tasten sehen, um zu prüfen, ob Sie noch in der richtigen Position sind?

- Fühlen Sie sich beim Schreiben „irgendwie gebremst"?
- Treffen Sie ohne Probleme und immer die „Shift"-Taste, oder geraten Sie manchmal auf eine andere Taste?
- Prellen die Tasten beim Anschlag?
- Spüren Sie einen deutlichen Druckpunkt?
- Ist die Höhe der Tastatur verstellbar?
- An der Rückseite wäre ein Anschluß für die Maus nicht schlecht, dann hat man ein Verbindungskabel weniger auf dem Tisch.
- Hat die Tastatur Gummifüßchen, die das Rutschen verhindern?
- Ist das Verbindungskabel ausreichend lang, so daß Sie die Tastatur auch mal auf den Schoß legen können? Lassen Sie sich nicht vom Spiralkabel täuschen. Die meisten dieser Kabel mögen sich nicht strecken und ziehen stärker, als die Gummifüßchen bremsen.

Folientastaturen

Folientastaturen sind unempfindlich gegen Feuchtigkeit, Schmutz und Staub. Sie haben zwar keine „richtigen" Tasten, aber wenn man eine mit deutlich spürbarem Druckpunkt kauft, sind nach kurzer Eingewöhnungszeit gute Schreibergebnisse zu erzielen. Ein solides Metallgehäuse ist dem gröberen Umgang in Werkshallen und Lagern eher gewachsen als die herkömmliche Plastikdose.

Programmierbare Funktionstasten

Herkömmliche Tastaturen haben 10 Funktionstasten – das sind Sondertasten, die von der jeweiligen Software für bestimmte Aufgaben reserviert werden, also je nach Programm eine andere Funktion auslösen. Manche Tastaturen haben bereits 20 solcher Tasten. Pfiffiger aber ist es, statt nun noch mehr Tasten einzubauen, sie mehrfach zu belegen. Man spricht von Funktionen in mehreren Ebenen. An die einzelnen Ebenen kommt man dann über bestimmte Tastenkombinationen auf dem normalen Tastenfeld.

Maus

Die Maus ist für das Arbeiten am Computer heute unerläßlich, denn die meisten Textprogramme lassen sich damit wesentlich leichter bedienen. Zwei Systeme sind zu unterscheiden: die mechanische Maus und die optische Maus.

Mit „mechanischer Maus" bezeichnet man ein kleines Kästchen, das mit einem Kabel am Computer angeschlossen ist. Es hat oben zwei Tasten und unten eine Kugel. Diese Kugel rollt in ihrer Fassung, wenn man die Maus über den Tisch schiebt. Und wie man auch schiebt, nach links oder nach rechts, oben oder unten, die Mäusekugel überträgt die Bewegung auf den Zeiger („Cursor") am Bildschirm. So kann man in Texten blitzschnell ein Wort ansteuern, zum Beispiel, um einen Tippfehler zu korrigieren.

Die gleiche Wirkung zeigt die „optische Maus", nur im Bauprinzip unterscheidet sie sich von der mechanischen Kollegin: Sie wird über ein Maus-Tablett geschoben, das in viele feine Linien unterteilt ist. Die Maus „sieht" diese Linien mit Hilfe zweier LED-Elemente und zweier Fotosensoren an der Unterseite.

Also, eine Maus muß dabei sein, zumal sie nicht viel kostet: einfache Mäuschen um die 90 DM, gehobene Mäuschen in Nobel-Manager-Luxus-Ausstattung bis 400 DM. Was gibt's dazu? Meistens eine ausführliche Bedienungsanleitung, ein Brettchen aus Kunststoff, auf dem die Kugel noch präziser rollt; besondere Software für die Maus, oft genug ein Malprogramm.

Kabellose Mäuse kosten knapp 300 DM. Sie sind noch leichter zu handhaben und funken bis zu 1,5 Meter weit per Infrarot. Nachteil für den einen oder anderen: Ist der Schreibtisch voll, sind sie unter dem vielen Papier schwerer zu finden. Die Kabelmaus kann man entlang der Strippe immer orten.

Ebenfalls zu den Mäusen – wenn auch nur im weiteren Sinne – gehört der Trackball. Er ist eigentlich eine Maus, die auf dem Rücken liegt: der Rollball ist zu sehen, die Tasten befinden sich an den Seiten. Man kullert mit den Fingern den Ball in seiner Führung hin und her, wodurch sich der Cursor auf dem Bildschirm ebenfalls bewegt.

Monitor

Was die Kaufentscheidung betrifft, stehen wir hier vor derselben Situation wie bei der Tastatur. Deshalb drei goldene Regeln für den Monitorkauf:

1. Man muß nicht den Monitor nehmen, der gerade beim Computer steht.
2. Für unsere Augen ist das Beste gerade gut genug.
3. Hier zu sparen ist am falschen Ende gespart.

Damit das Bild nicht flimmert, sollte der Bildschirm eine Bildwiederholfrequenz von mindestens 70 Hertz haben, besser sind 80. Nur dann ist gewährleistet, daß das Bild wie eine Eins steht. Dies ist einer der Punkte, mit denen sich auch die Berufsgenossenschaften sehr intensiv beschäftigt haben; auch sie empfehlen mindestens 70 Hertz.

Die Größe der Monitore wird stets in Zoll angegeben, wobei die Zahl die Bildschirmdiagonale angibt. Unter 14 Zoll sollte man nicht anfangen; die einzige und berühmteste Ausnahme muß man beim Macintosh-Würfel akzeptieren: Er hat mit nur 9 Zoll einen unverschämt kleinen Bildschirm fest eingebaut; wer mehr sehen will, muß sich halt einen größeren Monitor dazustellen. Im Grafik- und Desktop-Publishing-Bereich ist ein Ganzseitenmonitor oder gar ein Zweiseitenmonitor eine ausgezeichnete Arbeitshilfe.

Achten Sie darauf, daß das Bild nicht zu lange nachbrennt (meist bei Monitoren mit niedriger Hertz-Zahl); man erkennt das Nachbrennen daran, daß der Cursor bei schneller Bewegung einen Kometenschweif hat. Manche Monitore kann man umschalten („Invers"-Schalter). Eine praktische Zugabe.

Die Drehknöpfe für Kontrast, Helligkeit und Farbe sollten vorne am Monitor sein, nicht hinten oder an der Seite, weil sie dann nur schwer oder gar nicht vom Platz aus zu erreichen sind. Bildschirme an Laptops sollten wegen des besseren Kontrastes von hinten beleuchtet sein.

Texterstellung und Bearbeitung – *Drucksysteme*

Das Zeitalter des „papierlosen Büros" ist bis auf weiteres verschoben. Es wird zwar immer wieder angekündigt, auf Papier versteht sich, bisher jedoch konnte es sich noch nicht durchsetzen. Im Gegenteil, seit die Computer sich vermehren, vermehrt sich auch der Papierverbrauch. Die Branche spricht von 10% jährlichem Zuwachs – wie sinnvoll das ist, sei dahingestellt.

Die Erfahrung zeigt: Was wir am Computer machen, wollen wir nicht immer nur auf dem Bildschirm bestaunen, sondern auch zu Papier bringen. Druckerhersteller wissen das, und sie wissen diesen Bedarf zu schätzen. Kein anderes Gerät im Dunstkreis des Computers wird in so vielfältiger Art angeboten wie der Drucker: große und kleine, teure und billige, laute und leise, schnelle und sehr schnelle, Schönschreiber und Häßlichschreiber. Und das Vertrackte daran ist, daß man nicht sagen kann: „Alle sehr schnellen, leisen und schönschreibenden Drucker sind teuer, und alle nur schnellen, lauten und häßlichschreibenden sind billig."

Vor ein paar Jahren war es noch so, aber jetzt haben sich die klaren Grenzen verschoben. Kurzum: Wer Überblick haben will, muß sich auf das Detail einlassen. Während Sie sich im folgenden die verschiedenen Druckersysteme vorstellen lassen, beantworten Sie sich bitte vier ganz wichtige Fragen:

1. Was wollen Sie drucken (Briefe, lange, zusammenhängende Texte, interne Mitteilungen, Prospekte und andere Verkaufsunterlagen, Grafiken, farbige Zeichnungen, Formulare usw.)?

2. Wieviel wollen Sie drucken? Bei Serienbriefen oder Rundschreiben kann man sich

am falschen Drucker schwarzwarten: 100 Briefe auf dem Typenraddrucker dauern 1,5 Stunden, auf dem Laserdrucker nur 10 Minuten.

3. Worauf wollen Sie drucken (verschiedene Formate, verschiedene Papierqualitäten, häufig wechselnde Papiere, anderes Material, wie zum Beispiel Folien)?
4. Für wen wollen Sie drucken? Nur für den internen Gebrauch, oder gehen die Texte auch raus? Müssen die Texte repräsentieren?

Drucksysteme – *Kugelkopf / Typenrad*

Typenraddrucker

Dies ist der Nachfolger des Kugelkopfes: alle Typen sind sternförmig auf einem Rad angeordnet. Großer Vorteil gegenüber dem Kugelkopf ist die Schnelligkeit, denn die beiden wichtigen Funktionen – Buchstaben einstellen und Drucken – sind auf zwei Bauelemente verteilt. Das Typenrad dreht sich rechts- oder linksherum, bis der richtige Buchstabe am Platz ist, und ein Hämmerchen klopft ihn auf das Farbband. Typenraddrucker sind in der Herstellung billiger, im Druck schneller als Kugelkopfdrucker (bis zu 80 Zeichen/Sekunde) und fanden deshalb auch als reine Computerdrucker Verbreitung.

Doch auch ihre Zeit ist abgelaufen, nicht zuletzt, weil sie nur die Zeichen drucken können, die sie haben, darüber hinaus sind keine Sonderzeichen oder gar Grafiken möglich. Dennoch haben Typenraddrucker wie auch Kugelkopfdrucker noch ihre Berechtigung, wenn nur sehr wenige, dafür aber qualitativ hochwertige Druckstücke erstellt werden sollen und alles andere zum Beispiel auf einem Nadeldrucker ausgedruckt wird.

Drucksysteme – *Thermodrucker*

Zunächst das Arbeitsprinzip: Thermodrucker arbeiten, wie der Name schon andeutet, mit Wärme. Der Druckkopf besteht aus Thermoelementen, die in einer Matrix angeordnet sind (mehr dazu im Abschnitt „Nadeldrucker") und sich blitzschnell erhitzen können. Da nun aus Hitze allein noch kein lesbarer Buchstabe wird, braucht man ein Medium, das sich unter Wärmeeinwirkung verfärbt. Das kann entweder ein spezielles Thermo-Farbband sein oder Thermopapier. Beides kostet mehr als normales Material.

Vorteil der Thermodrucker ist ihr sehr geringer Geräuschpegel und ihr gutes Schriftbild bei hoher Geschwindigkeit: Ein guter Thermodrucker schafft leicht 110 Zeichen/Sekunde in Briefqualität.

Tips für die Auswahl des Druckers:

Grundsätzlich gilt: Je mehr Thermoelemente, desto schneller und besser das Druckergebnis, desto höher aber auch der Preis. Beachten Sie bei diesen Druckertypen vor allem die Folgekosten. Was kostet das Thermofarbband, was kostet das Thermopapier? Bedenken Sie dabei die Anzahl der erforderlichen Kopien, denn ein Thermodrucker kann keine Durchschläge erstellen, jede Seite muß statt dessen mehrfach gedruckt werden, was Zeit kostet und auch Geld.

Für hohe Ansprüche wählt man eine hohe Auflösung: ab 240 x 240 Punkte/Zoll.

Drucksysteme – *Nadeldrucker*

Die Nadeldrucker gehören ebenfalls zur Gruppe der Impact-Drucker, weil sie das Papier mit gehörigem Druck behämmern. Man muß sich das so vorstellen, daß der Druckkopf aus einer Vielzahl von Nadeln besteht, die in einer pfiffigen Weise angeordnet sind: in einer Matrix. Man nennt sie deshalb auch Matrix-Drucker – wie übrigens alle Drucker, die nach diesem System arbeiten (Tintenstrahldrucker und Thermodrucker).

Das Prinzip des Matrixdruckers ist im Grund die konsequente Weiterentwicklung von Gutenbergs Idee: Er hat die zusammenhängenden Zeilen und Wörter in Einzelbuchstaben zerlegt, die man immer wieder neu zu Wörtern und Zeilen zusammensetzen kann. Nun, der Matrixdrucker zerlegt sogar die Buchstaben noch in einzelne Punkte, aus denen man wiederum Schriftzeichen montiert – oder ganz andere Symbole und sogar Zeichnungen.

Zurück zum Nadeldrucker. Jede Nadel erzeugt auf dem Papier einen Punkt, indem sie auf ein Farbband klopft; das Farbband gibt seine Farbe ab auf das Papier, und wenn alle Nadeln wie vorgeschrieben ihre Arbeit verrichtet haben, ist der Buchstabe fertig. Ganz einfache Nadeldrucker haben nur wenige Nadeln, entsprechend grob ist auch die Form der Buchstaben. Also gilt als Faustregel: Je mehr Nadeln, desto besser ist das Schriftbild. Leider gilt auch die Faustregel: Je mehr Nadeln, desto teurer.

Für uns kann das nur bedeuten, daß wir sehr genau prüfen, welche Qualität unser Schriftbild haben soll und ob sie uns das Geld wert ist. Wenn nur selten Texte gedruckt werden, die das Haus verlassen, kann man sich mit einem einfachen Drucker bescheiden. Schreibt man dagegen auch die Korrespondenz auf dem Drucker, dann ist wahrscheinlich der beste Drucker gerade gut genug.

Eine Warnung sei erlaubt: Der Ästhet in Ihnen wird sich sehr schnell melden! Vielleicht sagen Sie heute: „Für die Korrespondenz haben wir unsere teuere elektronische Schreibmaschine, wir kommen mit einem einfachen Nadeldrucker aus“, in spätestens einem halben Jahr schreiben Sie doch die ersten Briefe auf dem Computer, und dann finden Sie keinen, der Ihnen den alten Drucker abkauft. Tip: Besser sofort den etwas anspruchsvolleren Drucker kaufen.

Nicht unwichtig ist das Tempo der Drucker. Auf den ersten Blick ist es unerheblich, ob ein Drucker 200 oder 300 Zeichen in der Sekunde schreibt, beides ist wahnwitzig schnell. Aber auf Menge machen sich 50% schneller oder langsamer sehr bemerkbar! Bei hohen Ansprüchen an die Schriftqualität werden insbesondere die Drucker mit wenigen Nadeln zu Nervensägen. Sie müssen nämlich, damit sie eine einigermaßen saubere Schrift zuwege bringen, den Buchstaben mehrmals überdrukken. Das kostet natürlich Zeit, und so wird der Abstand zu den teureren Druckern noch größer. Vergleichen Sie deshalb immer die Schönschrift-Geschwindigkeiten miteinander und nicht nur die der Schnellschriften.

Schriftbild

Wirklich gutes Schriftbild bei vernünftigem Tempo fängt mit den 18-Nadel-Druckern an und steigert sich sichtbar bei den 24-Nadel-Druckern. Der Preis liegt zwischen 2 000 und 2 500 DM, Ausnahmen unter 1 500 DM.

Material

Problematisch wird der Druck auf schwererem Papier, Folienbeschriftung liefert meist keine zufriedenstellenden Ergebnisse. Bei Bedarf unbedingt ausprobieren!

Durchschläge

3-5 Durchschläge sind kein Problem für den Nadeldrucker, ein großer Vorteil gegenüber den Thermo-, Tinten- und Laserdruckern.

Lärm

Nadeldrucker sind nicht leise, an dieser Tatsache kommt niemand vorbei. Aber es gibt Unterschiede. Damit haben wir neben Schriftqualität, Geschwindigkeit und Preis das vierte Kriterium: die Lautstärke. Normale Nadeldrucker hämmern 60 db(A) in die

Umgebung, was schon recht kräftig ist, Höllenmaschinen bringen es auf 70 db(A). Gedämpft mit einer Schallschutzhaube, kommen sie noch auf 50 bis 55 db (A); hier sei jedoch bemerkt, daß die Lärm-Menge alleine nicht viel sagt, entscheidend ist die Art des Lärms, und die ist bei den Nadeldruckern sehr schrill.

Folgekosten

Hier sollte man sich unbedingt nach dem Farbband-Verbrauch und nach dem Farbband-Preis erkundigen, denn mit einem „Farbbandfresser" können Sie ohne Schwierigkeiten in ruinöse Bereiche kommen. Nicht uninteressant ist auch die Antwort auf die Frage nach der Lebensdauer des Druckkopfes (das gilt für alle Drucksysteme) und der Preis eines Ersatz-Druckkopfes einschließlich Montage.

Ausstattung

Achten Sie auf die Möglichkeit des Kaufs von Zusatzgeräten, zum Beispiel Einzelblatteinzug – wenn Sie nicht alles auf Endlospapier ausdrucken können oder wollen – oder Schallschutzhaube – wenn Ihnen Ihre Ohren lieb sind.

Pufferspeicher

Achten Sie auf einen großen internen Speicher, damit Sie nicht zu lange warten müssen, bis der Rechner wieder frei ist. Um die 100 Kilobyte sollten es bei Nadeldruckern schon sein.

Drucksysteme – *Tintenstrahldrucker*

Diese Druckergruppe trägt den anschaulichsten Namen von allen: Die Buchstaben werden tatsächlich mit einem Tintenstrahl, besser gesagt mit mehreren Tintenstrahlen, aufs Papier gespritzt. Dazu hat der Schreibkopf des Druckers viele Düsen, 24, 32 oder 48 Stück an der Zahl. Das Schriftbild dieser Drucker umfaßt die üblichen Tempo-/Qualitätstypen wie alle anderen: Schnellschrift, Briefqualität („Letterquality") und Nahezu-Brief-Qualität (Near-Letterquality).

Vorteile der Tintenstrahldrucker sind neben dem niedrigen Arbeitsgeräusch mit 45 db(A) im Durchschnitt und das Tempo und die Schriftqualität. Nachteil gegenüber Nadeldruckern: keine Durchschläge möglich. Obwohl die Vorteile überwiegen, haben sich die Tintenstrahldrucker nicht in dem Maße durchgesetzt, wie man es erwartet hat. Mag sein, daß der Grund dafür in den anfänglichen Schwierigkeiten mit eintrocknender Tinte zu finden ist. Diese Kinderkrankheiten sind inzwischen jedoch überwunden.

Drucksysteme – *Laserdrucker*

Zur Zeit ist der Laserdrucker das Nonplusultra unter den Computerdruckern. Er arbeitet schnell und druckt qualitativ hochwertig – und er ist gar nicht mehr so teuer.

Das Laserdruck-Prinzip unterscheidet sich grundlegend von den bisher besprochenen Druckmethoden: Die Typenraddrucker schreiben ganze Zeichen, die Matrixdrucker (Nadeldrucker, Thermodrucker, Tintenstrahldrucker) setzen die Zeichen aus einzelnen Punkten zusammen, der Laserdrucker schreibt dagegen immer seitenweise. Daher nennt man diese Gruppe Seitendrucker. Man kann durchaus schon von einer Gruppe sprechen, denn hier finden sich inzwischen auch andere Systeme, wie LCS-Drucker (Liquid Crystal Shutter) und LED-Drucker (Light Emitting Diode).

Bei den Laserdruckern haben sich innerhalb kurzer Zeit zwei „Familien" durchgesetzt:

1. Drucker, die kompatibel sind mit dem Laserdrucker von Hewlett Packard (HP Laserjet),

2. Drucker, die nach dem Postscript-Verfahren arbeiten.

Wer nur aufs Geld achtet, nimmt den HP-kompatiblen und fährt gewiß nicht schlecht damit. Hier stehen dem Benutzer eine Reihe sehr brauchbarer Schriften in verschiedenen Größen zur Verfügung.

Höhere Ansprüche an die Schriftenvielfalt und Qualität bedient der Postscript-Drucker. Postscript ist der Name einer Seitenbeschreibungssprache, entwickelt von der Firma Adobe, die alle Schriften der grafischen Industrie zur Verfügung stellt. Sollen also am Computer Druckvorlagen für Satzsysteme erstellt werden, kommt nur Postscript in Frage. Nachteil: Drucker dieser Familie sind grundsätzlich teurer.

Mehr noch als bei den anderen Druckern wäre es bei Laserdruckern verfehlt, nur auf den Anschaffungspreis zu achten, denn die Folgekosten schlagen hier noch höher zu Buche. Regelmäßig muß der Toner (Farbpulver) nachgefüllt werden, die Trommel und die Entwicklereinheit müssen ausgetauscht werden.

Deshalb unser Tip: Lassen Sie sich die genauen Preise dieser Verbrauchsteile geben, fragen Sie, in welchen Abständen sie fällig sind, und rechnen Sie diese Kosten auf die einzelne Seite um. Wenn Sie noch genauer kalkulieren wollen, dann ermitteln Sie den ungefähr zu erwartenden Bedarf und errechnen Sie den Seitenpreis einschließlich des Anschaffungspreises. Soviel sei schon jetzt gesagt: Es wird Ihnen kaum gelingen, unter 10 Pfennig pro Seite zu kommen!

Spätestens an dieser Stelle kommt die Frage: Lohnt sich ein Laserdrucker überhaupt? Er lohnt sich, wenn

- an das Schriftbild hohe Ansprüche gestellt werden. Hier sei es klar gesagt: Laserdrucker erzeugen nicht die Druckqualität des Fotosatzes, aber sie liefern von allen Systemen die beste Qualität. Die Auflösung beträgt 300 x 300 Punkte pro Zoll.
- die Arbeit am Computer möglichst wenig durch den eigentlichen Druckvorgang unterbrochen werden soll. Das Drucken blockiert meistens das Textprogramm, so daß während des Druckens nicht gearbeitet werden kann. Allerdings gibt es gegen diesen Stau Zusatzgeräte („Buffer“) zu kaufen. Der Laserdrucker sollte mindestens 1 MB eigenen internen Speicher haben.
- mit Desktop Publishing gearbeitet wird (Seitengestaltungsprogramme).
- viel mit verschiedenen Einzelblättern gearbeitet wird – auf Einzelblattzufuhr achten! Bedenken Sie, daß Laserdrucker kein Endlospapier verarbeiten können.
- sehr schnell gedruckt werden soll. Laserdrucker bringen es schon auf 8 Seiten/ Minute.

Texterstellung und Bearbeitung – *Scanner*

Oft sind Texte mit wenigen Änderungen zu übertragen oder einfach „nur“ abzuschreiben. Da helfen die Scanner aller Art. Sie fotografieren quasi den Text und lesen ihn dann mit Hilfe ausgeklügelter Software (OCR-Software). Die Flachbett-Scanner erinnern in ihrer Bauweise an Kopiergeräte: Man legt die bedruckte Seite darauf und nach kurzer Zeit erscheint sie auf dem Bildschirm. Dann gibt es Scanner, die wenig größer als eine Maus sind. Man fährt damit über den Text und überträgt ihn auf diese Weise in den Computer. Nicht nur Text, auch Grafik, Fotos und farbige Abbildungen aller Art sind – je nach Qualität des Scanners – so zu erfassen und weiterzubearbeiten.

Wichtig: Achten Sie darauf, daß die Software mit 99prozentiger Genauigkeit arbeitet. Das klingt zwar imposant, bedeutet aber in der Praxis noch mindestens 1 Fehler in zwei Zeilen!

Textübermittlung – *Briefpost, Telex, Teletex, Telefax, Bildschirmtext (BTX), Telebox*

In diesem Kapitel erhalten Sie eine Übersicht über die vielfältigen Möglichkeiten der modernen Textübermittlung. Unter dem jeweiligen Stichwort finden Sie Antwort auf folgende Fragen:

- Was kann übermittelt werden, wie schnell wird übermittelt?
- Wie wird die Nachricht transportiert?
  Unter dieser Frage werfen wir einen Blick hinter die Kulissen: Welche Technik steckt dahinter, auf welchen Wegen gelangt der Text zum Empfänger?
- Wer kann an dem jeweiligen Angebot teilnehmen, welche Voraussetzungen sind zu erfüllen?

Briefpost

Dies ist der klassische Weg der Postübermittlung – und er ist keineswegs veraltet. Allerdings wagt zur Zeit kaum jemand eine Prognose, zumal die Entwicklung der dreigeteilten Bundespost (Telekom, Postdienste und Postbankdienste) nicht vorhersehbar ist. Starke Konkurrenz zur Briefpost macht mit Sicherheit schon jetzt das Telefax: Es ist schneller und billiger. Nur: Privatkunden werden auch in absehbarer Zeit keine Telefax-Gerät besitzen, sondern weiterhin „normale" Briefe versenden und erhalten.

Wie wird die Nachricht transportiert?

Mit Pkw, Bundesbahn und auch Flugzeug – und per Fahrrad und zu Fuß.

Wer kann an der Briefpost teilnehmen, welche Voraussetzungen sind zu erfüllen?

Teilnehmen können alle, sogar Leute ohne festen Wohnsitz – mit Postfach oder „postlagernd". Voraussetzung ist nur, daß die Anschrift stimmt (oder wenigstens der Absender) und daß der Umschlag keine sittenwidrigen oder heiklen politischen Aussagen trägt. Was drinnen geschrieben ist, schützt das Postgeheimnis.

Telex

Was kann übermittelt werden, wie schnell wird übermittelt?

Mit Telex können ausschließlich Texte übermittelt werden, die Vielfalt der Zeichen ist eingeschränkt. Die Übermittlung erfolgt in Sekundenschnelle.

Wie wird die Nachricht transportiert?

Die Übermittlung erfolgt im Fernmeldenetz, die Telexgeräte haben eigene Telefonnummern.

Wer kann teilnehmen, welche Voraussetzungen sind zu erfüllen?

Am Telex-Dienst kann jeder teilnehmen mit eigenem Telexgerät oder indem er das Telex bei der Post aufgibt (telefonisch oder schriftlich). Die Zustellung für den Fall, daß kein eigenes Telexgerät vorhanden ist, erfolgt vom Postamt aus durch Boten.

Teletex

Was kann übermittelt werden?

Im Gegensatz zum Telex steht beim Teletex ein erheblich größerer Zeichensatz zur Verfügung, der auch büroübliche Texte in normaler Schreibweise ermöglicht: Groß- und Kleinbuchstaben, Hervorhebungen wie Unterstreichung und Sperrschrift. Die Übermittlung erfolgt pro DIN-A4-Seite in etwa 10 Sekunden – sie erfolgt von Speicher zu Speicher.

Wie wird die Nachricht transportiert?

Der Übermittlungsweg ist das Telefonnetz und ISDN.

Wer kann an dem jeweiligen Angebot teilnehmen, welche Voraussetzungen sind zu erfüllen?

Voraussetzung ist ein Textsystem oder ein Personal Computer mit entsprechendem

Telexanschluß, teilnehmen kann jeder, dem ein solches Gerät zur Verfügung steht.

Telefax

Was kann übermittelt werden, wie schnell wird übermittelt?

Alle Schriftstücke bis Format DIN A4, auch Zeichnungen, Fotos, Grafik. Alles wird wie bei einer Fotokopie übertragen, daher kein eingeschränkter Zeichensatz. Die Schrift sollte etwa die Größe von Schreibmaschinenschrift haben. Eine DIN-A4-Seite ist in ca. 20 Sekunden übermittelt (Geräte der Gruppe 3, im ISDN Betrieb geht's mit Gruppe-4-Geräten wesentlich schneller).

Wie wird die Nachricht transportiert?

Die Daten werden im Telefonnetz oder im ISDN übermittelt. Die Telefax-Anschlüsse können auch zum Telefonieren genutzt werden. Das Dokument liegt dem Empfänger als Fotokopie vor.

Wer kann an dem jeweiligen Angebot teilnehmen, welche Voraussetzungen sind zu erfüllen?

Teilnehmen kann jeder, der ein Telefaxgerät besitzt, mietet oder least. Auch die Bundespost stellt Geräte zur Verfügung.

Bildschirmtext (Btx)

Was kann übermittelt werden, wie schnell wird übermittelt?

Bildschirmtext dient vor allem dazu, bereitstehende Informationen gezielt abzurufen – zum Beispiel Waren- und Dienstleistungsangebote oder auch die Fernsprechauskunft, um eine attraktive Dienstleistung der Bundespost zu nennen. Der Zugriff auf die Informationen erfolgt augenblicklich. Die Informationen bestehen in den meisten Fällen aus einer Kombination von Farbgrafik und Text. Für die Erstellung professioneller Btx-Seiten gibt es spezielle Agenturen.

Wie wird die Nachricht transportiert?

Alle Informationen gelangen über das Telefonnetz zum Empfänger.

Wer kann an dem jeweiligen Angebot teilnehmen, welche Voraussetzungen sind zu erfüllen?

Wer als Benutzer am Btx teilnehmen will, braucht zu seinem Fernsehgerät noch ein Bildschirmtext-Endgerät (Btx-Terminal) oder ein multifunktionales Telefon.

Telebox

Was kann übermittelt werden?

Telebox ist ein elektronisches Postfach. Es ermöglicht schriftliche Mitteilungen, ohne daß die Teilnehmer selbst anwesend sein müssen: Man kann aus der Telebox Mitteilungen abrufen und auch selbst Nachrichten für den Empfänger hinterlegen.

Wie wird die Nachricht transportiert?

Die Texte werden über das Fernmeldenetz übermittelt, die Mailboxen haben eine eigene Rufnummer.

Wer kann an dem jeweiligen Angebot teilnehmen, welche Voraussetzungen sind zu erfüllen?

Teilnehmen kann jeder, der über einen Computer mit Modem oder Akustikkoppler verfügt. Die Zugangsberechtigung in die Mailbox wird mit einem Paßwort eröffnet. Interessant ist dabei, daß der Computer auch ein tragbarer oder ein Laptop sein kann; die Akustikkoppler sind sehr handlich – daher zeichnet sich Telebox besonders durch die hohe Mobilität aus. Die Verbindung kann also auch vom Hotelzimmer oder von der Telefonzelle aus erfolgen.

KAPITEL 3 **Briefwechsel vor Angeboten**

Briefwechsel vor Angeboten

Erklärungen zu Voranfragen

Voranfragen ersparen Kosten, weil sie vor dem Versand umfangreicher Anfragen die Spreu vom Weizen trennen.

Eine Voranfrage hat den Sinn, vor dem Versand von detaillierten, aufwendigen Anfragen den Bieterkreis bei der Beschaffung von Material oder beim Einkauf von Dienstleistungen für Projekte mit großem Umfang einzuengen.

Die Reduzierung des Bieterkreises erspart dem Versender der Voranfrage den Versand von umfangreichem Material an eine Vielzahl von möglichen Bietern, die sich oft später als ungeeignet erweisen. Den Bietern erspart die Voranfrage vielfach die kostenaufwendige Ausarbeitung von Angeboten, die letztlich nicht zum Erfolg führen.

In der Voranfrage sollte der Versender, wenn er dem Empfänger nicht bekannt ist, seine Firma vorstellen und Angaben über seine Bonität und seinen Umsatz machen, eventuell auch seine Bankverbindung nennen.

Dem Empfänger der Voranfrage sollten nur wenige gezielte Fragen gestellt werden, die dem Versender die Entscheidung erleichtern, ob er ihn in den Bieterkreis aufnehmen will. Fragen nach dem Interesse, ein aufwendiges Angebot abzugeben, nach ausreichender Liefer- oder Leistungskapazität oder nach der Garantie des gewünschten Liefertermins sind sicher angebracht.

Hat der Empfänger der Voranfrage ein Interesse daran, den Auftrag zu erhalten, so ist er gut beraten, gestellte Fragen genau zu beantworten. Er muß sein Interesse an einer Zusammenarbeit und seine Leistungsfähigkeit eindeutig zu erkennen geben. Auf mögliche Vorteile, die er bieten kann, sollte er hinweisen, aber sehr genau darauf achten, daß er seine Konkurrenten nicht abqualifiziert. Die Angabe von Referenzen ist sicher von Vorteil.

Checkliste für Versender von Voranfragen

Wer soll die Voranfrage erhalten?

- Firmen, deren Liefer- und Leistungspotential bekannt ist
- Firmen, mit denen noch nicht zusammengearbeitet wurde, die aber als Bieter in Frage kommen könnten

Welche Angaben muß die Voranfrage enthalten?

- Angaben des Absenders, wie Anschrift, Datum, Name des Bearbeiters der Voranfrage, Abteilung, Telefon-Hausapparat
- Firmenname des Empfängers, Name des Empfängers in der Firma, Abteilungsbezeichnung, Straße oder Postfach, Postleitzahl und Ort
- Betreffzeile, eventuell Registraturnummer der Voranfrage
- Anrede
- Bitte um Bescheid, ob Interesse an der Abgabe eines Angebots besteht, und um Angabe des gewünschten Antworttermins
- Informationen über das eigene Unternehmen, *wenn erforderlich:* Bankverbindung, Jahresumsatz (Es kann sinnvoll sein, den Jahresumsatz zu nennen, um eine Vorstellung von der Größenordnung der Firma zu vermitteln. Diese Angabe kann das Interesse des Anbieters steigern und zu besseren Konditionen führen), Anzahl der Mitarbeiter
- Angaben über das benötigte Material oder die erwartete Leistung sowie den ge-

wünschten Liefer-/Leistungstermin; Frage nach Garantien, Frage nach Einverständnis mit Konventionalstrafe-Vereinbarungen
- Bitte um Information über das Unternehmen des Bieters
- Grußformel
- Unterschrift(en)
- Anlagen (soweit vorhanden)

Voranfrage – Materialeinkauf

Angaben des Absenders

Firma
Empfänger in der Firma
Straße oder Postfach

Postleitzahl und Ort

Datum

Voranfrage – Lieferant für ... (Material) gesucht

Sehr geehrte Damen und Herren,

Ihre Firma wurde uns von der Handelskammer in Hamburg als Lieferant für ... (Material) empfohlen.

Unser Unternehmen ist seit mehr als drei Jahrzehnten Hersteller von ..., und wir werden unsere Produktionsstätten jetzt erheblich erweitern. Deshalb suchen wir zuverlässige ...-Lieferanten, die in der Lage sind, bis zum ... (Termin) ... (Anzahl) Stück ... (Material) frei unserem Werk Hasenheim zu liefern.

Die Anbieter müssen den ... (Datum) als fixen Liefertermin garantieren und im Falle einer Lieferunfähigkeit eine Konventionalstrafe von DM ... pro verspäteten Liefertag akzeptieren.

Wenn Sie interessiert sind, zu einem späteren Zeitpunkt ein ausführliches Angebot abzugeben, so schreiben Sie bitte unserem Mitarbeiter, Herrn F. Schulmann, bis zum ... (Datum), und schicken Sie ihm technische Unterlagen über Ihre ...

Durch diese Voranfrage möchten wir den Bieterkreis beschränken, um Ihnen und uns im Zweifelsfalle die Kosten für die Ausarbeitung und Auswertung eines sehr aufwendigen Angebots zu ersparen.

Teilen Sie uns bitte mit, an wen wir uns in Ihrem Hause im Falle notwendiger Rückfragen wenden können. Wenn Sie an der Lieferung interessiert sind, können wir Ihnen bis zum ... (Datum) sagen, ob wir Sie um ein detailliertes Angebot bitten werden.

Mit freundlichen Grüßen

Voranfrage – Dienstleistungseinkauf

Angaben des Absenders

Firma
Empfänger in der Firma
Straße oder Postfach

Postleitzahl und Ort

Datum

Voranfrage für ...-Arbeiten
Projektbearbeitung in unserem Hause durch Frau I. Maler, Tel. -242

Sehr geehrte Damen und Herren,

Ihre Firma wurde uns als leistungsfähiges Unternehmen für ... genannt.

Wir planen den Bau eines Bürogebäudes in Reichenbach mit einer Büro-/Nutzfläche von ... Quadratmetern. Mit dem Bau soll Anfang ... begonnen werden, mit der Fertigstellung des Rohbaus rechnen wir ..., und im Monat ... ist die Bauabnahme vorgesehen.

Nach überschlägiger Kalkulation werden wir ...-Arbeiten in Höhe von DM ... zu vergeben haben, die in den Monaten ... und ... ausgeführt werden müßten.

Da wir den möglichen Bieterkreis einengen möchten, um Ihnen und uns im Zweifelsfalle unnötige Kosten zu ersparen, schicken wir Ihnen diese Voranfrage mit einer Kurzinformation über das Bauvorhaben. Sollten Sie Interesse an der Ausführung der ...-Arbeiten haben, so schreiben Sie uns bitte bis zum ...

Wir müßten dann von Ihnen wissen, wie viele Mitarbeiter Sie für die Ausführung der Aufgabe einsetzen können und welche fachliche Qualifikation sie haben. Eine kurze Beschreibung, wie Sie die Arbeiten planen und ausführen möchten, sollten Sie uns ebenfalls zur Verfügung stellen.

Im Falle einer positiven Antwort werden wir überlegen, ob wir Sie in den Empfängerkreis für die Ausschreibung der Arbeiten aufnehmen können. Wenn ja, schicken wir Ihnen unsere Anfrage mit detaillierten Unterlagen bis spätestens ... Sollten wir der Ansicht sein, daß eine Zusammenarbeit nicht sinnvoll ist, hören Sie ebenfalls bis zu dem genannten Termin von uns.

Mit freundlichen Grüßen

Anlagen

Checkliste für Empfänger von Voranfragen

Ist der Versender der Voranfrage bekannt, und welche ergänzenden allgemeinen Informationen werden benötigt, um entscheiden zu können, ob eine Geschäftsverbindung mit ihm sinnvoll ist? Sind die Kenntnisse über die Solvenz (Zahlungsfähigkeit) der Firma ausreichend und wenn nein, wer kann Auskunft geben?

Liegen genügend Informationen für die Entscheidung vor, ob für das genannte Projekt oder die gewünschte Lieferung eine Bewerbung um die Aufnahme in den Bieterkreis erfolgen soll?

Werden sowohl aus dem eigenen Haus als auch von dem Versender der Voranfrage noch zusätzliche Angaben benötigt? Sind alle Personen im eigenen Haus, die im Auftragsfalle bei der Ausführung tätig werden müssen, in den Entscheidungsprozeß einbezogen worden?

Welche Vorteile können Sie im Vergleich zu Ihren maßgeblichen Wettbewerbern ins Feld führen, ohne sie schlechtzumachen?

Könnte es nützlich sein, die Antwort auf die Voranfrage persönlich zu übergeben, um dadurch ein erstes Gespräch über eine mögliche Auftragsübernahme zu führen?

Welche Angaben sollte eine positive Antwort auf eine Voranfrage enthalten?

- Angaben des Absenders, wie Anschrift, Datum, Name des Bearbeiters der Voranfrage, Abteilung, Telefon-Hausapparat
- Firmenname des Empfängers, Name des Empfängers in der Firma, Abteilungsbezeichnung, Straße oder Postfach, Postleitzahl und Ort (unbedingt auf richtige Schreibweise von Namen achten!)
- Betreffzeile (aus der Voranfrage entnehmen und eventuell um eigene Angaben ergänzen)
- Anrede (wenn möglich, mit dem Namen des Empfängers)
- Für die Anfrage danken und die Entscheidung mitteilen; im Falle einer Absage diese eventuell nutzen, um Informationen über das eigene Unternehmen zu geben; bei Interesse dies deutlich klarmachen
- Wenn die eigene Firma dem Empfänger der Antwort nicht oder nicht gut genug bekannt ist, kurzgefaßte Informationen geben (nicht mehr als eine DIN-A4-Seite), längere Ergüsse werden meistens gar nicht oder nur sehr ungern gelesen; Prospekte in künstlerischer Aufmachung, aber ohne große Aussagekraft, sind eine Zumutung für den an nützlicher Information interessierten Empfänger.
- Alle Informationen, um die gebeten wurde, in klarer, übersichtlicher Form geben und zusätzlich auf besondere Stärken hinweisen; nie den Wettbewerb herabsetzen!
- Unterstützung bei der Ausarbeitung einer detaillierten Anfrage anbieten, da der Versender der Voranfrage oft nicht genug Fachkenntnisse besitzt, um gezielt fragen zu können und um möglicherweise kostspielige Komplikationen rechtzeitig vor der Anfrage zu erkennen
- Wenn Interesse an einer Angebotsabgabe vorhanden, nochmalige Bekundung
- Grußformulierung
- Unterschrift(en)
- Anlagen (soweit vorhanden)

Beantwortung Voranfrage – positiv

Angaben des Absenders

Firma
Empfänger in der Firma
Straße oder Postfach

Postleitzahl und Ort

Datum

Ihre Voranfrage vom ...
Lieferant für ...

Sehr geehrter Herr Schulman,

vielen Dank für Ihre Voranfrage und Ihr Interesse an einer möglichen Geschäftsverbindung mit uns.

Nach Rücksprache mit allen maßgeblichen Stellen in unserem Hause können wir Ihnen sagen, daß wir in der Lage sind, bis zum ... (gewünschter Termin) ... (Stück) ... Material) frei Ihrem Werk Hasenheim zu liefern.

Wir garantieren die Einhaltung des gewünschten Liefertermins und akzeptieren bei Verspätung die Zahlung einer Konventionalstrafe von DM ... pro Tag. Es stehen ausreichende Produktionskapazitäten zur Verfügung, und wir können Ihnen, wenn gewünscht, Zwischenlieferungen anbieten. Technische Unterlagen schicken wir Ihnen zusammen mit diesem Brief.

Sollten Sie Informationen über unsere Leistungsfähigkeit wünschen, so können wir Ihnen folgende Firmen nennen: Firma ... in ..., Gesprächspartner: Herr K. Rollmann (Einkaufsleiter), Telefon-Durchwahl ... sowie Firma ... in..., Gesprächspartner: Herr Direktor T. Kraus (Leiter Technik), Telefon-Durchwahl ...

Auf Wunsch nennen wir Ihnen gern weitere Firmen, die bei uns ... beziehen, weil der Einsatz von ... für sie besonders wirtschaftlich erscheint. Die technischen Daten geben dazu die Erklärung.

Dürfen wir Sie in den nächsten Tagen anrufen, um zu hören, ob Sie noch ergänzende Informationen von uns benötigen? Wir würden sehr gern zu Ihren Lieferanten zählen und uns große Mühe geben, Sie zufriedenzustellen.

Mit freundlichen Grüßen

Anlagen

Beantwortung Voranfrage – positiv mit Einschränkung

Angaben des Absenders

Firma
Empfänger in der Firma
Straße oder Postfach

Postleitzahl und Ort

Datum

Voranfrage vom ...
Elektro- und Heizungsinstallations-Arbeiten

Sehr geehrte Frau Löffler,

vielen Dank für Ihren Brief und Ihr Interesse, eventuell unsere Dienste in Anspruch zu nehmen.

Wir sind ein Unternehmen, das sich seit 28 Jahren ausschließlich mit dem Bau von Heizungsanlagen befaßt und sicher regional zu den größten in der Branche zählt. Wir haben ... Mitarbeiter und einen Jahresumsatz von DM ... Unsere technische Abteilung beschäftigt ... Ingenieure und Techniker, die sich auf industrielle Heizungsanlagen spezialisiert haben.

Elektroarbeiten führen wir nicht aus, da wir der Ansicht sind, daß „der Schuster bei seinen Leisten bleiben sollte".

Für das von Ihnen beschriebene Projekt könnten wir zwei Ingenieure und eine Gruppe von 5 Monteuren einschließlich eines Gruppenleiters einsetzen. Die Ingenieure, Herr Kramer und Herr Scholz, sind beide länger als 15 Jahre für uns tätig und genießen bei unseren Kunden einen sehr guten Ruf. Beide Herren sind nachweisbar anerkannte Experten auf dem Gebiet der ...-Technik und haben bereits viele Anlagen dieser Art gebaut.

Wir sind sehr daran interessiert, die Heizungsanlage für Ihr Bürogebäude zu planen, zu konstruieren und termingerecht zu bauen. Gern bieten wir Ihnen auch unsere Hilfe bei der Ausarbeitung Ihrer Anfrage an, da wir wissen, wie wichtig es ist, bereits in der Anfrage die wichtigsten Auftragsbestandteile zu erfassen. Eine gut ausgearbeitete Anfrage erspart oft viel nachträglichen Ärger.

Es wäre nett von Ihnen, wenn Sie uns eine Chance gäben, für Sie zu arbeiten.

Mit freundlichen Grüßen

Anlagen

Beantwortung Voranfrage – Absage

Angaben des Absenders

Firma
Empfänger in der Firma
Straße oder Postfach

Postleitzahl und Ort

Datum

Ihre Voranfrage vom ... für ...

Sehr geehrte Frau Löffler,

vielen Dank für Ihre Zeilen und Ihr Interesse an unserer Firma. Wir halten uns zwar für ein leistungsstarkes Unternehmen, aber wir bauen seit 1975 keine ... mehr.

Unsere Abteilung für ... haben wir aufgelöst und uns auf den Bau von ... spezialisiert.

Die Firma Rosenbauer & Hamann, Hamburg-Bergedorf, Telefon (0 40) 67 79 56, ist, so sagt man, eines der besten Unternehmen für ... im Norden Deutschlands. Wir empfehlen Ihnen deshalb, mit dieser Firma Kontakt aufzunehmen.

Schade, daß wir Ihnen nicht selbst helfen können.

Mit freundlichen Grüßen

Unterschrift(en)

Beantwortung Voranfrage – Absage mit Werbung

Angaben des Absenders

Firma
Empfänger in der Firma
Straße oder Postfach

Postleitzahl und Ort

Datum

Ihre Voranfrage vom ... für ...

Sehr geehrter Herr Treudel,

es ist zwar sehr freundlich, daß Sie daran gedacht haben, bei uns zu kaufen, aber wir haben den Handel mit ... vor drei Jahren aufgegeben und uns auf ...-Importe aus ... spezialisiert.

Wir haben seinerzeit festgestellt, daß unser Kundenkreis sehr an günstigen Einkaufsmöglichkeiten für ... interessiert ist, und so haben wir uns auf die Suche nach preiswerter Ware begeben und Erfolg gehabt.

Wenn Sie auch nicht nach ... gefragt haben, so möchten wir doch die Gelegenheit wahrnehmen, Sie mit den Produkten bekanntzumachen, die wir Ihnen heute liefern können. Auch Sie haben sicher Bedarf an ... und würden diese Ware gern in guter Qualität und zu günstigen Preisen beziehen.

Wir schicken Ihnen deshalb unsere zur Zeit gültige Preisliste zusammen mit diesem Brief sowie einige Spezifikationen, aus denen Sie ersehen können, daß die Ware hervorragend für den Einsatz in ... geeignet ist.

Dürfen wir Sie in nächster Zeit einmal anrufen und fragen, wie Ihnen unser Angebot gefällt? Es wäre schön, wenn wir etwas Gutes für Sie tun könnten. Dürfen wir?

Mit freundlichen Grüßen

Anlagen

Unterschrift(en)

Erklärungen zu Anfragen

Wieviel muß man verkaufen, um für 1 000 DM einkaufen zu können? Welche Anstrengungen muß der Verkäufer unternehmen, damit der Einkäufer 1 000 DM ausgeben kann?

Wissen Sie es? Dann wissen Sie auch, wieviel ein guter Einkäufer wert ist und daß ein guter Einkäufer für das Unternehmen allemal so viel wert ist wie ein guter Verkäufer.

Ein schlechter Einkäufer kann in Minuten mehr Geld zum Fenster hinauswerfen, als ein Verkäufer in Tagen verdient.

Und wo fängt der Einkauf an? Er fängt bei der Anfrage an, denn dort geht es, wie es so schön heißt, „das erste Mal richtig zur Sache".

Jetzt muß sich der Einkäufer die für den Einkauf so wichtigen vier Fragen stellen:

- *Was wird benötigt?*
  Reichen seine Kenntnisse aus, um zu wissen, was im Betrieb benötigt wird? Was soll mit der eingekauften Ware oder Leistung erreicht werden? Welche Anforderungen werden an die Qualität gestellt?
- *Welche Menge wird benötigt oder welchen Umfang soll die zu kaufende Leistung haben?*
  Rechtfertigt ein günstigerer Einkaufspreis für Großmengen die eventuell mit dem Kauf verbundenen Lager- und Kapitalkosten?
  Ist ein Rahmenkaufvertrag mit langfristiger Verpflichtung und der Möglichkeit des Abrufs von Kleinmengen wirtschaftlicher als Einzelkäufe?
  Spielen Transport- und Verpackungskosten im Zusammenhang mit der Liefermenge eine bedeutende Rolle?
- *Wann ist der richtige Zeitpunkt für den Einkauf?*
  Bei Waren oder Leistungen, die erheblichen Preisschwankungen unterliegen, ist der Zeitpunkt von besonderer Bedeutung. Steht der Einkauf unter Zeitdruck, oder kann eine Niedrigpreisphase abgewartet werden? Stehen hohe Lager- und Kapitalkosten einem frühzeitigen Einkauf im Wege?
- *Wer bietet die benötigte Ware oder Leistung an?*
  Reichen die Marktkenntnisse aus, um den Einkauf im optimalen Preis-/Leistungsverhältnis tätigen zu können? Wo sind notfalls weitere Marktinformationen zu erhalten? Wie viele potentielle Bieter sollen eine Anfrage erhalten? Sollen im ersten Schritt viele Firmen eine Voranfrage erhalten, damit später ein kleiner Kreis leistungsfähiger Bieter auszuwählen ist?

Sind alle Fragen geklärt, kann der Einkäufer eine Anfrage formulieren und den in Frage kommenden Lieferanten schicken. Dabei bleibt die Form ihm überlassen. Es gibt keine Vorschriften, die die Form einer Anfrage regeln. Sind viele Einzelpreise zu vergleichen, ist es sinnvoll, eine bestimmte Form für das Angebot vorzuschreiben, damit die Angaben der Anbieter zeitsparend verglichen werden können. Es mag deshalb sinnvoll sein, die Bieter aufzufordern, ihr Angebot auf einer Kopie der Anfrage abzugeben.

Wie auch immer die Form der Anfrage gewählt wird, es muß Klarheit darüber bestehen, daß nur eine sorgfältig ausgearbeitete, eindeutig und exakt formulierte Anfrage zu einem vollständigen Angebot führen wird. Der Bieter muß erkennen können, welche Forderungen der potentielle Käufer hat. Ein Bieter, der nicht weiß oder mißversteht, was der Versender der Anfrage braucht, wird ein unbefriedigendes, falsches oder lückenhaftes Angebot abgeben.

Checkliste für Versender von Anfragen

Die in dieser Checkliste aufgeführten Bestandteile für Anfragen sind beispielsweise genannt. Sie können beliebig gekürzt oder ergänzt werden.

Angaben des Absenders, wie Anschrift, Datum, Name des Bearbeiters für Angebote, Abteilungsbezeichnung, Telefon-Hausapparat

Angaben zum Empfänger
Firmenname des Empfängers, Name des Empfängers innerhalb der Firma, Abteilungsbezeichnung, Straße oder Postfach, Postleitzahl und Ort (Unbedingt auf richtige Schreibweise von Namen achten!)

Betreffzeile, eventuell mit Kennwort oder -nummer sowie gefordertem Angebotsempfangstermin

Anrede

Vorstellung der eigenen Firma
Besteht zum Empfänger der Anfrage noch keine Geschäftsverbindung, so ist unter Umständen eine Vorstellung der eigenen Firma angebracht. Angaben über die Bonität können im Falle eines großen Auftragsvolumens von Nutzen sein.

Aufforderung zur Abgabe eines verbindlichen Angebots
Bitte um ein verbindliches Angebot und um Angabe des Gültigkeitszeitraums

Basis für das Angebot
- eigene Einkaufsbedingungen
- Akzeptanz der Lieferbedingungen des Bieters

Zweck der Anfrage
- Material oder Leistung werden benötigt aufgrund konkreten Bedarfs
- Angebot soll vorerst nur Kalkulationszwecken dienen

Beschreibung des Anfragegegenstandes
Klare und eindeutige Beschreibung des benötigten Materials oder der gewünschten Leistung mit den dazugehörigen Angaben, wie Anzahl, Mengen- und Maßeinheiten. Wenn die angegebenen Mengen Schätzmengen sind, sollten sie dem Lieferanten nicht als Grundlage für seine Kalkulation dienen.

Es ist wichtig, daß die Angaben keine Irrtümer zulassen, weil sie zu einem späteren Zeitpunkt zu ärgerlichen Auseinandersetzungen führen können.

Beispiele für Formulierungen:
- Schreibmaschinen, Hersteller Krause, Typ Reiter 1
- Holzverbindungen, wie bei Ihnen am 01.03.89 besichtigt
- Stoff entsprechend dem mitgeschickten Muster
- Tapeten entsprechend der überlassenen Probe HHZ-55
- Marmelade für einen Kauf zur Probe
- Drehbank für einen Kauf auf Probe
- Ware gemäß Abbildung, Zeichnung, Zertifikat, Modell, Prospekt, Katalog, Herkunft der Ware usw.
- Ware gemäß definierter Güteklasse
- Ersatzteile für ... (Kaufgegenstand)

Bitte um Angabe von Preisen und Preisbasis, zum Beispiel:
- Bruttopreise exklusive Mehrwertsteuer
- Bruttopreise abzüglich möglicher Preisnachlässe, wie Mengenrabatt, Treuerabatt, Saisonrabatt, Ausfuhrnachlaß, Gewichtsnachlaß für Schwund usw.
- Preise für die Ware, z.B. inklusive Schutzverpackung, exklusive Schutzverpackung, inklusive Schmuckverpackung
- Preise für die Verpackung
- Preise für Verladung und Verwiegung
- Preise für Transport und Versicherung, z.B. gemäß INCOTERMS, Ausgabe 1990, wie EXW (AB WERK), FCA (FREI FRACHTFÜHRER), FOB (FREI AN BORD), CPT (FRACHTFREI), DAF (GELIEFERT GRENZE), DDP (GELIEFERT VERZOLLT) um nur einige zu nennen.
- Preise für Dienstleistungen, z.B. pro Zeiteinheit, pro Arbeitseinheit oder Preise für die erbrachte Leistung
- Preise für Ersatzteile in den nächsten ... Jahren
- Preise für Wartung und Reparaturen von Kaufgegenständen

Es ist zu empfehlen, bei Anfragen für Dienstleistungen stets darauf zu achten, daß Material und Leistung getrennt angeboten werden, um die Preistransparenz zu erhalten.

Liefer-/Fertigstellungstermin
(Terminvorschlag oder -wunsch)

Sofort, am ... oder bis zum ... (Fixkauf), in der ... Woche, im Monat ..., nach der Ernte, auf Abruf, in Teilmengen von ..., nach vereinbartem Zeitplan.

Je präziser der Liefer- oder Leistungstermin beschrieben wird, desto weniger kann es zu Problemen bei der Erfüllung kommen.

Zahlungsbedingungen
(Vorschlag oder Bitte um Angabe)

Zahlungen erfolgen nach einwandfreier Lieferung und Leistung und nach Vorlage einer prüffähigen, den Vereinbarungen entsprechenden Rechnung zu folgenden Konditionen:

- Zahlung ... Tage nach Rechnungserhalt
- Zahlung ... Tage nach Rechnungserhalt abzüglich ... Prozent Skonto
- Zahlung sofort bei Lieferung
- Zahlung per Nachnahme
- Zahlung in der Mitte und am Ende eines Kalendermonats bei Rechnungseingang mindestens 14 Tage vor den Terminen
- Zahlung bei Lieferung bei Gestellung einer Bankbürgschaft
- Zahlung ... Tage nach Abnahme ... durch einen Sachverständigen
- Zahlung ... Tage nach Inbetriebnahme ...

Garantieumfang und -zeitraum
(Vorschlag oder Bitte um Angabe)

Erfüllungsort und Gerichtsstand
(Vorschlag oder Bitte um Angabe)

Kosten für das Angebot

- Angebote aufgrund dieser Anfrage sind für den Empfänger kostenfrei und unverbindlich
- Der Empfänger des Angebots beteiligt sich an den Kosten für die Ausarbeitung mit DM ... oder mit ... Prozent der Gesamtkosten

Ausschreibungshinweise
Im Falle einer Ausschreibung sollten folgende Hinweise in eine Anfrage aufgenommen werden:

- Angebot in einem zweiten verschlossenen Umschlag mit Vermerk „Ausschreibung, Kennwort ‚...'" bis zum ... (Datum), ... (Uhrzeit), an die Anschrift des Versenders schicken.
- Angebote, die nach dem angegebenen Termin eingehen, können unter Umständen nicht mehr berücksichtigt werden.

Vorschrift der Angebotsform
Bitte, das Angebot auf einem mitgeschickten Formblatt einzureichen und auf keinen Fall ein anderes Format zu wählen. (Hinweis kann wegen besserer optischer Vergleichbarkeit von Preiskolonnen sinnvoll sein.)

Vorschrift zur Anzahl der Angebotsausfertigungen

Abschlußbemerkungen
Abschließende Bemerkungen und Dank im voraus für die Angebotsausarbeitung

Grußformel

Unterschrift(en)

Anlagen, z.B. Einkaufsbedingungen, Zeichnungen, Angebotsformblatt

Anfrage – Begleitschreiben zu einer Anfrage

Angaben des Absenders

Firma
Empfänger in der Firma
Straße oder Postfach

Postleitzahl und Ort

Datum

Anfrage Nummer ... für den Kauf von Büromaterial
Angebotsabgabe-Termin: ...

Sehr geehrte Damen und Herren,

im Jahr ... wollen wir das von uns benötigte Büromaterial ausschließlich von einem Lieferanten kaufen. In diesem Jahr werden wir Material für ca. 15 000 DM beziehen. Diese Zahl mag Ihnen als Anhaltspunkt dienen, sollte aber nicht Grundlage für Ihre Kalkulation sein.

Dem Brief legen wir eine Aufstellung der Büroartikel bei, die wir vermutlich benötigen werden. Die Mengenangaben sind geschätzt und können sich ändern.

Bitte geben Sie uns ein verbindliches, für uns kostenloses Angebot und tragen Sie Ihre Angebotspreise auf der Kopie unserer Aufstellung ein. Nur wenn diese Angebotsform eingehalten wird, können wir Ihre Offerte bearbeiten.

Weitere Auskünfte zu dieser Anfrage kann Ihnen unsere Mitarbeiterin Frau Erika Marten geben. Sie ist über Telefon-Hausapparat 283 zu erreichen.

Vielen Dank im voraus.

Freundliche Grüße

Anlage

Unterschrift(en)

Anfrage – in Formularform

Anlage zu unserem Schreiben vom ...

Anfrage Nummer ... für den Kauf von Büromaterial
Angebotsabgabe-Termin: ...

Pos.	Menge	Maßeinheit	Artikelbeschreibung	Preis pro Mengeneinheit	Gesamtpreis
1	300	Stück	Briefordner mit abwaschbarem Kunststoffbezug	....	....
2	20	Pakete je 50 Stück	Ordner-Rückenschilder	....	....
3	50	Stück	Pultordner	....	....
4	700	Pakete je 100 Blatt	Schreibmaschinenpapier, DIN A4, weiß, 80g/m2, hochwertige reißfeste Qualität	....	....
5	100	Pakete je 5 Stück	Lift-off-Korrektur-SM-Farbbänder	....	....
6	50	Stück	Kugelschreiber Nr. KG 45736/hs	....	....
7	48	Pakete je 12 Stück	Stenostifte AKF Nr. SS 46, weich	....	....
8	100	Pakete je 10 Stück	Textmarker, Typ Filzi 33, 5 x 20 Pakete: blau, grün, gelb, rot, orange	....	....
9	200	Pakete je 12 Blocks	Haftnotizblätter 102 x 76 mm, gelb	....	....
			Gesamtbetrag in DM exklusive MwSt.		....

...

Anfrage – in Formularform (Forts.)

Die Preise sollen die Kosten für Verpackung einschließen.

Die Lieferung des Materials muß in 12 Teilpartien, jeweils am 3. Werktag eines Kalendermonats, frei Haus erfolgen.

Die Materialzusammenstellung der monatlichen Partie wird Ihnen spätestens 5 Tage vor dem Liefertermin schriftlich angegeben.

Bitte berücksichtigen Sie bei Ihrer Preisabgabe, daß wir Ihre Rechnungen jeweils 14 Tage nach Erhalt Ihrer ordnungsgemäßen, prüffähigen Faktura mit Abzug von 2 Prozent Skonto bezahlen möchten.

Im übrigen kaufen wir bei Ihnen auf der Grundlage unserer „Allgemeinen Einkaufsbedingungen" (siehe Anlage).

Unterschrift(en) Anlage

Anfrage für allgemeinen Überblick

Angaben des Absenders

Firma
Empfänger in der Firma
Straße oder Postfach

Postleitzahl und Ort

Datum

Anfrage Nummer ... für den Kauf von Lagerregalen
Angebotsabgabe-Termin: ...

Sehr geehrte Damen und Herren,

unser Lagerhaus mit 500 qm Lagerfläche wollen wir in den nächsten Monaten mit Regalen ausstatten. Die Regale sollen maximal 400 cm hoch sein, die Tiefe muß 100 cm betragen.

Da wir die Regale mit 80 kg pro Quadratmeter belasten möchten, benötigen wir ein sehr stabil gebautes Regalsystem. Über das Material haben wir uns jedoch noch keine Gedanken gemacht. Auch hinsichtlich einer zweckmäßigen Raumaufteilung wurde noch nicht entschieden, da wir meinen, daß wir in diesem Punkt den Rat von Fachleuten brauchen.

Bitte schicken Sie uns Unterlagen über die von Ihnen vertriebenen Regalsysteme, und rufen Sie bitte unseren Mitarbeiter, Herrn Lau, an, wenn Sie glauben, durch eine Ortsbesichtigung mit Rat helfen zu können.

Für Ihre Mühe vielen Dank im voraus.

Freundliche Grüße

Unterschrift(en)

Anfrage für Kauf auf Probe

Angaben des Absenders

Firma
Empfänger in der Firma
Straße oder Postfach

Postleitzahl und Ort

Datum

Anfrage Nummer ... für den Kauf
einer ...-Maschine auf Probe
Angebotsabgabe-Termin: ...

Sehr geehrte Damen und Herren,

auf der Werkzeugmaschinen-Messe in ... haben wir Ihre Maschine entdeckt. Uns hat die Anschlußmöglichkeit vieler Zusatzaggregate gefallen, denn vermutlich ließe sich die Maschine dadurch in unserem Betrieb gut einsetzen.

Würden wir auf Ihre Maschine umrüsten, so benötigten wir 8 Stück. Bei dem hohen Anschaffungspreis ein erhebliches Risiko, wenn sich später Nachteile für uns herausstellen, die wir im Augenblick nicht entdecken können.

Um uns von den Qualitäten der Maschine und ihre Verwendbarkeit in unserem Betrieb überzeugen zu können, möchten wir vorerst eine Maschine für drei Monate auf Probe kaufen.

Bitte nennen Sie uns Ihre Konditionen sowohl für den Kauf auf Probe als auch für die mögliche Nachbestellung weiterer 7 Maschinen.

Mit freundlichen Grüßen

(Unterschriften)

Anfrage nach bestimmter Ware

Angaben des Absenders

Firma
Empfänger in der Firma
Straße oder Postfach

Postleitzahl und Ort

Datum

Anfrage Nummer ...
Kauf eines neuen Lieferwagens
der Marke MMV, Typ 300 RT

Sehr geehrte Damen und Herren,

für unseren Betrieb suchen wir einen neuen Lieferwagen. Neben anderen scheint uns für unsere Zwecke der MMV, Typ 300 RT, recht gut geeignet.

Da wir festgestellt haben, daß dieser Wagen zu sehr unterschiedlichen Konditionen im Markt angeboten wird und speziell im Süden der Bundesrepublik der tatsächliche Verkaufspreis erheblich unter dem empfohlenen Richtpreis des Herstellers liegt, ermitteln wir mit dieser Anfrage das für uns günstigste Angebot.

Sollten Sie Interesse am Verkauf eines 300 RT haben, so nennen Sie uns bitte Ihren äußersten Verkaufspreis. Berücksichtigen Sie dabei bitte, daß wir den Kaufpreis sofort bei Übernahme des Fahrzeugs bar zahlen werden.

Wir stehen gern für ein Gespräch mit Ihnen über mögliche Sonderausstattung des Wagens sowie über den Liefertermin zur Verfügung.

Wenn Sie noch Fragen haben, bevor Sie Ihre Konditionen nennen, oder wenn Sie einen Gesprächstermin bei uns im Hause vereinbaren möchten, so rufen Sie bitte unsere Frau Gruber an.

Mit freundlichen Grüßen

Unterschrift(en)

Anfrage nach gültigem Preis

Angaben des Absenders

Firma
Empfänger in der Firma
Straße oder Postfach

Postleitzahl und Ort

Datum

Anfrage Nummer ...
Ihr Preis für ...

Sehr geehrte Frau Rethmann,

vor einem Jahr haben wir von Ihnen eine größere Partie ... bezogen und waren mit der Ware sehr zufrieden.

Jetzt haben wir wieder Bedarf in der gleichen Menge, und wir denken unter bestimmten Voraussetzungen daran, Ihre Firma wieder als Lieferanten zu berücksichtigen. Bedingung für den Abschluß eines Kaufvertrages mit Ihnen sind allerdings günstigere Konditionen, als wir sie beim letzten Mal von Ihnen erhielten.

Sie wissen sicher viel besser als wir, daß die Preise für ... Anfang des Jahres durch Importe aus Drittländern ins Rutschen kamen und daß das Preisniveau bis heute nicht wieder den Vorjahresstand erreicht hat.

Wenn Sie uns die gleiche Qualität wie beim letzten Kauf anbieten können, schicken Sie uns bitte bis zum ... eine Probe und Ihr verbindliches Angebot.

Wir würden gern wieder mit Ihnen zusammenarbeiten.

Mit freundlichen Grüßen

Unterschrift(en)

Anfrage – sehr ausführlich

Angaben des Absenders

Firma
Empfänger in der Firma
Straße oder Postfach

Postleitzahl und Ort

Datum

Anfrage Nummer ...
für den Kauf einer ...-Maschine
Angebotsabgabe-Termin: ...

Sehr geehrte Damen und Herren,

Ihre Antwort auf unsere Voranfrage vom ... hat uns gefallen und veranlaßt uns, Sie jetzt um ein ausführliches Angebot zu bitten.

Gegenstand der Anfrage
Bitte bieten Sie uns Ihre ...-Maschinen, Typ FK 77 und FKi 77, alternativ an.

Angebot kostenlos, verbindlich, Vorschrift für Gültigkeitsdauer
Wir bitten Sie um ein kostenloses und verbindliches Angebot, gültig für mindestens 6 Monate ab Angebotsabgabe, da die endgültige Entscheidung über den Kauf der Maschine bei uns nicht vor ... getroffen werden kann.

Vorschrift der "Allgemeinen Einkaufsbedingungen"
Grundlage für einen möglichen Kaufvertrag wären unsere "Allgemeinen Einkaufsbedingungen", die wir Ihnen zusammen mit diesem Schreiben schicken.

Preis inkl. Verpackungs-, Versicherungs- und Transportkosten
Bitte bieten Sie die ...-Maschinen und die Zusatzeinrichtungen inklusive Schutzverpackung, 100%ig transportversichert und frachtfrei unserem Betrieb, Ludwigsallee 88, 6770 Karlsruhe, an. Die Mehrwertsteuer weisen Sie bitte getrennt aus.

Zusatzeinrichtungen
Die Zusatzeinrichtungen MK 7711, MK 7714 und MK 78 tz könnten unter Umständen für uns interessant sein. Voraussetzung ist, daß Ihre Preise eine wirtschaftliche Nutzung ermöglichen.

...

Anfrage – sehr ausführlich (Forts.)

Die Zusatzeinrichtungen müssen mit der Beschreibung in den Technischen Merkblättern C 6 und C 6/1 vom September 19.. ohne die geringste Abweichung übereinstimmen.

Ersatzteilpreise- und Wartungskosten-Vereinbarung
Ihre Ersatzteil-Preisliste ist uns bekannt. Für uns sind die Kosten für Wartung, Ersatzteile und Reparaturen genau so wichtig wie die Anschaffungskosten für die Maschine selbst. Wir wünschen deshalb, daß Sie mit uns eine maximale jährliche Erhöhung dieser Preise vereinbaren. Bitte nennen Sie uns Ihre Vorstellungen in Ihrem Angebot.

Kundendienst
Bei Problemen mit Ihrer Maschine sind wir auf schnelle Hilfe angewiesen.

Liefertermin
Bitte sagen Sie uns, welche Fertigungszeit Sie vom Tage des Auftragseingangs benötigen. Wir werden unsere Planung im Falle der Auftragsvergabe an Sie darauf abstimmen und mit Ihnen einen fixen Termin für die Lieferung vereinbaren.

Vereinbarung einer Konventionalstrafe
Da wir unsere Produktion durch den Kauf Ihrer Maschine erweitern, müssen wir nach einem Vertragsabschluß mit Ihnen unseren Kunden umfangreichere Lieferzusagen machen. Ein verspäteter Einsatz Ihrer Maschine würde uns deshalb in erhebliche Schwierigkeiten bringen und zu Regreßforderungen unserer Kunden führen. Darum ist ein Vertragsabschluß mit Ihnen nur bei einer Konventionalstrafe-Vereinbarung möglich. Wir denken an DM ... pro verspäteten Liefertag.

Gewährleistungsumfang
In Ihrem Angebot machen Sie bitte eindeutige Aussagen über den Umfang Ihrer Gewährleistung und möglicher zusätzlicher Garantien, die über die vom Gesetzgeber festgelegten Mindestleistungen hinausgehen.

Gerichtsstand
Der Gerichtsstand sollte für beide Teile Karlsruhe sein.

Anzahl der Angebotsausfertigungen
Ihr Angebot benötigen wir in dreifacher Ausfertigung.

Wir danken Ihnen im voraus für die Mühe der Angebotsausarbeitung und freuen uns, wenn Ihre Konditionen zu einer Geschäftsverbindung zwischen unseren Firmen führen würden.

Mit freundlichen Grüßen   Anlagen

KAPITEL 4 Angebote

Erklärungen zu Angeboten

Ein Angebot ist die Abgabe einer Willenserklärung

Ein Angebot ist die Willenserklärung des Bieters (auch „Anbieter" genannt), einer anderen Person eine Ware, Dienstleistung oder Sache zu bestimmten Bedingungen (auch „Konditionen" genannt) zu verkaufen, zu erbringen, zu verleihen, zu vermieten, zu verpachten, also zu überlassen.

Angebotsbedingungen müssen genau beschrieben werden

Um die Bedingungen genau zu beschreiben, müssen Angaben über die Art, die Beschaffenheit, die Güte, die Menge, den Preis, die Art und den Zeitpunkt der Lieferung/Leistung sowie über die Art und den Zeitpunkt der Zahlung gemacht werden.

Außerdem sind der Erfüllungsort und der Gerichtsstand zu nennen.

Durch Abgabe und Annahme eines Angebots kommt ein Vertrag zustande

Ein Angebot ist nicht formgebunden

Ein Angebot ist an keine bestimmte Form gebunden; es kann sowohl mündlich als auch schriftlich abgegeben werden. Die Erfahrung hat jedoch gezeigt, daß es sinnvoll ist, ein mündliches Angebot schriftlich zu bestätigen, um Mißverständnisse von vornherein zu vermeiden und um bei eventuellen späteren Streitigkeiten über Beweismaterial zu verfügen.

Der Bieter ist an sein Angebot gebunden bis ...

Der Bieter ist so lange an sein Angebot gebunden, bis der Empfänger die Bindung durch Nichtannahme, nicht rechtzeitige Annahme oder Änderung der Bedingungen zum Erlöschen bringt. Aus diesem Grunde muß der Bieter vor der Angebotsabgabe gut überlegen, welche Zugeständnisse er machen kann und will.

Angebote ohne jede Zeit-, Mengen- oder Preisbegrenzung beinhalten oft für den Bieter ein erhebliches Risiko. Aus diesem Grunde werden Offerten sehr oft „freibleibend" oder in bestimmten Bestandteilen eingeschränkt abgegeben.

Angebote, die *Anwesenden* oder *Gesprächspartnern am Telefon* abgegeben werden, sind sofort bei Abgabe wirksam. Die Bindung an das Angebot gilt dann nur für die Dauer der Unterredung, wenn es vom Angebotsempfänger nicht in dieser Zeit angenommen wird (siehe § 147 BGB).

Im BGB steht zu diesem Thema unter anderem in § 130 (1): „Eine Willenserklärung, die einem anderen gegenüber abzugeben ist, wird, wenn sie in dessen Abwesenheit abgegeben wird, in dem Zeitpunkte wirksam, in welchem sie ihm zugeht. Sie wird nicht wirksam, wenn dem anderen vorher oder gleichzeitig ein Widerruf zugeht."

Der einem *Abwesenden* gemachte Antrag kann nur bis zu dem Zeitpunkt angenommen werden, zu dem der Antragende den Eingang der Antwort unter regelmäßigen Umständen erwarten darf.

Hat der Bieter (laut BGB „der Antragende") für die Annahme des Antrags eine Frist bestimmt, so kann die Annahme nur innerhalb dieser Frist erfolgen.

Ein Angebot kann unter bestimmten Umständen widerrufen werden

Das Angebot kann bis zum Eintreffen beim Empfänger widerrufen werden; dafür muß ein

Widerruf vor dem oder zumindest gleichzeitig mit dem Angebot beim Empfänger eintreffen.

Nähere Informationen über die Rechtslage bei Willenserklärungen geben die Paragraphen 116 bis 144 des BGB.

Weitere Einzelheiten über Bindung an das Angebot und Vertragsschluß sind aus den Paragraphen 145 bis 157 des BGB zu ersehen.

Ziel eines Angebots ist der Abschluß eines Kaufvertrags

Bevor ein Bieter ein Angebot abgibt, sollte er prüfen, ob er genau weiß, was der Angebotsempfänger erwartet. Unaufgefordert abgegebene Angebote haben oft nur deshalb keinen Erfolg, weil sich der Bieter vorher nicht genug informiert hat und der Empfänger etwas ganz anderes oder etwas in anderer Form benötigt.

Nicht selten verärgern Bieter auch die Angebotsempfänger, da sie, selbst wenn Anfragen vorliegen, diese so ungenau lesen, daß unvollständige oder an der Anfrage vorbeigehende Angebote formuliert werden.

Nur ein Bieter, der sich sorgfältig darüber informiert, was der Angebotsempfänger braucht, kann ein Angebot abgeben, das dessen Anforderungen entspricht.

Checkliste für Angebote

Bevor ein Angebot ausgearbeitet und abgegeben wird, sollte sich der Bieter, wenn er mit seinem Angebot Erfolg haben will, einige wichtige Fragen stellen.

Wer ist der Angebotsempfänger?

Welche Kenntnisse liegen über die Firma vor?

Welche Gründe könnte die Firma für eine Zusammenarbeit haben?

Was weiß man über die Einkaufspolitik der Firma?

Sind die finanziellen Verhältnisse der Firma geordnet?

Welche Wettbewerber könnten einen Vertragsabschluß streitig machen und warum? Was kann man dagegen tun?

Was benötigt der Angebotsempfänger?

Liegen genaue Kenntnisse über das benötigte Material oder die benötigte Leistung vor?

Sind die qualitativen Anforderungen bekannt?

Welche Informationen liegen über den Verwendungszweck vor?

Welche Angebotsalternativen gibt es, und was kann damit erreicht werden?

Welche Vorteile können gegenüber dem maßgeblichen Wettbewerb ins Feld geführt werden, ohne ihn herabzusetzen?

Sind die Schwächen gegenüber dem maßgeblichen Wettbewerb bekannt, und was kann dagegen getan werden?

Wann wird der Angebotsgegenstand benötigt?

Sind die zeitlichen Vorstellungen des Angebotsempfängers bekannt, und können sie akzeptiert werden?

Unter welchen Voraussetzungen würde eine Terminverschiebung akzeptiert werden?

Können Teillieferungen/-leistungen angeboten werden, und welche Gründe könnte es für eine Akzeptanz geben?

Sind alle Fragen geklärt, kann mit der Angebotsformulierung begonnen werden. Nun ist zu entscheiden, welche Bestandteile das Angebot enthalten soll.

Die folgende Checkliste soll beispielgebend sein, das heißt, sie kann gekürzt oder auch erweitert werden.

Wichtig ist, daß ein Angebot eindeutig und klar formuliert wird und daß es keinen Anlaß zu Zweifeln gibt. Nur so können spätere Streitfragen vermieden werden.

Wird ein Angebot als Antwort auf eine Anfrage ausgearbeitet, so ist sorgfältig darauf zu achten, daß alle in der Anfrage gestellten Fragen beantwortet werden. Ein schlampig ausgearbeitetes Angebot läßt auf einen unzuverlässigen Lieferanten schließen!

Ein Angebot sollte möglichst so formuliert werden, daß es im Falle einer späteren Kaufvertrags-Ausarbeitung als Grundlage ohne umfangreiche Textänderungen dienen kann.

- Briefbogen mit Angaben des Absenders (wenn nicht ein anderes textübertragendes Kommunikationsmittel gewählt wird). Das Papier des Briefbogens und der Druck sollten von einwandfreier Qualität sein, und es ist darauf zu achten, daß der Bogen nicht mit einem Werbeprospekt verwechselt werden kann. Mit Werbung also sparsam umgehen!
- Empfängeranschrift mit der korrekten Schreibweise des Firmen- und des Empfängernamens
- Ort und Datum
- Zeichenzeile (wenn auf dem Briefbogen vorgesehen)

  Bei vorhergegangener Anfrage: Name oder Zeichen des in der Anfrage genannten Bearbeiters oder der Bezeichnung der zuständigen Abteilung, Name oder Kurzzeichen des Mitarbeiters, der das Angebot abgibt und für die Bearbeitung eingehender Aufträge zuständig ist. Die Telefon-Hausapparat-Nummer sollte auch nicht fehlen.
- Betreffzeile mit Stichwort /Kennwort/ Nummer und Zeichen des Angebots oder (beziehungsweise als Ergänzung bei vorhergegangener Anfrage) Angaben des Versenders der Anfrage
- Anrede
- Einleitende Angaben, warum das Angebot abgegeben wird. Bei unaufgefordert abgegebenen Angeboten muß der Empfänger durch geschickte Formulierung neugierig gemacht und damit zum Weiterlesen angeregt werden. Solche Offerten sollten nicht mehr Text enthalten, als auf einer DIN-A4-Seite Platz findet. Zuviel Text wird oft nicht gelesen.
- Angabe der Angebotsverbindlichkeit mit sogenannter Freizeichnungsklausel oder ohne diese:
  - Wir bieten Ihnen ... (Angebotsgegenstand) an.

  Wenn Angebotseinschränkungen gemacht werden sollen, können folgende Formulierungen gewählt werden:
  - Wir bieten Ihnen auf der Grundlage unserer „Allgemeinen Verkaufs- und Lieferbedingungen" / „Allgemeinen Geschäftsbedingungen" (siehe Anlage) ... an.
  - Wir bieten Ihnen freibleibend/unverbindlich/ohne Obligo ... an.
  - Wir bieten Ihnen ... an und halten unser Angebot bis zum ... (Datum) aufrecht.
  - Wir bieten Ihnen ... an, solange der Vorrat reicht.
  - Wir bieten Ihnen ... (genaue Anzahl/ Menge) ... (Angebotsgegenstand) an.
  - Wir bieten Ihnen, Zwischenverkauf vorbehalten, ... an.
  - Wir bieten Ihnen, Liefermöglichkeit vorbehalten, ... an.
- Information, ob das Angebot kostenlos ist oder wieviel dafür, nach vorheriger Absprache mit dem Empfänger, in Rechnung gestellt wird
- Angabe der Anzahl/Menge nach metrischen (gesetzlichen) oder nach handelsüblichen Maßeinheiten
- Beschreibung des Angebotsgegenstandes durch Angabe der Art (handelsüblicher Name), Beschaffenheit und Güte in einer Weise, die möglichst keine Zweifel aufkommen läßt, wie zum Beispiel:

- Wir bieten Ihnen an: ... (Angebotsgegenstand), zum Kauf nach Muster, auf Probe, zur Probe, nach Probe.
- Wir bieten Ihnen an: ..., gemäß Abbildung, Zeichnung, Plan, Analysedaten, Gütezeichen, Güteklasse.
- Wir bieten Ihnen an: ... mit der Herkunftsbezeichnung .../mit folgenden Bestandteilen .../mit folgendem Qualitätsgewicht ...
- Wir bieten Ihnen an: ... in der Farbe ...
- Wir bieten Ihnen an: ... des Jahrgangs ...

Je präziser die Beschreibung ist, desto geringer ist die Gefahr, später mit dem Geschäftspartner Ärger zu bekommen.

- Nennung von Preisen unter Berücksichtigung möglicher Kosten für Versand- und/oder Verkaufsverpackungen sowie eventueller Gewichts- und Preisabzüge. Separate Angabe von staatlichen Abgaben, wie zum Beispiel Mehrwertsteuer.
- Angabe der Versandart und der Kosten für den Versand sowie für die Transportversicherung. Es ist üblich, diese Angabe entsprechend den internationalen Regeln für die Auslegung der handelsüblichen Vertragsformeln, INCOTERMS, Ausgabe 1990, vorzunehmen. Die INCOTERMS sind bei den Internationalen Industrie- und Handelskammern erhältlich.
- Angabe des gewünschten Termins für den Eingang der Zahlung
  - Unser Zahlungsziel lautet „... Tage nach Rechnungsdatum.“

    „Bei Zahlungseingang innerhalb von ... Tagen nach Rechnungsdatum gewähren wir ... Prozent Skonto.“
- Angabe der Lieferzeit
- Information über den Erfüllungsort. Der Bieter wird möglichst als Erfüllungsort den Sitz seines Unternehmens wählen, um Transport- und Transportversicherungsprobleme zu vermeiden.
- Information über den Gerichtsstand. Der Bieter wird als Ort den Sitz seiner Firma wählen (nur unter Vollkaufleuten wirksam).
- Angaben über den Umfang der Gewährleistung sind für den Angebotsempfänger oft von so großer Bedeutung, daß er seine Kaufentscheidung davon abhängig macht.
- Positive Besonderheiten, von denen anzunehmen ist, daß der Wettbewerb sie nicht zu bieten hat, oder die sonst in irgendeiner Hinsicht erwähnenswert erscheinen, sollten unbedingt genannt werden. Dazu kann beispielsweise ein gut funktionierendes und dichtes Netz von Kundendienst-Werkstätten gehören.
- Abschließende Worte und die Versicherung, daß im Falle eines Auftrags der Kundenpflege besondere Aufmerksamkeit gewidmet wird.
- Grußformel
- Unterschrift(en)
- Anlagen (falls vorhanden)

Beantwortung Anfrage – Zwischenbescheid

Angaben des Absenders

Firma
Empfänger in der Firma
Straße oder Postfach

Postleitzahl und Ort

Datum

Ihre Anfrage Nummer ... vom ...
Umbau eines ...
Zwischenbescheid

Sehr geehrte Frau Rangmann,

es ist freundlich von Ihnen, daß Sie uns geschrieben und um ein Angebot für den Umbau Ihres ... gebeten haben.

Wir haben uns seit ... Jahren auf Umbauten dieser Art spezialisiert, und es ist uns gelungen, große Erfahrungen auf diesem Gebiet zu sammeln.

Ihre Unterlagen haben wir sorgfältig studiert und festgestellt, daß die Änderungen einige Teile erfordern, die speziell für den genannten Zweck angefertigt werden müssen. Da wir Ihnen nicht gern ein halbfertiges Angebot übergeben möchten, brauchen wir für die Ausarbeitung noch ungefähr 8 Tage. Gewähren Sie uns diesen Aufschub?

Es wird in unserem Hause alles Nötige getan, damit Sie die Offerte spätestens am ... haben.

Für Ihre Geduld danken wir Ihnen im voraus.

Freundliche Grüße

Unterschrift(en)

Beantwortung Anfrage – Begleitschreiben zu einem Angebot

Angaben des Absenders

Firma
Empfänger in der Firma
Straße oder Postfach

Postleitzahl und Ort

Datum

Ihre Anfrage vom ...
Lieferung von ...

Sehr geehrter Herr Klausmann,

vielen Dank, daß sie daran denken, uns in Ihren Lieferantenkreis aufzunehmen.

Wie gewünscht, haben wir ein Angebot ausgearbeitet, und es wäre erfreulich, von Ihnen zu hören, daß unsere Konditionen für Sie günstig sind. Die Angebotsunterlagen schicken wir Ihnen zusammen mit diesem Brief.

Da wir in der Bundesrepublik ein weitverzweigtes Händler- und Kundendienstnetz aufgebaut haben, können wir Sie bei Bedarf in kürzester Zeit mit ... versorgen und Fachleute zu Ihnen schicken, die Ihnen mit Rat und Tat zur Verfügung stehen. Wir denken, daß wir in diesem Punkt einen kleinen Vorsprung vor unseren Wettbewerbern haben.

Dürfen wir Sie in den nächsten Tagen anrufen, um zu erfahren, ob Ihnen unsere Offerte gefällt? Sind noch hier und da kleine Korrekturen an den Konditionen notwendig? Bitte sagen Sie es uns; wir möchten Sie zufriedenstellen.

Mit freundlichen Grüßen

Anlagen

Unterschrift(en)

Angebot auf Angebotsformular

Angaben des Absenders

Angebots-Nummer:	TAS 567/789
Datum des Angebots:	01.07.19..
Angebot für:	Erneuerung der Tankanlage
Bauherr:	H. Stankowsky
Anschrift des Bauherrn:	Am Rübenfeld 8 5089 Brauhausen
Bauherr telefonisch erreichbar:	0675/7789
Anschrift der Baustelle:	Am Wandrahm 19 2000 Hamburg 18
Anfrage des Bauherrn vom:	15.06.19..

Wir danken Ihnen für Ihre Anfrage. Wenn Ihnen unser Angebot gefällt und Sie uns den Auftrag erteilen, werden wir uns große Mühe geben, um Sie zufriedenzustellen.

Bitte lassen Sie uns wissen, ob Sie mit unseren Konditionen zufrieden sinc oder was wir andernfalls verbessern sollten.

Wie liefern auf der Grundlage der Verdingungsordnung für Bauleistungen (VOB).

Die Zahlung erbitten wir von unseren Kunden sofort nach Fertigstellung der Arbeiten auf eines der angegebenen Konten.

Einzelheiten des Angebots finden Sie auf der zweiten Seite dieses Schreibens.

...

Angebot auf Angebotsformular (Forts.)

Angebots-Nummer: TAS 567/789
Fortsetzung von Seite 1

Erneuerung der Tankanlage, Bauherr H. Stankowsky

Pos.	Menge	Material- und Leistungsbeschreibung	Einzelpreis DM	Gesamtpreis DM
1	8	TAKA-System MS 18 Tanks Abmessung: 3100 x 1500 cm Inhalt: 750 Liter je Tank	....	....
2		Demontage der vorhandenen Tankanlage	....	
3		Montage der neuen Tankanlage		
	8	Monteurstunden *)		....
	8	Helferstunden *)		....
		*) geschätzte Stundenanzahl, Abrechnung aufgrund effektiv geleisteter Stunden		______
		Gesamtbetrag		....
		14% Mehrwertsteuer		....
		Angebotssumme		______

Firmenstempel/Datum

Unterschrift(en)

Beantwortung Anfrage in Briefform

Angaben des Absenders

Firma
Empfänger in der Firma
Straße oder Postfach

Postleitzahl und Ort

Datum

Ihre Anfrage vom ... zur Lieferung von ...

Sehr geehrter Herr Kramen,

vielen Dank für Ihre Anfrage. Es ist nett von Ihnen, daß Sie an unsere Firma gedacht haben. Wenn Sie uns Ihren Auftrag erteilen, werden wir uns große Mühe geben, Ihnen nützliche Geschäftsfreunde zu sein.

Die Geräte können wir Ihnen in der gewünschten Ausführung freibleibend auf der Basis unserer „Allgemeinen Verkaufs- und Lieferbedingungen" anbieten.

Das Gerät MZW 2002 kostet inklusive Schutzverpackung DM ..., und für den Adapter berechnen wir DM ... Die Preise gelten ohne Mehrwertsteuer.

Voraussetzung für die günstige Preisgestaltung ist die Abnahme von ... Geräten in einer Partie. Die Lieferung erfolgt bei dieser Stückzahl frei Haus auf Gefahr des Kunden.

Ihre Zahlung bitten wir Sie so rechtzeitig zu leisten, daß wir 30 Tage nach Lieferung/Rechnungsdatum über das Geld verfügen können. Bei Zahlungseingang nach 14 Tagen erhalten Sie 2% Skonto.

Erfüllungsort und Gerichtsstand wäre für beide Parteien ... (Ort = Sitz der eigenen Firma).

Dürfen wir uns nach einigen Tagen bei Ihnen erkundigen, ob Ihnen unser Angebot gefällt? Wir würden gern Ihr Lieferant werden.

Mit freundlichen Grüßen

Beantwortung Anfrage – Angebot zeitlich eingeschränkt

Angaben des Absenders

Firma
Empfänger in der Firma
Straße oder Postfach

Postleitzahl und Ort

Datum

Angebot zum Bau einer ...
aufgrund Ihrer Anfrage vom ...
Nummer des Angebots: ...

Sehr geehrte Frau Scholz-Mühlemann,

vielen Dank für Ihre Anfrage. Da wir sehr daran interessiert sind, Ihren Bedarf an ... wieder zu decken, haben wir uns sofort mit unserem Geschäftsfreund in ... in Verbindung gesetzt. Wie wir jetzt hören, kann er die Ware beschaffen und auch einen günstigen Einkaufspreis erzielen, wenn er bis zum ... ordert.

Wir können Ihnen also 10 t ... (Bezeichnung der Ware) zum Preis von DM ... per 100 kg, exklusive Mehrwertsteuer, CIF Hamburg, auf der Grundlage unserer „Allgemeinen Verkaufsbedingungen" anbieten, wenn Sie die Ware bis zum ... (Eingangsdatum) bei uns bestellen. Nach diesem Datum können wir den günstigen Preis nicht mehr bieten.

Unsere übrigen Bedingungen sind Ihnen aus den vorhergegangenen Lieferungen bekannt.

Wir würden uns freuen, wenn wir Ihnen auch dieses Mal Ware zu einem vorteilhaften Preis beschaffen könnten.

Mit freundlichen Grüßen

Unterschrift(en)

Beantwortung Anfrage – Absage

Angaben des Absenders

Firma
Empfänger in der Firma
Straße oder Postfach

Postleitzahl und Ort

Datum

Ihre Anfrage vom ... zur Lieferung von ...

Sehr geehrter Herr Rudolf,
sehr geehrter Herr Bergmann,

vielen Dank, daß Sie uns wieder um ein Angebot bitten.

Leider müssen wir Ihnen sagen, daß wir keine ... mehr herstellen. Der Bedarf an ... wurde in den letzten Jahren immer geringer, so daß wir uns entschlossen haben, unsere Maschinen auf die Herstellung von ... umzustellen.

Dürfen wir Ihnen zwei uns bekannte Lieferanten für ... empfehlen?

Die Firma Johann Friedrichsen Söhne in Braundorf stellt, soweit wir wissen, ... her, und die Firma Mahlmann & Kunst in Grünstadt dürfte ebenfalls ... im Lieferprogramm haben.

Es wäre schön, wenn Ihnen diese Hinweise helfen könnten, Ihren Bedarf weiterhin bei zuverlässigen Lieferanten zu decken.

Freundliche Grüße

Unterschrift(en)

Beantwortung Anfrage – Absage zur Werbung genutzt

Angaben des Absenders

Firma
Empfänger in der Firma
Straße oder Postfach

Postleitzahl und Ort

Datum

Ihre Anfrage Nummer ... vom ...
zur Lieferung von ...

Sehr geehrter Herr Thomas,

für Ihre Anfrage vielen Dank. Leider müssen wir Ihnen jedoch sagen, daß wir keine ... mehr herstellen. Wir haben unsere Produktion vor zwei Jahren auf ... umgestellt, weil die Nachfrage nach ... erheblich zurückging.

Jetzt produzieren wir ..., wie man sagt und wie die Verkaufszahlen beweisen, in sehr guter Qualität.

Es gibt auf dem Markt eine Reihe von Anbietern, die durchschnittliche Qualität zu recht günstigen Preisen anbieten; wir vertreten jedoch die Ansicht, daß außerdem qualitativ hochwertige Artikel sehr gefragt sind, und die möchten wir liefern. Es macht mehr Freude, Qualität zu produzieren!

Zusammen mit diesem Brief schicken wir Ihnen unseren neuesten Katalog und eine Preisliste. Blättern Sie doch einmal darin; sicher finden auch Sie Gefallen an den schönen ... und entschließen sich schon bald, einen oder mehrere zu kaufen.

Dürfen wir Sie in den nächsten Wochen einmal anrufen, um uns zu erkundigen, wie Ihnen unsere Produktion gefällt?

Alles Gute für Sie.

Freundliche Grüße

Anlagen

Unterschrift(en)

Beantwortung Anfrage – Absage mit Alternativangebot

Angaben des Absenders

Firma
Empfänger in der Firma
Straße oder Postfach

Postleitzahl und Ort

Datum

Ihre Anfrage vom ... zum Kauf von ...

Sehr geehrte Frau Rauschenbach,

vielen Dank, daß Sie uns wieder um ein Angebot für ... bitten.

Leider führen wir diese Geräte nicht mehr, da wir den Lieferanten gewechselt haben. Unser bisheriger Lieferant konnte einige Male die versprochenen Liefertermine nicht einhalten und hat uns dadurch bei vielen langjährigen Kunden erheblich in Mißkredit gebracht.

Wir können Ihnen als guten Ersatz jetzt Geräte der Firma Kallmann KG anbieten. Die Qualität ist hervorragend, und Lieferzusagen werden eingehalten.

Der Preis pro Gerät, Typ 88 H-13, beträgt DM ... ohne Mehrwertsteuer. Alle übrigen Konditionen gelten natürlich für Sie wie bisher.

Mit getrennter Post werden wir Ihnen ein Mustergerät schicken. Wenn Sie sich zum Kauf entschließen, können wir dieses Gerät mit der folgenden Lieferung verrechnen. Sollte es Ihnen jedoch wider Erwarten nicht gefallen, so schicken Sie es uns bitte unfrei zurück.

Es wäre schön, wenn wir Sie auch weiterhin als unseren Kunden bedienen dürften.

Mit freundlichen Grüßen

Unterschrift(en)

Begleitschreiben zu Angebot ohne vorhergegangene Anfrage

Angaben des Absenders

Firma
Empfänger in der Firma
Straße oder Postfach

Postleitzahl und Ort

Datum

Angebot zur Lieferung äußerst preisgünstiger ...

Sehr geehrte Frau Schröder,

von der Firma Möllermann & Schneider, zu der Sie eine langjährige Geschäftsverbindung pflegen, hörten wir, daß Sie einen erheblichen Bedarf an ... haben.

Unsere Firma zählt zu den mittelständischen Unternehmen in der ...-Branche, und wir liefern seit ... Jahren in größerem Umfang ... an Firmen in ...

Da wir meinen, daß das Preis-/Leistungsverhältnis bei unseren ... sehr wettbewerbsgerecht ist, möchten wir Sie auf unsere Artikel/Produkte/Erzeugnisse aufmerksam machen.

Außerdem können wir Ihnen durch unsere Filiale in ..., falls es einmal nötig ist, innerhalb weniger Stunden einen Mitarbeiter schicken, der Ihnen hilft, Probleme mit ... zu lösen.

Zusammen mit diesem Brief schicken wir Ihnen einige sehr informative Unterlagen über unser ...-Programm und die neueste Preisliste mit Basispreisen. Bei größeren Abnahmen können wir mit Ihnen über Sonderkonditionen sprechen.

Sehr geehrte Frau Schröfer, dürfen wir Sie in den nächsten Tagen einmal anrufen, um von Ihnen zu hören, ob wir etwas für Sie tun können? Wir versprechen Ihnen, uns im Falle einer Geschäftsverbindung große Mühe zu geben, um Sie zufriedenzustellen.

Mit freundlichen Grüßen

Anlagen

Unterschrift(en)

Angebot ohne vorhergegangene Anfrage – Angebot preisgünstiger Importware

Angaben des Absenders

Firma
Empfänger in der Firma
Straße oder Postfach

Postleitzahl und Ort

Datum

Angebot äußerst preisgünstiger ... aus Fernost

Sehr geehrte Damen und Herren,

vor einigen Tagen haben wir von unserem Agenten in Fernost erfahren, daß es ihm gelungen ist, eine sehr günstige Partie der Ihnen bekannten ... aufzukaufen. Die Qualität ist unverändert gut, und deshalb ist ein Kauf bei dem niedrigen Preis sehr zu empfehlen.

Die Sendung trifft per Schiff am ... in Hamburg ein.

Der Preis ab Schuppen 25, Kai 11, beträgt für je 20 Stück, verpackt in einer Kiste, DM ... pro Kiste (exkl. MwSt.). Die Kosten für die Schutzverpackung sind im Preis enthalten; die Verladung auf Lkw ist für Sie kostenlos.

Unser Angebot auf der Grundlage unserer „Allgemeinen Verkaufs- und Lieferbedingungen" (siehe Anlage) ist gültig, solange der Vorrat reicht.

Das Zahlungsziel beträgt 30 Tage nach Lieferung/Rechnungsdatum netto (Rechnungsbetrag auf unserem Konto gebucht).

Erfüllungsort und Gerichtsstand ist Hamburg.

Mit freundlichen Grüßen

Anlage

Unterschrift(en)

Angebot ohne vorhergegangene Anfrage –
Angebot von Ramschware (Verkauf in Bausch und Bogen)

Angaben des Absenders

Firma
Empfänger in der Firma
Straße oder Postfach

Postleitzahl und Ort

Datum

Angebot von 850 Stück ... (Havarieware)
zu äußerst günstigem Preis

Sehr geehrte Damen und Herren,

es ist uns durch Zufall geglückt, eine Partie ... von hervorragender Qualität als Havarieware zu übernehmen.

Wir bieten Ihnen die 850 Stück ..., von denen etwa 10% leicht beschädigt sind, in einer Partie oder als Teilpartie von jeweils 50 Stück an, solange der Vorrat reicht.

Der Preis beträgt DM ... ohne MwSt. für 50 Stück.

Ein echtes „Ringeltäubchen", wie man im Rheinland sagt. Die Ware ist unverpackt und wird ab unserem Lager unverladen abgegeben. Sie kann ab Montag, dem ..., jeweils zwischen 9 und 16 Uhr in unserem Lager besichtigt werden. Eine Qualitätsverlesung ist nicht möglich. Die Ware muß wie besichtigt übernommen werden.

Die Lagerung der gekauften Ware ist für den Käufer 3 Tage kostenlos, danach kostet die Lagerung einer Teilpartei von 50 Stück DM ... exkl. MwSt. pro angefangene Woche.

Die Zahlung hat bei Übernahme zu erfolgen. Erfüllungsort und Gerichtsstand ist ...

Es wäre schön, wenn Sie dieses günstige Angebot nutzen könnten.

Mit freundlichen Grüßen

Unterschrift(en)

Angebot ohne vorhergegangene Anfrage – Versand eines neuen Katalogs

Angaben des Absenders

Firma
Empfänger in der Firma
Straße oder Postfach

Postleitzahl und Ort

Datum

Neuer Katalog für ... mit Preisen,
so günstig, wie man sie selten findet!

Sehr geehrte Damen und Herren,

die Zeit verrinnt so schnell, daß man es kaum glauben kann, und so ist es auch kein Wunder, daß Ihnen die Post schon wieder unseren neuen Katalog für das Jahr ... auf den Tisch legt.

Wieder haben wir es geschafft, Ihnen hervorragende Qualität zu außerordentlich günstigen Preisen anzubieten, und wir sind sicher, daß Sie an den Artikeln lange Jahre Freude haben können.

Wenn Sie das Bild unseres neuen Firmenkomplexes auf der Titelseite sehen, werden Sie sich vielleicht fragen, wie wir es geschafft haben, unseren Betrieb in so kurzer Zeit so stark wachsen zu lassen. Diese Frage können wir Ihnen beantworten: Wir verdanken unser Wachstum Ihnen, unseren Kunden, die unsere Leistung netterweise honorieren.

Vielen Dank für Ihre Treue, wir werden uns auch weiterhin immer für Sie Mühe geben.

Mit freundlichen Grüßen

Anlage

Angebot ohne vorhergegangene Anfrage – Versand einer neuen Preisliste

Angaben des Absenders

Firma
Empfänger in der Firma
Straße oder Postfach

Postleitzahl und Ort

Datum

Neue Preisliste für ..., gültig ab ...

Sehr geehrte Damen und Herren,

Sie haben unseren Katalog für ... in Ihrem Bücherregal und bekommen von uns von Zeit zu Zeit Aktualisierungen in Form loser Blätter geschickt.

Zweimal jährlich überprüfen wir unsere Preise, kalkulieren neu und stellen dann meistens fest, daß wir viel zu günstige Angebote abgegeben haben.

Scherz beiseite, jeder ordentliche Kaufmann muß sorgfältig kalkulieren und versuchen, seine Produkte so günstig wie möglich anzubieten, damit er wettbewerbsfähig ist und weiterhin im Markt bestehen kann. Und nach einer gewissen Zeit muß er überprüfen, ob seine Kalkulation noch stimmt.

Das haben wir jetzt getan, und das Ergebnis liegt vor Ihnen.

Bei einigen Artikeln mußten wir ein wenig drauflegen, bei vielen anderen konnten wir ein wenig nachlassen, und die neuen Artikel bekamen einen Einstandspreis.

Wir freuen uns, wenn unsere Artikel weiterhin ihren Preis wert erscheinen und wir Sie auch in Zukunft als Kunden behalten dürfen. Wir geben uns Mühe, Ihre Wünsche zu erfüllen.

Mit freundlichen Grüßen

Unterschrift(en)

Stellungnahme zu Angeboten – Dank für Angebotsausarbeitung (Zwischenbescheid)

Angaben des Absenders

Firma
Empfänger in der Firma
Straße oder Postfach

Postleitzahl und Ort

Datum

Ihr Angebot vom ...
zur Lieferung von ...

Sehr geehrter Herr Suhr,

vielen Dank für die Mühe, die Sie sich mit der Ausarbeitung Ihres Angebots gemacht haben.

Aus zeitlichen Gründen kommen wir im Augenblick nicht dazu, die eingegangenen Angebote auszuwerten, denken aber, daß wir in der 42. Woche mit der Arbeit beginnen können.

Bitte haben Sie also noch ein wenig Geduld. Wir werden uns, auch wenn es nicht zu einer Zusammenarbeit kommen sollte, in jedem Falle bei Ihnen melden.

Mit freundlichen Grüßen

Unterschrift(en)

Stellungnahme zu Angeboten – Absage wegen ungünstiger Konditionen

Angaben des Absenders

Firma
Empfänger in der Firma
Straße oder Postfach

Postleitzahl und Ort

Datum

Ihr Angebot vom ... zur Lieferung von ...
Konditionen nicht voll wettbewerbsgerecht

Sehr geehrte Frau Rudmann,

vielen Dank für die Mühe, die Sie sich mit der Ausarbeitung Ihres Angebots gemacht haben.

Leider können wir Ihnen keinen Auftrag erteilen, da einige Ihrer maßgeblichen Wettbewerber günstigere Konditionen angeboten haben. Ihre Preise liegen im Durchschnitt etwa 15 Prozent über dem für uns günstigsten Angebot.

Da wir aus Gründen der Fairneß Bietern niemals die Möglichkeit einräumen, in die Konditionen ihrer Konkurrenten einzusteigen, können wir in diesem Falle auch keine weiteren Verhandlungen mit Ihnen führen.

Wir bedauern, Ihnen keinen besseren Bescheid geben zu können, wünschen Ihnen aber gute Chancen bei unserer nächsten Anfrage.

Mit freundlichen Grüßen

Unterschrift(en)

Stellungnahme zu Angeboten – Bitte um Überprüfung der Angebotspreise

Angaben des Absenders

Firma
Empfänger in der Firma
Straße oder Postfach

Postleitzahl und Ort

Datum

Ihre Offerte vom ...
zur Lieferung von ...

Sehr geehrte Frau Kleinschmidt,

für Ihr Angebot vielen Dank.

Wir sind überzeugt, daß Sie sich, wie sonst auch, große Mühe gegeben haben, um wettbewerbsfähige Preise anzubieten. Leider ist es Ihnen aber diesmal nicht so ganz gelungen.

Sie werden sicher verstehen, daß wir der Fairneß halber dem günstigsten Bieter eine Chance geben müssen, mit uns ins Geschäft zu kommen. Wir denken aber, daß es möglich ist, 30 Prozent unseres Jahresbedarfs bei einem zweiten Lieferanten zu decken.

Da wir seit Jahren gut mit Ihnen zusammenarbeiten, geben wir Ihnen die Möglichkeit, Ihre Angebotspreise nochmals zu prüfen und uns, wenn Sie auch an der kleineren Menge interessiert sind, bis zum ... ein revidiertes Angebot einzureichen.

Mit freundlichen Grüßen

Unterschrift(en)

Widerruf bei uneingeschränktem Angebot – Vorlieferant liefert nicht

Angaben des Absenders

Firma
Empfänger in der Firma
Straße oder Postfach

Postleitzahl und Ort

Datum

Widerruf unseres Angebotes vom ...
zur Lieferung von ...

Sehr geehrter Herr Frank,

es tut uns außerordentlich leid, aber unser Vorlieferant schreibt uns, daß er die versprochene Ware nicht versandt hat.

Wir haben unserem Vertreter in ... sofort den Auftrag erteilt, nach einem Ersatzlieferanten zu suchen; zur Zeit ist jedoch kein Produzent aufzutreiben, der dieses Produkt rechtzeitig und zu vernünftigen Konditionen liefern kann.

Bitte haben Sie deshalb Verständnis dafür, daß wir unser Angebot widerrufen müssen. Wir werden uns aber weiter bemühen, ... (Produkt) zu beschaffen, und uns sofort bei Ihnen melden, wenn es uns gelungen ist.

Wir hoffen, daß Ihnen durch diesen Widerruf keine Probleme entstehen, bitten Sie jedoch, es uns zu sagen, wenn Sie finanzielle Nachteile haben, zu deren Ausgleich wir rechtlich verpflichtet sind.

Importe von ... (Produkt) aus Fernost bereiten in letzter Zeit erhebliche Schwierigkeiten. Aus diesem Grunde können wir in Zukunft auch keine festen Zusagen mehr machen. Wenn wir aber wieder eine Möglichkeit haben, Ihnen das Produkt günstig anzubieten, so werden wir uns in jedem Falle bei Ihnen melden. Es wäre schön, wenn wir dann durch einen besonders günstigen Preis ein wenig Wiedergutmachung leisten könnten.

Mit freundlichen Grüßen

Unterschrift(en)

Antwort auf Widerruf bei uneingeschränktem Angebot – Schadenersatzforderung

Angaben des Absenders

Firma
Empfänger in der Firma
Straße oder Postfach

Postleitzahl und Ort

Datum

Ihr Angebotswiderruf vom ...
Ihr Angebot vom ... zur Lieferung von ...

Sehr geehrte Frau Hagemann,

Ihren Brief, mit dem Sie Ihr uneingeschränkt abgegebenes Angebot widerrufen, haben wir soeben erhalten.

Mit Ihrem Widerruf bringen Sie uns in eine sehr unangenehme Situation, da wir diesen Artikel bereits in unserem neuen Verkaufsprospekt aufgeführt haben und davon schon einige tausend Exemplare gedruckt wurden.

Wir sind jetzt gezwungen, die Prospekte zu vernichten, einen Ersatzartikel zu finden und dann den Neudruck zu veranlassen.

Es tut uns leid, aber wir müssen Sie für den uns durch den Widerruf Ihres uneingeschränkt abgegebenen Angebots entstandenen Schaden voll haftbar machen. Die Kosten werden wir Ihnen in den nächsten Tagen mitteilen.

Mit freundlichen Grüßen

Unterschrift(en)

Antwort auf Widerruf bei uneingeschränktem Angebot – Kompromißvorschlag

Angaben des Absenders

Firma
Empfänger in der Firma
Straße oder Postfach

Postleitzahl und Ort

Datum

Ihr Angebotswiderruf vom ...
Ihr Angebot zur Lieferung von ...

Sehr geehrter Herr Simon,

Ihr Schreiben haben wir mit einigem Bedauern gelesen, denn wir waren der Ansicht, daß Ihr Artikel gut in unser Verkaufssortiment passen würde.

Jetzt sind wir gezwungen, kurzfristig einen anderen Lieferanten zu suchen, der uns einen ähnlichen Artikel zu annähernd gleichem Preis liefern kann.

Die Umstellung verursacht natürlich Kosten, die Sie von Rechts wegen zu tragen hätten.

Wir haben uns jedoch Ihre Offerte noch einmal angesehen und dabei festgestellt, daß Sie auch ... (Artikel) in Ihrem Programm haben.

Wenn Sie uns bis zum ... (Datum) ... (Stück) davon liefern können und uns auf Ihren Angebotspreis einen zusätzlichen Nachlaß von ... Prozent einräumen, werden wir Ihnen die uns durch Ihren Widerruf entstehenden Kosten nicht belasten.

Wir meinen, daß unser Kompromißvorschlag Ihnen ein wenig hilft, den Schaden zu mindern, und bitten Sie bis zum ... (Datum) um Ihre Entscheidung.

Mit freundlichen Grüßen

Unterschrift(en)

Widerruf bei uneingeschränktem Angebot – Telexwiderruf wegen Kalkulationsfehler

Telex an:

telexnummer und firmenname

widerruf unseres angebots vom ...
lieferung von ...

sehr geehrter herr roth,

zu unserem großen schrecken stellen wir soeben fest, daß uns bei der kalkulation des in unserem angebot genannten preises für ... (artikel) ein kalkulationsfehler unterlaufen ist.

es muß anstatt dm ... pro 100 liter jetzt
richtig heißen dm ... pro liter.

das angebot haben wir ihnen gestern per post geschickt, so daß wir annehmen können, daß unser widerruf noch vor unserem angebot oder zumindest gleichzeitig bei ihnen eintrifft.

wir bedauern diesen fehler, hoffen aber, daß auch der neue preis noch so interressant für sie ist, daß sie uns einen auftrag zur lieferung erteilen werden.

mfg
name des absenders

datum und uhrzeit

Antwort auf Widerruf bei uneingeschränktem Angebot – Einverständnis mit Widerruf

Angaben des Absenders

Firma
Empfänger in der Firma
Straße oder Postfach

Postleitzahl und Ort

Datum

Ihr Angebotswiderruf vom ...
Ihr Angebot vom ... zur Lieferung von ...

Sehr geehrte Damen und Herren,

vielen Dank für Ihr Schreiben. Leider sind Sie trotz Ihres uneingeschränkt abgegebenen Angebots nicht lieferfähig.

Da uns aus Ihrem Widerruf kein Schaden entsteht und wir ohnehin in der Zwischenzeit günstigere Angebote von Ihren Wettbewerbern erhalten haben, werden wir keine Forderungen an Sie stellen.

Wir betrachten Ihr Angebot als hinfällig.

Mit freundlichen Grüßen

Unterschrift(en)

Widerruf bei freibleibendem Angebot – Veränderte Rohstoffpreise

Angaben des Absenders

Firma
Empfänger in der Firma
Straße oder Postfach

Postleitzahl und Ort

Datum

Unser Angebot Nummer ... vom ...
Lieferung von ...

Sehr geehrte Damen und Herren,

wie wir von mehreren unserer Rohstofflieferanten erfahren, haben die Weltmarktpreise für ... kräftig angezogen.

Da ..., unser Produkt, zu ... Prozent aus ... besteht, können wir es nicht mehr so günstig verkaufen wie bisher. Somit sind wir leider gezwungen, unser Ihnen freibleibend abgegebenes Angebot preislich zu revidieren.

Wir bieten Ihnen ab sofort ... (Produkt) zum Preis von DM ... pro Kilogramm

freibleibend an und hoffen, daß unter den für alle Wettbewerber veränderten Bedingungen unser neues Angebot wieder attraktiv für Sie ist.

Die übrigen Konditionen unseres Angebots vom ... halten wir weiter aufrecht.

Wir würden uns freuen, Sie zuverlässig beliefern zu dürfen.

Mit freundlichen Grüßen

Unterschrift(en)

Antwort auf Widerruf bei freibleibendem Angebot – Kompromißvorschlag

Angaben des Absenders

Firma
Empfänger in der Firma
Straße oder Postfach

Postleitzahl und Ort

Datum

Ihr Angebotswiderruf vom ...
Ihr Angebot vom ... zur Lieferung von ...

Sehr geehrter Herr Klasen,

als wir Ihre Zeilen lasen, waren wir doch sehr erstaunt, so kurzfristig von Ihnen eine Preiserhöhung avisiert zu bekommen.

Ihr Angebot war für uns interessant, und einer Geschäftsverbindung hätte nichts mehr im Wege gestanden. Unter den neuen Voraussetzungen werden wir aber sicher nicht zusammenkommen, da maßgebliche Wettbewerber Angebote unter Ihren neuen Preisen abgeben.

Wir machen Ihnen deshalb den Vorschlag, für zwei Lieferungen im Laufe des nächsten Monats Ihre Preiserhöhung um ... Prozent zu reduzieren, um danach mit uns über einen längerfristigen Liefervertrag zu sprechen. Was halten Sie davon?

Sagen Sie uns bitte bis zum ..., ob Sie mit uns auf dieser Basis zusammenarbeiten möchten.

Mit freundlichen Grüßen

Unterschrift(en)

KAPITEL 5 Kaufverträge (Bestellungen/Aufträge/Orders)

Kaufverträge (Bestellungen/Aufträge/Orders)

Erklärungen zu Kaufverträgen

Ein Kaufvertrag kommt durch Antrag (Angebot) und Annahme (Bestellung/Auftrag/Order) zustande.

Der Antrag zum Abschluß eines Kaufvertrages kann sowohl vom Verkäufer als auch vom Käufer gemacht werden, und somit kann die Annahme durch den Käufer wie auch durch den Verkäufer erfolgen.

Wird von einer Partei ein Antrag abgelehnt oder ohne Einverständnis der anderen Partei geändert, so kommt kein Kaufvertrag zustande.

Wenn es zwischen dem Antragenden und dem Annehmenden zum Vertragsabschluß kommt, müssen beide Parteien die durch den Abschluß eingegangenen Verpflichtungen erfüllen.

Der Verkäufer erfüllt seine Verpflichtung, indem er den Besitz und das Eigentum an dem Vertragsgegenstand vereinbarungsgemäß auf den Käufer überträgt und die dafür geleistete Zahlung entgegennimmt; und der Käufer erfüllt seine Verpflichtung, indem er den Vertragsgegenstand vereinbarungsgemäß annimmt und die entsprechende Zahlung leistet.

Kaufverträge sollten alle Bestandteile enthalten, die notwendig sind, um die Verpflichtungen der Vertragsparteien zweifelsfrei zu beschreiben.

Der Leser, der einen Kaufvertrag mit erheblichen finanziellen Auswirkungen zu formulieren hat, sollte sich über die Informationen hinaus, die er hier erhält, im Bürgerlichen Gesetzbuch (BGB) und im Handelsgesetzbuch (HGB) über die Rechtslage informieren und sich betriebswirtschaftlicher Literatur als Ergänzung bedienen.

Checkliste für Kaufverträge

Die in dieser Checkliste aufgeführten Bestandteile für Kaufverträge sind beispielhaft genannt; sie können beliebig gekürzt und ergänzt werden.

Kaufvertrag

zwischen

Firmenname
Straße
Plz. Ort

(im Vertrag „Käufer“ genannt)

...

und

Firmenname
Straße
Plz. Ort

(im Vertrag „Verkäufer“ genannt)

...

wird folgender Vertrag geschlossen:

Vertragsgrundlage

- Der Käufer kauft und der Verkäufer verkauft zu den Bedingungen dieses Vertrages.
- Der Käufer kauft auf der Grundlage seiner „Allgemeinen Einkaufsbedingungen“ und zu den Bedingungen dieses Vertrages.
- Der Verkäufer verkauft und der Käufer kauft zu den Bedingungen dieses Vertrages.
- Der Verkäufer verkauft auf der Grundlage seiner „Allgemeinen Verkaufs- und Lieferbedingungen“ und zu den Bedingungen dieses Vertrages.

Vertragsgegenstand

Name des Vertragsgegenstandes

Beschreibung des Vertragsgegenstandes (Der Gegenstand ist durch die Beschreibung seiner Art, seiner Beschaffenheit und seiner Güte zu bestimmen.) Es bieten sich beispielsweise folgende Alternativen an:

- wie bekannt
- wie zuletzt am ... geliefert
- entsprechend dem vom Verkäufer an den Käufer am ... übersandten Muster
- entsprechend der am... dem Käufer überlassenen Probe mit der Kennzeichnung „..."
- entsprechend der technischen Zeichnung KLM 765a
- wie in dem Prospekt Nr. 89/67 des Verkäufers auf Seite 26 unter Nummer 34567 beschrieben und abgebildet
- wie auf dem Analysedatenblatt Nr. 234-89 des Verkäufers beschrieben
- mit der Handelsmarke ...
- mit der Typenbezeichnung ...
- entsprechend der Güteklasse ... usw.

Vertragszeitraum

Angabe des Zeitraums, in dem die Vereinbarung gültig sein soll. Eventuell Angabe, unter welchen Voraussetzungen der Vertrag verlängert werden kann und dann für wie lange.

Formulierungsbeispiel:

„Der Vertrag tritt am ... in Kraft und ist bis zum ... gültig. Wenn der Vertrag für weitere zwölf Monate gültig sein soll, ist eine Einigung der Vertragsparteien bis zum ... erforderlich."

Vertragsmenge

Beschreibung nach Anzahl und Mengeneinheit. Es sollte darauf geachtet werden, daß gesetzliche Maßeinheiten (in Deutschland metrische Maßeinheiten) oder handelsübliche Maßeinheiten angegeben werden. Sinnvoll ist es, sich bei Ein- und Ausfuhrgeschäften zu vergewissern, ob die angegebenen Maßeinheiten im Ausland auch bekannt sind und ob darunter auch tatsächlich die gleiche Menge wie in Deutschland verstanden wird.

Angabe der Verpackungseinheiten, auf denen die Vertragspreise basieren (20 Kisten mit je 200 Stück Inhalt sind etwas anderes als 20 Stück).

Preise und Preisnachlässe

Preise sollten möglichst transparent sein, das heißt, der Preis für den Vertragsgegenstand sollte, wenn irgend möglich, nicht mit Kosten für Schutzverpackung, Fracht, Transportversicherung, Grenzabfertigung und allerlei Gebühren vermischt werden.

Kosten, die nicht direkt etwas mit dem Verkaufspreis zu tun haben, sollten gesondert vereinbart werden.

Nachlässe, wie Rabatte (Mengenrabatte, Treuerabatte, Exportrabatte, Wiederverkäuferrabatte, Naturalrabatte und Personalrabatte) oder Boni (nachträglich gewährte Nachlässe für Kundentreue, das Erreichen einer bestimmten Abnahmemenge usw.) sollten ebenfalls gesondert im Vertrag gezeigt werden.

Verpackungskosten

Nach Paragraph 448 BGB sind Kosten der Übergabe des Vertragsgegenstandes, also Kosten für die Abnahme und Versendung nach einem anderen Ort als dem Erfüllungsort, vom Käufer zu tragen. Was Verkäufer und Käufer miteinander vereinbaren, ist jedoch ihre Sache.

Es gibt verschiedene Möglichkeiten, Verpackungen zu berechnen:

- Kosten für Geschenk- und Verkaufsverpackungen sind meistens im Warenverkaufspreis enthalten.
- Kosten für die Transportverpackung werden aus genannten Gründen meist vom Warenpreis getrennt.
- Kosten für Leihverpackungen oder Europapaletten sind nach der Rückgabe des Leihgegenstandes zurückzuzahlen.

Ist der Wert der Verpackung unerheblich, wird man die Kosten in den Preis für den Vertragsgegenstand einrechnen. Sind die Kosten für die Verpackung hoch, wird man sie getrennt ausweisen.

Lieferbedingungen
(Versandart, Versandkosten und Transportversicherungskosten)

Der Versand kann auf der Straße, auf der Schiene, auf dem Wasserwege oder auf dem Luftwege erfolgen.

Es können für einen Transport ein oder mehrere Transportfahrzeuge verschiedenster Art eingesetzt werden.

Direkttransporte vom Verkäufer zum Käufer mit käufer- oder verkäufereigenen Transportfahrzeugen sind möglich, ebenso aber auch Transporte, die mit Hilfe Dritter durchgeführt werden.

Daraus ergibt sich für die Vertragsparteien die Notwendigkeit, klare, eindeutige Formulierungen über die Art des Versands, die zu wählende Transportart, die Übernahme des Transportrisikos und die damit verbundenen Kosten zu finden.

Hierbei leisten die INCOTERMS 1990, die bei den internationalen Industrie- und Handelskammern erhältlich sind, wertvolle Hilfestellung. Die INCOTERMS sind internationale Regeln für die Auslegung der handelsüblichen Vertragsklauseln. Wer einen umfangreichen Kaufvertrag zu formulieren hat, sollte unbedingt das kleine Buch mit den Vertragsklauseln besitzen.

Es gibt folgende Vertragsklauseln:

(Bei allen Vertragsklauseln ist der benannte Ort/Verschiffungshafen/Bestimmungshafen/ Grenzort jeweils unbedingt zu ergänzen.

EXW – Lieferung „ab Werk" ...(Ort) Abholklausel

FCA – Lieferung „frei Frachtführer" in ... (Ort)
Der Verkäufer trägt **nicht** die Kosten für den Haupttransport.

FAS – Lieferung „frei Längsseite Seeschiff" in ... (Verschiffungshafen)
Der Verkäufer trägt **nicht** die Kosten für den Haupttransport

FOB – Lieferung „frei an Bord" in ... (Verschiffungshafen)
Der Verkäufer trägt **nicht** die Kosten für den Haupttransport

CFR – „Kosten und Fracht" bis zum ... (Bestimmungshafen) trägt der Verkäufer

CIF – „Kosten, Versicherung und Fracht" bis ... (Bestimmungshafen) trägt der Verkäufer

CPT – „Frachtfrei" ... (Bestimmungsort) heißt frachtfreie Lieferung durch den Verkäufer bis zum benannten Bestimmungsort.

CIP – „Frachtfrei versichert" ... (Bestimmungsort) heißt, daß der Verkäufer die Kosten für Fracht und Versicherung des Transports bis zum benannten Bestimmungsort trägt.

DAF – „Geliefert Grenze"
Der Käufer erfüllt seine Verpflichtung durch zur Verfügungstellung der Ware vor der Zollgrenze

DES – „Geliefert ab Schiff"
Der Verkäufer erfüllt seine Lieferverpflichtung durch zur Verfügungstellung der Ware an Bord des Schiffes im Bestimmungshafen (keine Einfuhrabfertigung)

DEQ – „Geliefert ab Kai (verzollt)"
Warenübergabe der verzollten Ware am Kai des Bestimmungshafens

DDU – „Geliefert unverzollt"
Erfüllungsort ist der benannte Bestimmungsort im Einfuhrland. Der Käufer hat die Ware zu deklarieren.

DDP – „Geliefert verzollt"
Wie DDU, aber der Verkäufer hat die Ware zu seinen Lasten zu verzollen.

Weitergehende Erklärungen zu den INCOTERMS und zu ihrer Anwendung sind aus der neuesten Fassung vom 1. Juli 1990 zu ersehen.

Liefertermin / Fertigstellungstermin

Der Liefertermin sollte sehr präzise angegeben werden, da ungenaue Formulierungen oft zum Ärger führen. „Schnell", „bald", „frühestmöglich" und ähnliche Ausdrücke sind ungeeignet, da jeder darunter etwas anderes versteht.

Nach dem Gesetz kann der Verkäufer sofort liefern und der Käufer die sofortige Lieferung verlangen, wenn die Zeit für die Lieferung weder vertraglich bestimmt noch aus den Umständen zu entnehmen ist.

Es können zum Beispiel folgende Formulierungen gewählt werden:

- Lieferung am 25.08.1990 fix (oder fest)
  Bei einem „Fixkauf" ist bei nicht termingerechter Lieferung der Rücktritt vom Vertrag ohne Nachfrist möglich.
- „Lieferung sofort", heißt Lieferung sofort nach Vertragsabschluß.
- Lieferung zu einem vereinbarten Termin oder innerhalb einer vereinbarten Frist, z.B. „in der 45. Woche", „im Monat Mai", „sofort nach der Ernte", „innerhalb von zwei Monaten nach Vertragsabschluß".
- Lieferung auf Abruf durch den Käufer
- Lieferung in Teilpartien in der 24., 30. und 51. Woche
- Lieferung nach Wahl des Verkäufers

Zahlungsbedingungen

Einkäufer werden andere Zahlungsbedingungen wünschen als Verkäufer, deshalb hier zwei Beispiele:
Beispiel für Einkäufer:
„Die Zahlung erfolgt … Tage nach Rechnungserhalt" oder „Die Zahlung erfolgt … Tage nach Rechnungserhalt unter Inanspruchnahme von … Prozent Skonto."

Beispiel für Verkäufer:

„Die Zahlung hat so rechtzeitig zu erfolgen, daß der Verkäufer spätestens nach Rechnungs-/Lieferdatum über den Rechnungsbetrag verfügen kann" oder „Der Verkäufer gewährt dem Käufer … Skonto unter der Voraussetzung, daß der Verkäufer … Tage nach Rechnungs-/Lieferdatum über die Zahlung verfügen kann."

Gewährleistung / Garantievereinbarungen

Es gelten die gesetzlichen Gewährleistungsregelungen, wenn im Vertrag nichts anderes vereinbart wurde. Vereinbarungen, die die gesetzlichen Gewährleistungsfristen schmälern, sind ungültig.

Formulierungsbeispiele:

- Der Verkäufer leistet für den Vertragsgegenstand im Rahmen gültiger gesetzlicher Regelungen Gewähr.
- Der Verkäufer verpflichtet sich zur Gewährleistung für einen Zeitraum von 12 Monaten nach Lieferung.

Sind dem Käufer Mängel an dem Vertragsgegenstand bei Vertragsabschluß bekannt, so sollte diese Tatsache Vertragsbestandteil werden. Der Verkäufer hat damit keine Gewährleistungspflicht für die bekannten Mängel.

Formulierungsbeispiele:

- Für folgende dem Käufer bekannte Mängel übernimmt der Verkäufer keine Gewährleistung:
  (Es folgt eine Aufzählung der bekannten Mängel.)

Bei Mängeln an Vertragsgegenständen aus öffentlichen oder Zwangsversteigerungen entfällt die Gewährleistung des Verkäufers.

Eigentumsvorbehalt

Der Verkäufer einer beweglichen Sache wird sich das Eigentum gemäß Paragraph 455 BGB bis zur vollständigen Bezahlung des Kaufpreises vorbehalten.

Formulierungsbeispiel:

- Der Verkäufer behält sich die Übertragung des Eigentums an dem Vertragsgegenstand bis zur vollständigen Bezahlung durch den Käufer vor.

Erfüllungsort (Ort der Eigentumsübertragung)

Der Erfüllungsort ist der Ort der Eigentumsübertragung an dem Vertragsgegenstand. An diesem Ort sind die im Vertrag vereinbarten Leistungen zu erbringen; somit geht hier das Risiko vom Verkäufer auf den Käufer über.

Wenn im Vertrag kein Erfüllungsort vereinbart wird, so gilt der gesetzliche Erfüllungsort, also der Wohnsitz bzw. die gewerbliche Niederlassung des Verkäufers.

Formulierungsbeispiel:

- Der Erfüllungsort für beide Vertragsparteien ist ... (Ortsname).

Gerichtsstand / Anzuwendendes Recht

Der Gerichtsstand, also der Ort, an dem sich das Gericht befindet, das bei Streitigkeiten zwischen den Vertragsparteien Recht sprechen soll, kann unter Vollkaufleuten und juristischen Personen des öffentlichen Rechts vereinbart werden. Dies gilt aber nur, wenn nicht das Gesetz, zum Beispiel bei Grundstücksklagen, einen anderen Ort vorschreibt.

Wenn kein Gerichtsstand im Vertrag vereinbart wird, so gilt das Gesetz.

Formulierungsbeispiel:

- Dieser Vertrag unterliegt dem geltenden Recht der Bundesrepublik Deutschland. Ausschließlicher Gerichtsstand ist ... (Ortsname).

Vollständige Vereinbarung

Die vollständige Vereinbarung besteht aus diesem Vertrag und den Anlagen …

Änderungen

Änderungen zu diesem Vertrag bedürfen der Schriftform. Sollten ein oder auch mehrere Bestandteile dieses Vertrages ungültig sein oder werden, so soll dadurch nicht der Vertrag als Ganzes seine Gültigkeit verlieren. Sollte dieser Fall eintreten, dann werden sich beide Vertragsparteien bemühen, die ungültigen Bestandteile durch gültige zu ersetzen und zu erreichen, daß der mit diesem Vertrag bezweckte wirtschaftliche Erfolg erzielt wird.

Anlagen zum Vertrag (soweit vorhanden)
Unterschrift(en) des Verkäufers
Ort und Datum

Unterschrift(en) des Käufers
Ort und Datum

Kaufvertrag – ausführlich

Kaufvertrag

zwischen

Lehmann & Keller
Bachstraße 123
6758 Grünstadt (im Vertrag „Verkäufer" genannt)

und

Franzmann GmbH & Co. KG
Hauptstraße 28
4765 Halsum (im Vertrag „Käufer" genannt)

wird folgender Vertrag geschlossen:

Der Verkäufer verkauft und der Käufer kauft zu den Bedingungen dieses Vertrages.

Vertragsgegenstand

Pos. 1 Textbearbeitungssystem ... (Hersteller)
inkl. Bedienungsanleitung BA 12

Typ: VIDWR MK 124
inkl. Elektro-Anschlußkabel

Farbe: beige

Technische Beschreibung VIDWR MK 124/TB 1-91
ist als Anlage 1 Vertragsbestandteil.

Pos. 2 Typenräder
a) Schriftart „Grande 10"
b) Schriftart „Prestige 1012"
c) Schriftart „Elite 12"

Pos. 3 Korrektur-/Farbbänder
a) Nylonfarbband-Kassette, Typ 6868
b) Korrekturband,Typ 5858
c) Karbonfarbband-Kassette, Typ 5353

Pos. 4 Reparaturen an dem Textbearbeitungssystem

Pos. 5 Unterweisung der Mitarbeiter des Käufers im Umgang mit dem Textbearbeitungssystem im Hause des Käufers für insgesamt 5 Werktage durch einen in der Schulung an diesem System ausgebildeten Mitarbeiter des Verkäufers

...

Kaufvertrag – ausführlich (Forts.)

Vertragsmenge

Pos.	1	20 Textbearbeitungssysteme
Pos.	2a	25 Typenräder
	2b	25 dto.
	2c	20 dto.
Pos.	3a	40 Korrektur-/Farbbänder
	3b	60 dto.
	3c	60 dto.

Preise und Preisnachlässe

Alle genannten Preise beinhalten keine gesetzliche Mehrwertsteuer in Höhe von z.Z. 14%

Pos.	1	DM ... pro Textbearbeitungssystem
Pos.	2a	DM ... pro Typenrad Nr. 04
	2b	DM ... pro Typenrad Nr. 12
	2c	DM ... pro Typenrad Nr. 13
Pos.	3a	DM ... pro Band, Typ 6868
	3b	DM ... pro Band, Typ 5858
	3c	DM ... pro Band, Typ 5353

Auf die Bruttopreise der Pos. 2a bis 3c gewährt der Verkäufer am Jahresende 19.. einen Nachlaß von 15% unter der Voraussetzung, daß der Käufer bis zum Jahresende 19.. insgesamt 80 Typenräder seiner Wahl und insgesamt 250 Farb-/Korrekturbänder seiner Wahl aus dem Programm des Verkäufers bezieht.

Pos. 4 Der Verkäufer wird für 2 Jahre nach Ablauf der Gewährleistungsfrist bei notwendigen Werkstattreparaturen die Systeme für den Käufer kostenlos bei seinem Betrieb abholen und wieder anliefern. Der Verkäufer wird Reparaturen (exklusive nachweisbar benötigter Ersatzteile) an den Systemen für 2 Jahre nach Ablauf der Gewährleistungsfrist zu einem Pauschalpreis von DM ... durchführen. Ersatzteile werden nach der jeweils gültigen Preisliste berechnet.

Pos. 5 Die Unterweisung der Mitarbeiter des Käufers ist in dem unter „Vertragsgegenstand" beschriebenen Rahmen für den Käufer kostenlos.

Verpackungskosten

Das Textbearbeitungssystem wird in einer Schutzverpackung geliefert. Der Verkäufer berechnet dem Käufer pro System DM ... für die Verpackung.
Die Verpackung der Typenräder und der Farb-/Korrekturbänder ist für den Käufer kostenlos.

...

Kaufvertrag – ausführlich (Forts.)

Lieferbedingungen

Die Textbearbeitungssysteme werden im Auftrage des Verkäufers „CIP" direkt vom Werk des Herstellers in ... (Ort) durch Spedition per Lkw geliefert.
Die Typenräder sowie die Farb- und Korrekturbänder werden durch Boten und auf Gefahr des Verkäufers frei Haus des Käufers geliefert.

Liefertermin / Leistungstermin

Die Textbearbeitungssysteme und das unter den Positionen 2 und 3 genannte Zubehör werden am ..., fix, geliefert.
Der Verkäufer verpflichtet sich, 5 Werktage nach Anforderung durch den Käufer die Systemunterweisung für die Mitarbeiter des Käufers vorzunehmen.

Gewährleistung

Für das Textbearbeitungssystem übernimmt der Verkäufer die Gewährleistung für einen Zeitraum von 12 Monaten nach Lieferung.
Für das Zubehör gilt ein Zeitraum von 6 Monaten nach Lieferung.

Eigentumsvorbehalt

Der Verkäufer behält sich das Eigentum an den entsprechend den Positionen 1 bis 3c dieses Vertrages gelieferten Gegenständen bis zur vollständigen Bezahlung durch den Käufer vor.

Erfüllungsort

Der Erfüllungsort ist der Firmensitz des Käufers.

Gerichtsstand / Geltendes Recht

Dieser Vertrag unterliegt dem geltenden Recht der Bundesrepublik Deutschland.
Der Gerichtsstand ist für Verkäufer und Käufer ... (Ort).

Anlagen zum Vertrag

Anlage 1: Technische Beschreibung VIDWR MD 124/TB 1-91

Unterschrift(en) der Verkäufers	Unterschrift(en) des Käufers
Ort und Datum der Vertragsunterzeichnung	Ort und Datum der Vertragsunterzeichnung

Bestellung aufgrund vorliegenden Angebots

Angaben des Absenders

Firma
Empfänger in der Firma
Straße oder Postfach

Postleitzahl und Ort

Datum

Bestellung Nr. ... zur Lieferung von ...
Ihr Angebot Nr. ... vom ...

Sehr geehrter Herr Schulz,

vielen Dank für Ihr Angebot. Da Sie auf der Grundlage Ihrer „Allgemeinen Verkaufs- und Lieferbedingungen" anbieten, wir aber auf der Basis unserer „Allgemeinen Einkaufsbedingungen" einkaufen, schlagen wir Ihnen im Falle eines Vertragsabschlusses vor, das BGB (Bürgerliches Gesetzbuch) als Fundament unserer Geschäftsbeziehung zu wählen.

Den Preis für das Gerät MZW 2002 von DM ... (exkl. MwSt.) können wir akzeptieren. Auch der Preis für den Adapter in Höhe von DM ... ist wettbewerbsfähig.

Somit sind wir bereit, wie gewünscht 15 Geräte in einer Partie abzunehmen, wenn wir mit Ihnen die Lieferung in der 34. Woche fest vereinbaren können.

Da Sie auf unsere Gefahr frei Haus liefern wollen, schließen Sie bitte für den Transport der Geräte eine Transportversicherung ab. Die Kosten werden wir Ihnen auf Nachweis vergüten.

Wir werden 30 Tage nach Lieferung und nach rechtzeitiger Vorlage einer ordnungsgemäßen prüffähigen Rechnung zahlen.

Mit dem Erfüllungsort und Gerichtsstand ... (Ort) sind wir einverstanden.

Mit freundlichen Grüßen

Unterschrift(en)

Bestellung von Ramschware (in Bausch und Bogen)

Angaben des Absenders

Firma
Empfänger in der Firma
Straße oder Postfach

Postleitzahl und Ort

Datum

Bestellung Nummer ...
Ihr Angebot vom... zur Lieferung von ...

Sehr geehrte Damen und Herren,

Ihr Angebot und die Ware, die wir am ... in Ihrem Lager besichtigen konnten, haben uns gefallen. Wir haben uns davon überzeugen können, daß Sie nicht zuviel versprochen haben, als Sie leichte Beschädigungen bei etwa 10 Prozent der Gesamtmenge angaben.

Bitte reservieren Sie für uns 150 Stück ... (Vertragsgegenstand), die wir am ... (Datum) von Ihrem Lager abholen werden. Damit fallen keine Lagerkosten an.

Sie werden die Ware, wie mündlich am Tage der Besichtigung vereinbart, für DM ... pauschal auf Ihre Gefahr auf unseren Lkw laden.

Den Preis von DM ... für 50 Stück akzeptieren wir, und wir zahlen wie besprochen bei der Übernahme.

Mit freundlichen Grüßen

Unterschrift(en)

Bestellung nach Muster

Angaben des Absenders

Firma
Empfänger in der Firma
Straße oder Postfach

Postleitzahl und Ort

Datum

Bestellung Nummer ... zur Lieferung von Ledertaschen
aufgrund Ihres Angebots mit Muster vom ...

Sehr geehrte Frau Schnell,

vielen Dank für Ihr Angebot und das Muster. Die Tasche gefällt uns gut, und wir denken, daß auch unsere Kunden daran Interesse haben werden.

Wir bestellen hiermit zu den mit Ihnen vereinbarten und mit unserem Schreiben vom ... bestätigten Bedingungen zur Lieferung am ... (fix):

50 Taschen entsprechend dem uns am ... geschickten Muster

Der Preis pro Tasche beträgt DM ... ohne MwSt.

Mit freundlichen Grüßen

Unterschrift(en)

Bestellung auf Probe

Angaben des Absenders

Firma
Empfänger in der Firma
Straße oder Postfach

Postleitzahl und Ort

Datum

Bestellung einer Maschine
Marke ..., Typ ..., auf Probe

Sehr geehrter Herr Müller-Hagen,

mit den Bedingungen Ihres Angebots vom ... sind wir unter der Voraussetzung einverstanden, daß Sie uns die Maschine in der ... Woche liefern können.

Sie werden uns die Maschine kostenlos auf Probe vom ... bis zum ... zur Verfügung stellen. Sollte sie uns für unsere Zwecke nicht geeignet erscheinen, so werden Sie die Maschine auf Ihre Kosten ab ... wieder bei uns abholen.

Die Maschine wird auf Ihre Gefahr in unserem Unternehmen ausprobiert. Für Beschädigungen, die durch grob fahrlässigen Umgang mit dem Gerät entstehen, haften wir. Die Kosten für die Behebung von Mängeln, die durch falsche Bedienung des Gerätes anfallen, werden Sie übernehmen.

Im Falle einer Übernahme der Maschine in unser Eigentum zahlen wir die Preise, die auf der mit dieser Bestellung geschickten Aufstellung angegeben sind.

Mit freundlichen Grüßen

Anlage

Unterschrift(en)

Bestellung nach Probe

Angaben des Absenders

Firma
Empfänger in der Firma
Straße oder Postfach

Postleitzahl und Ort

Datum

Auftrag zur Lieferung von Tapeten
nach uns überlassenen Proben
Ihr Angebot vom ...

Sehr geehrter Herr Krause,

vielen Dank für Ihr Angebot vom ...

Wir sind mit Ihren Konditionen einverstanden und bestellen nach Ihren Proben:

30 Rollen Tapeten der Firma ..., Typ ...
30 Rollen Tapeten der Firma ..., Typ ...
20 Rollen Tapeten, Marke ..., Nummer ...

Die Lieferung muß bis zum ... (fix) ausgeführt sein. Zu einem späteren Zeitpunkt besteht für die Tapeten keine Verwendung mehr.

Mit freundlichen Grüßen

Unterschrift(en)

Bestellung zur Probe

Angaben des Absenders

Firma
Empfänger in der Firma
Straße oder Postfach

Postleitzahl und Ort

Datum

Order Nummer ... zur Lieferung von ...
Ihr Offerte vom ..., Nummer ...

Sehr geehrter Herr Schenk,

Ihr Angebot hat uns gefallen und wir möchten bei Ihnen

5 Stück ... (Vertragsgegenstand)
zum Preis von DM ... pro Stück (exkl. MwSt.)

zur Probe kaufen. Sollte die Qualität unseren Vorstellungen entsprechen und die Anwendung so einfach sein, wie von Ihnen beschrieben, so werden wir Ihnen vermutlich einen größeren Auftrag erteilen.

Wir bitten Sie, unsere Bestellung unter diesem Gesichtspunkt zu betrachten und zu überlegen, ob Sie uns preislich noch etwas entgegenkommen können.

Ihre Lieferung muß bis zum ... erfolgt sein.

Mit freundlichen Grüßen

Unterschrift(en)

Bestellung in Form einer Rahmenvereinbarung

Angaben des Absenders

Firma
Empfänger in der Firma
Straße oder Postfach

Postleitzahl und Ort

Datum

Rahmenbestellung Nummer ... für ...
aufgrund Ihres Angebots vom..., Zeichen ...

Sehr geehrte Frau Dr. Fahr,

vielen Dank für Ihr Angebot. Wir sind im wesentlichen mit Ihrer Offerte einverstanden und schlagen Ihnen deshalb folgende Rahmenvereinbarung mit einem Auftragswert von DM ... pro Jahr (exkl. MwSt.) vor:

Sie werden jeweils nach Erhalt unseres Abrufs zu Beginn eines Quartals an uns liefern, und wir werden zu unseren „Allgemeinen Einkaufsbedingungen" (siehe Anlage) etwa folgende Artikelsortierung von Ihnen kaufen:

... Stück .... Preis DM ... pro Stück
... Kartons .... Preis DM ... pro Karton
... Kisten .... Preis DM ... pro Kiste

Die genaue Sortierung und den gewünschten Liefertermin werden wir Ihnen jeweils etwa 20 Tage vor Quartalsbeginn bekanntgeben.

Sie werden die Artikel inklusive Schutzverpackung auf Ihr Risiko frei unserem Betrieb ... (Anschrift) liefern, und wir werden vertragsgemäß gelieferte Artikel jeweils 30 Tage nach Eingang Ihrer ordnungsgemäßen prüffähigen Rechnungen bezahlen.

Bitte bestätigen Sie Ihr Einverständnis mit dieser Rahmenvereinbarung durch Ihre Unterschrift auf der Kopie dieses Schreibens.

Mit freundlichen Grüßen

Anlagen

Unterschrift(en)

Abruf zur Rahmenvereinbarung

Angaben des Absenders

Firma
Empfänger in der Firma
Straße oder Postfach

Postleitzahl und Ort

Datum

Abruf Nummer ... zur Rahmenvereinbarung vom ...

Sehr geehrte Frau Dr. Fahr,

aufgrund unserer Rahmenvereinbarung bitten wir Sie um Lieferung folgender Artikel in der 2. Woche des 1. Quartals:

... Stück ..... (Artikelbezeichnung)
... Kartons ..... (Artikelbezeichnung)
... Kisten ..... (Artikelbezeichnung)

Bitte beachten Sie unsere Warenannahmezeiten:

montags bis donnerstags von 8 bis 16 Uhr und
freitags von 8 bis 13 Uhr

Mit freundlichen Grüßen

Unterschrift(en)

Fixkauf (Bestellung zu einem festen Termin)

Angaben des Absenders

Firma
Empfänger in der Firma
Straße oder Postfach

Postleitzahl und Ort

Datum

Bestellung, Nummer ....
Lieferung zum ..... (Terminforderung)

Sehr geehrte Damen und Herren,

bitte liefern Sie auf der Grundlage der mit Ihnen am ... getroffenen Vereinbarung am

20. Nov. 1990 fest
(Annahme von 7.30 bis 17.00 Uhr)

an unsere unten auf diesem Briefbogen angegebene Lageranschrift:

... (Menge) ... (Artikelbezeichnung)

Die Annahme zu einem späteren Zeitpunkt müßten wir leider ablehnen, da dieser Saisonartikel nur während eines sehr begrenzten Zeitraums von unseren Kunden verlangt wird.

Mit freundlichen Grüßen

Unterschrift(en)

Lageranschrift
...

Widerruf einer Bestellung – Bestätigung weicht vom Angebot ab

Angaben des Absenders

Firma
Empfänger in der Firma
Straße oder Postfach

Postleitzahl und Ort

Datum

Widerruf unserer Bestellung Nummer ... vom ...
Abweichung Ihrer Auftragsbestätigung vom ...
von Ihrem Angebot vom ...

Sehr geehrte Damen und Herren,

leider weicht Ihre Auftragsbestätigung in mehreren Teilen von Ihrem Angebot und unserer Bestellung ab. Außerdem erklären Sie nicht, warum Sie die Änderungen vorgenommen haben.

Bitte verstehen Sie, daß wir unter solchen Umständen keinen Gebrauch mehr von Ihrer Offerte machten möchten und deshalb unsere Bestellung widerrufen.

Mit freundlichen Grüßen

Unterschrift(en)

Widerruf einer Bestellung – Bestätigung weicht von der Bestellung ab

Angaben des Absenders

Firma
Empfänger in der Firma
Straße oder Postfach

Postleitzahl und Ort

Datum

Widerruf unserer Bestellung Nummer ... vom ...
Abweichung Ihrer Auftragsbestätigung vom ...
von unserer Bestellung

Sehr geehrte Damen und Herren,

mit Bedauern sehen wir, daß die Preise in Ihrer Auftragsbestätigung von denen in unserer Bestellung abweichen.

Es wäre freundlich von Ihnen, wenn Sie uns in Zukunft, bevor Sie uns eine Auftragsbestätigung mit neuen Preisen schicken, informierten, daß Ihre bisherigen Konditionen nicht mehr gültig sind.

Es hätte jetzt leicht passieren können, daß wir aus Versehen bei Ihnen zu höheren Preisen bezogen und dann später Ärger miteinander bekommen hätten. Ein langjähriger Kunde wäre Ihnen dann ein für allemal verlorengegangen.

Wir widerrufen unsere Bestellung.

Mit freundlichen Grüßen

Unterschrift(en)

Rückgabe nach Kauf auf Probe

Angaben des Absenders

Firma
Empfänger in der Firma
Straße oder Postfach

Postleitzahl und Ort

Datum

Unsere Bestellung Nummer ... vom ...
zur Lieferung eines/r ... (Artikel) auf Probe

Sehr geehrte Frau Heimann,

am ... haben Sie uns ein/e/en ... (Artikel) kostenlos auf Probe geliefert.

Nachdem wir einen Test über einen Zeitraum von ... Monaten gemacht haben, sind wir zu dem Ergebnis gekommen, daß der/die/das ... zwar sehr zuverlässig arbeitet, sich aber nicht optimal für unsere Zwecke einsetzen läßt.

Bitte lassen Sie den/die/das ... in den nächsten Tagen abholen.

Wir bedauern, daß es in diesem Falle nicht zu einem Abschluß mit Ihnen kommt, denken aber, daß Ihr Lieferprogramm auch in der Zukunft für uns interessant sein wird.

Mit freundlichen Grüßen

Unterschrift(en)

Bestellungsannahme unter Vorbehalt

Angaben des Absenders

Firma
Empfänger in der Firma
Straße oder Postfach

Postleitzahl und Ort

Datum

Ihre Bestellung vom... zur Lieferung von ...

Sehr geehrte Damen und Herren,

es ist für uns erfreulich zu hören, daß unser langjähriger Geschäftsfreund, Herr Marxen, Sie auf unsere Firma aufmerksam gemacht hat.

In der Tat haben wir oft Gelegenheit, ... (Produkt) zu einem Preis von ... DM per 100 kg für unsere Kunden zu beschaffen. Leider ist auf dem Markt ... (Produkt) nicht immer in ausreichenden Mengen vorhanden und dann natürlich auch nicht preiswert zu bekommen.

Wir nehmen Ihre Bestellung unter Vorbehalt der Liefermöglichkeit (Preis: ... DM per 100 kg) gern entgegen und werden Sie informieren, wenn wir feststellen, daß das Produkt bis zu dem von Ihnen gewünschten Zeitpunkt nicht lieferbar ist.

Unsere Verkaufs- und Lieferbedingungen schicken wir Ihnen zusammen mit diesem Schreiben.

Es wäre erfreulich, wenn es zwischen Ihnen und uns zu einer Geschäftsverbindung käme.

Mit freundlichen Grüßen

Anlage

Unterschrift(en)

Bestellungsablehnung wegen Abweichungen vom Angebot – Zwischenzeitliche Preiserhöhung

Angaben des Absenders

Firma
Empfänger in der Firma
Straße oder Postfach

Postleitzahl und Ort

Datum

Ihr Auftrag vom ... zur Lieferung von ...
Zwischenzeitliche Preiserhöhung

Sehr geehrter Herr Dr. Boesen,

über Ihre Bestellung haben wir uns sehr gefreut, und wir hätten diese gern ausgeführt.

Leider sind seit unserem freibleibend abgegebenen Angebot über drei Wochen vergangen, und die so preiswerte Ware ist zwischenzeitlich nicht mehr verfügbar. Die Marktpreise für ... (Produkt), dies wissen Sie sicher so gut wie wir, schwanken sehr stark in kurzen Intervallen. Schnelles Zugreifen bei günstigen Angeboten ist deshalb stets ratsam.

Zur Zeit können wir Ihnen ... (Produkt) zum Preis von DM ... pro Tonne

anbieten. Auch dieser Preis erscheint uns noch sehr günstig, wissen wir doch, auf welche Höhen er im letzten Jahr schon geklettert ist.

Es wäre erfreulich, wenn wir auch zu den neuen Konditionen Ihr Lieferant werden könnten. Wir wären bemüht, Sie sehr zuverlässig zu beliefern.

Mit freundlichen Grüßen

Unterschrift(en)

Bestellungsablehnung wegen Abweichungen vom Angebot – Lieferterminabweichung

Angaben des Absenders

Firma
Empfänger in der Firma
Straße oder Postfach

Postleitzahl und Ort

Datum

Ihre Bestellung vom ... zur Lieferung von ...
Ausführung wegen Abweichung von unserem Angebot vom... nicht möglich

Sehr geehrter Herr Siemers,

vielen Dank für Ihre Bestellung. Leider wünschen Sie die Belieferung erst ab ... (Termin).

Unsere Lieferung trifft voraussichtlich am ... in Hamburg ein, und die Ware wird dann sofort an die Kunden ausgeliefert.

Am ... werden wir Sie nicht mehr beliefern können, da die sehr preisgünstige Ware bis zu diesem Zeitpunkt verkauft sein wird. Aus diesem Grunde hatten wir unser Angebot auch zeitlich eingeschränkt.

Es tut uns sehr leid, Ihre Bestellung nicht annehmen zu können. Prüfen Sie doch bitte nochmals, ob es nicht möglich ist, die Ware schon zu einem früheren Termin auf Lager zu nehmen. Wir denken, es wäre sehr schade, wenn Sie den günstigen Preis nicht für sich nutzen könnten.

Mit freundlichen Grüßen

Unterschrift(en)

Bestellungsablehnung wegen Abweichungen vom Angebot – Abweichende Preise

Angaben des Absenders

Firma
Empfänger in der Firma
Straße oder Postfach

Postleitzahl und Ort

Datum

Ihre Bestellung vom ...
aufgrund unserer Offerte vom ...
Preise weichen ab

Sehr geehrte Frau Hasselbusch,

vielen Dank für Ihre Bestellung. Wir würden sie nur zu gern ausführen, doch leider weichen Ihre Preisangaben in der Bestellung von unserem Angebot erheblich ab. Leider liegen Ihre Vorstellungen bis zu ... Prozent unter den unseren.

Bitte verstehen Sie, wenn wir Ihnen sagen, daß wir Ihre Bestellung zu unserem Bedauern nicht annehmen können. Es gäbe unser Unternehmen bald nicht mehr, wenn wir Qualitätsprodukte weit unter Marktpreisen verkauften.

Bitte überlegen Sie nochmals, ob unsere Angebotspreise für Sie nicht doch recht vorteilhaft sind. Dürfen wir Sie in den nächsten Tagen anrufen, um zu hören, ob eine Geschäftsverbindung möglich ist?

Mit freundlichen Grüßen

Unterschrift(en)

Bestellungsablehnung wegen Abweichungen vom Angebot – Abweichende Zahlungsbedingungen

Angaben des Absenders

Firma
Empfänger in der Firma
Straße oder Postfach

Postleitzahl und Ort

Datum

Ihre Bestellung vom..., Nummer ...
aufgrund unseres Angebots vom ..., Nummer ...
Abweichende Zahlungsbedingungen

Sehr geehrte Damen und Herren,

es freut uns, von Ihnen erstmalig einen Auftrag zu erhalten. Leider weichen die in Ihrer Bestellung genannten Zahlungsbedingungen erheblich von den in unserem Angebot genannten Konditionen ab.

Wir können Ihnen günstige Preise anbieten, weil wir über ausreichend flüssige Mittel verfügen, um unsere Zahlungsverpflichtungen bei unseren Vorlieferanten sehr kurzfristig zu erfüllen. Dies setzt aber voraus, daß auch unsere Kunden die von uns erhaltene Ware schnell bezahlen.

Günstige Preise und langfristige Zahlungsziele – beides können auch wir unseren Kunden nicht bieten.

Bitte überlegen Sie noch einmal, ob Sie unser Angebot in seiner Gesamtheit nicht doch akzeptieren möchten; bei einem Zahlungsziel von 60 Tagen können wir Sie bedauerlicherweise nicht zu derart günstigen Preisen beliefern.

Mit freundlichen Grüßen

Unterschrift(en)

Bestellungsablehnung wegen Abweichungen vom Angebot – Abweichende Geschäftsbedingungen

Angaben des Absenders

Firma
Empfänger in der Firma
Straße oder Postfach

Postleitzahl und Ort

Datum

Ihre Bestellung vom ... zur Lieferung von ...
Unser Angebot Nummer... vom ...
Abweichende Geschäftsbedingungen

Sehr geehrter Herr Dr. Tauchert,

vielen Dank für Ihre Bestellung. Leider ergibt sich jetzt ein kleines Problem: Ihre „Allgemeinen Einkaufsbedingungen" weichen in einigen wichtigen Punkten von unseren „Allgemeinen Verkaufs- und Lieferbedingungen" erheblich ab.

Wenn wir Ihre Bedingungen erfüllen, sind wir aufgrund Ihrer vielen Auflagen und der Übertragung beträchtlicher Risiken auf uns nicht mehr in der Lage, Sie zu den günstigen Preisen unseres Angebots zu beliefern.

Wir könnten uns mit Ihnen verständigen, im Streitfalle – zu dem es hoffentlich nie kommen würde – das BGB anzuwenden; wenn Sie jedoch Ihrer Bestellung ausschließlich Ihre „Allgemeinen Einkaufsbedingungen" zugrunde legen möchten, dann müssen wir leider passen.

Bitte sagen Sie uns in den nächsten Tagen, ob unser Vorschlag für Sie akzeptabel ist. Im Falle einer positiven Antwort werden wir uns große Mühe geben, Sie zufriedenzustellen.

Mit freundlichen Grüßen

Unterschrift(en)

Auftragsbestätigung

Angaben des Absenders

Firma
Empfänger in der Firma
Straße oder Postfach

Postleitzahl und Ort

Datum

1.

Bestätigung der Annahme Ihres Auftrages Nummer ... vom ...

Sehr geehrte Damen und Herren,

vielen Dank für Ihren Auftrag. Wir freuen uns über die Geschäftsverbindung mit Ihnen und werden uns große Mühe geben, damit unsere Leistung für Sie von Vorteil ist.

Ihren Auftrag werden wir zu den genannten Konditionen ausführen.

Mit freundlichen Grüßen

2.

Auftragsbestätigung Nummer ...
Ihre Bestellung vom ... zur Lieferung von...

Sehr geehrte Frau Tillmann,

herzlichen Dank für Ihre Bestellung. Wir sind mit allen Bedingungen einverstanden und werden den Auftrag pünktlich erledigen.

Bitte sagen Sie uns in den nächsten Tagen, ob Sie die Ware abholen werden oder ob Sie frei Haus beliefert werden möchten.

Mit freundlichen Grüßen

Ankündigung einer Lieferung

Angaben des Absenders

Firma
Empfänger in der Firma
Straße oder Postfach

Postleitzahl und Ort

Datum

Ankündigung der Lieferung
Ihre Order vom ... zur Lieferung von ...

Sehr geehrter Herr Niemann,

soeben meldet sich unser Vorlieferant bei uns und kündigt die Lieferung des/der ... (Material) an.

Somit sind wir in der Lage, den/die/das ..., wie von Ihnen gewünscht, am ... anzuliefern, um dann am nächsten Tag mit der Aufstellung zu beginnen.

Mit der Besorgung des Transports werden wir die Spedition ... (Name, Adresse, Telefon, Disponent) beauftragen. Die Firma übernimmt den/die/das ... am Morgen des ... (Datum).

Sollte sich Ihr Zeitplan zwischenzeitlich geändert haben, so geben Sie uns bitte Bescheid, damit wir unsere Disposition darauf abstimmen können.

Mit freundlichen Grüßen

Unterschrift(en)

Lieferscheinformular

Angaben des Absenders

Lieferschein

Nummer ....
Datum ....
Kunden-Nummer ....

Bestellangaben des Kunden:
Zeichen ....
Datum ....
Text ....

Versandbedingungen ....
Versandart ....

Wir liefern und Sie empfangen:

Pos.	Anzahl	Mengen-Einheit	Warenbezeichnung	Artikel-Nr.
.....	....	....	....	....
.....	....	....	....	....
.....	....	....	....	....
.....	....	....	....	....

(und so weiter)

Die gelieferte Ware bleibt bis zur vollständigen Bezahlung Eigentum des Lieferanten.

Bei Beanstandungen bitte den Lieferschein an den Lieferanten einsenden.

Unsere „Allgemeinen Lieferbedingungen" finden Sie auf der Rückseite dieses Lieferscheins.

Empfangsbestätigung

Angaben des Absenders

Firma
Empfänger in der Firma
Straße oder Postfach

Postleitzahl und Ort

Datum

Unser Auftrag Nummer ... vom ...
Ihr Lieferschein Nummer ... vom ...
Empfangsbestätigung

Sehr geehrte Damen und Herren,

die von Ihnen gelieferte Ware wurde uns am ... durch die Spedition ... (Name) in ... (Ort) übergeben.

Wir haben die Sendung geprüft, und die Anzahl der Stücke sowie die Markierungen auf den Kisten stimmten mit den Angaben auf dem Lieferschein überein.

Die Verpackung war unversehrt und die Ware ist, soweit dies durch visuelle Prüfung vor Inbetriebnahme der Geräte möglich ist, frei von erkennbaren Mängeln.

Die Rüge von Mängeln, die sich nach der Inbetriebnahme der Geräte herausstellen, oder die Reklamation versteckter Mängel behalten wir uns vor.

Mit freundlichen Grüßen

Unterschrift(en)

Dank für gute Ausführung der Bestellung

Angaben des Absenders

Firma
Empfänger in der Firma
Straße oder Postfach

Postleitzahl und Ort

Datum

Ihre Lieferung Nummer ... vom ...
Unser Auftrag vom ... zur Lieferung von ...

Sehr geehrter Herr Rosenbaum,

vor einigen Tagen wurden die bestellten Artikel pünktlich geliefert. Die Ware ist unbeschädigt, da sie dank Ihrer Bemühungen bestens verpackt war.

Uns ist bekannt, welche Schwierigkeiten Sie gehabt haben, um uns in diesem Ausnahmefall die Artikel so kurzfristig zur Verfügung zu stellen.

Gratulation, es hat alles bestens geklappt!

Vielen Dank, Sie haben einen hervorragenden Kundenservice geleistet, und darum werden wir uns bei unserem nächsten Bedarf wieder an Sie wenden.

Mit freundlichen Grüßen

Unterschrift(en)

Änderungswunsch des Käufers – Grund: Erhöhter Bedarf

Angaben des Absenders

Firma
Empfänger in der Firma
Straße oder Postfach

Postleitzahl und Ort

Datum

Unsere Bestellung vom ... zur Lieferung von ...
Bitte um Erhöhung der Liefermenge

Sehr geehrter Herr Rössle,

erfreulicherweise ist die Nachfrage unserer Kunden nach ... (Artikel) plötzlich so hoch, daß wir ab der 24. Woche keine Ware mehr haben werden. Wir benötigen dann noch etwa 500 Stück.

Wir wissen, daß Ihre Produktion auf Hochtouren läuft, denn Sie haben immer von Lieferengpässen bei ... (Artikel) gesprochen. Dennoch bitten wir Sie jetzt um Ihre Unterstützung, das heißt, um Erhöhung der Liefermenge.

Ja, wir wissen, daß Sie der Ansicht waren, wir hätten uns nicht ausreichend eingedeckt, aber als wir den zweiten Abschluß mit Ihnen tätigten, lief der Artikel nur schleppend.

Bitte prüfen Sie doch nochmals, ob es nicht eine Möglichkeit gibt, uns, Ihrem langjährigen Kunden, zu helfen. Wir werden uns bei unserem nächsten Auftrag für ..., Ihren „heiß begehrten" Artikel, erkenntlich zeigen.

Es wäre nett von Ihnen, wenn Sie uns einen positiven Bescheid gäben.

Mit freundlichen Grüßen

Unterschrift(en)

Zustimmung des Verkäufers zu dem Änderungswunsch des Käufers wegen erhöhten Bedarfs

Angaben des Absenders

Firma
Empfänger in der Firma
Straße oder Postfach

Postleitzahl und Ort

Datum

Ihre Bestellung vom ... zur Lieferung von...
Ihre Bitte um Erhöhung der Liefermenge vom ...

Sehr geehrter Herr Knudsen,

einerseits freuen wir uns natürlich mit Ihnen, daß sich unser ... (Artikel) nun auch bei Ihnen in Rossbach gut verkaufen läßt, andererseits wissen wir nicht, wo wir die großen Mengen hernehmen sollen. Obwohl wir unseren Betrieb schon in drei Schichten fahren, reicht die Produktionskapazität noch immer nicht aus.

Es ist unvergleichlich schwerer, mit „Nein" zu verkaufen, als um Aufträge zu bitten, stellen wir jetzt fest. Wer möchte nicht seinen guten Kunden, wie auch Sie es für uns sind, gern helfen, wenn sie in Schwierigkeiten sind.

Wir haben über Ihren Bedarf mit unserer Verkaufsleitung gesprochen, und man war der Ansicht, daß wir Sie jetzt nicht, wie man sagt, „im Regen stehenlassen können". Sie bekommen die benötigte Ware in diesem Ausnahmefall.

Wenn wir es schaffen, werden wir Sie in der 24. Woche beliefern; eventuell klappt es aber auch erst in der 25. Woche. Wie auch immer, wir helfen Ihnen.

Mit freundlichen Grüßen

Unterschrift(en)

Ablehnung des Verkäufers zu dem Änderungswunsch des Käufers wegen erhöhten Bedarfs

Angaben des Absenders

Firma
Empfänger in der Firma
Straße oder Postfach

Postleitzahl und Ort

Datum

Ihr Auftrag vom ... zur Lieferung von ...
Ihre Bitte um Erhöhung der Liefermenge vom ...

Sehr geehrter Herr Braun,

als wir vor einigen Tagen in der Verkaufsleiter-Konferenz über das Verkaufsergebnis des Monats ... sprachen, haben wir uns noch darüber gewundert, daß sich ... (Artikel) bei Ihnen in Rossbach so schwer verkaufen läßt, obwohl wir von anderen Kunden mit Aufträgen geradezu „überschüttet" werden; und nun liegt Ihr Brief vor mir auf dem Schreibtisch.

Sehr geehrter Herr Braun, wir fahren unseren Betrieb jetzt in drei Schichten, und die Produktion reicht nicht aus, um allen unseren langjährigen Kunden, wie auch Sie einer sind, zu helfen.

Bitte verstehen Sie, daß wir zuerst alles Menschenmögliche tun müssen, um unsere vertraglichen Verpflichtungen zu erfüllen. Wenn das geschehen ist, werden wir sofort prüfen, wie wir Ihnen helfen können. Im Augenblick ist die Chance aber leider sehr gering, bis zur 24. Woche noch Mengen freizubekommen. Wir werden für Sie einige Kunden anrufen und fragen, ob sie eventuell Ware zurückgeben können; wenn das der Fall ist, melden wir uns bei Ihnen.

Es tut uns sehr leid, Ihnen vorerst keine bessere Antwort geben zu können. Bitte haben Sie Verständnis für unsere Situation.

Mit freundlichen Grüßen

Unterschriften(en)

Kompromißvorschlag des Verkäufers zu dem Änderungswunsch des Käufers wegen erhöhten Bedarfs

Angaben des Absenders

Firma
Empfänger in der Firma
Straße oder Postfach

Postleitzahl und Ort

Datum

Ihre Order vom ... zur Lieferung von...
Ihre Bitte um Erhöhung der Liefermenge

Sehr geehrter Herr Roth,

vielen Dank für Ihre Zeilen. Wir freuen uns zwar mit Ihnen, daß unser ... (Artikel) nun auch in Rossbach gut verkauft wird, aber wir haben Mühe, unsere vertraglichen Verpflichtungen zu erfüllen. Wir produzieren zur Zeit in drei Schichten, und die Produktion ist noch immer niedriger als der Bedarf.

Im Augenblick stehen wir in Verhandlungen mit einer Firma, die zu einer Lohnverarbeitung für uns bereit wäre. Dies käme für uns zwar teurer, aber zumindest könnten wir unseren Kunden, die erhöhten Bedarf haben, helfen.

Für die zusätzlichen Mengen müßten wir unseren Preis allerdings um ... Prozent, also auf DM ... pro Stück, erhöhen. Wir denken jedoch, daß diese Lösung ein guter Kompromiß wäre.

Bitte sagen Sie uns bis zum ... Ihre Ansicht, damit wir weiter über die Lohnverarbeitung verhandeln können. Die Belieferung in der 24. Woche wäre auf diesem Wege möglich.

Mit freundlichen Grüßen

Unterschrift(en)

Änderungswunsch des Käufers – Grund: Fallende Marktpreise

Angaben des Absenders

Firma
Empfänger in der Firma
Straße oder Postfach

Postleitzahl und Ort

Datum

Unser Auftrag vom ... zur Lieferung von ...
Anpassung der Preise an die Marktgegebenheiten

Sehr geehrte Frau Krause,

im Mai dieses Jahres, als wir Ihnen den Jahresauftrag zur Lieferung von ... (Bezeichnung der Ware) gaben, waren die Marktpreise recht hoch, und es war zu erwarten, daß sie noch weiter steigen würden.

Sie rieten uns, einen Jahresvertrag mit Ihnen abzuschließen, um das Risiko noch höherer Preise zu vermeiden. So weit, so gut, doch jetzt fallen die Preise seit einigen Wochen, und es ist abzusehen, daß wir bald nicht mehr wettbewerbsfähig sein werden. Dies kann auch nicht in Ihrem Sinne sein, da Sie dann einen langjährigen Kunden verlieren würden.

Bitte prüfen Sie, ob Sie Ihre Preise der veränderten Marktlage anpassen und wir in unsere Vereinbarung mit Ihnen eine Preisanpassungsklausel aufnehmen können, die sowohl Ihnen als auch uns mehr Flexibilität ermöglicht.

Mit freundlichen Grüßen

Unterschrift(en)

Zustimmung des Verkäufers zu dem Änderungswunsch des Käufers wegen fallender Marktpreise

Angaben des Absenders

Firma
Empfänger in der Firma
Straße oder Postfach

Postleitzahl und Ort

Datum

Ihre Bestellung vom ... zur Lieferung von ...
Ihre Bitte um Preisanpassung und Veränderung des Kaufvertrages

Sehr geehrter Herr Schwarz,

vielen Dank für Ihren Brief. Einerseits können wir verstehen, daß Sie aufgrund der veränderten Preissituation im Markt jetzt gewisse Absatzprobleme haben, andererseits haben Sie durch die vertragliche Vereinbarung mit uns natürlich in der Hochpreisphase erhebliche Vorteile gehabt. Langfristige Vereinbarungen haben immer hier und da Vor- oder Nachteile für die eine oder andere Partei.

Da Sie ein guter und langjähriger Kunde von uns sind, möchten wir die Geschäftsverbindung nicht belasten. Wir werden deshalb einer Preisänderungsklausel zustimmen und Ihnen bei der Preisgestaltung entgegenkommen.

Bitte nennen Sie uns einen Termin, wann wir uns mit Ihnen zu einem Gespräch treffen können.

Mit freundlichen Grüßen

Unterschrift(en)

Ablehnung des Verkäufers zu dem Änderungswunsch des Käufers wegen fallender Marktpreise

Angaben des Absenders

Firma
Empfänger in der Firma
Straße oder Postfach

Postleitzahl und Ort

Datum

Ihre Order vom ... zur Lieferung von
Ihre Bitte um Änderung wegen fallender Preise

Sehr geehrter Herr Schwarz,

vielen Dank für Ihr Schreiben. Für Ihre Situation haben wir Verständnis, wie auch im Mai, als Sie uns nämlich baten, den Jahresabschluß mit Ihnen zu tätigen.

Durch diesen Abschluß haben Sie über mehrere Monate zu sehr günstigen Preisen eingekauft. Aufgrund der niedrigen Einkaufspreise waren Sie sehr erfolgreich, wie die Umsatzzahlen beweisen. Natürlich freuen wir uns darüber, denn dies war auch unser Vorteil.

Wir mußten aber mit unseren Vorlieferanten, genau wie Sie mit uns, längerfristige Abschlüsse tätigen, um Ihnen und anderen Kunden in der Hochpreisphase die bekannten Vorteile bieten zu können. Jetzt haben wir entweder für heutige Verhältnisse bereits teuer eingekauft, oder wir sind zu weiteren Abnahmen zu Vertragspreisen verpflichtet.

Unter Einstandspreisen zu verkaufen führt auf Dauer zum Bankrott. Bitte verstehen Sie deshalb, daß es uns zur Zeit nicht möglich ist, Ihnen preislich entgegenzukommen. Wir sollten aber gemeinsam überlegen, ob wir das nächste Mal nicht flexiblere Abmachungen miteinander treffen könnten.

Mit freundlichen Grüßen

Unterschrift(en)

Kompromißvorschlag des Verkäufers zu dem Änderungswunsch des Käufers wegen fallender Marktpreise

Angaben des Absenders

Firma
Empfänger in der Firma
Straße oder Postfach

Postleitzahl und Ort

Datum

Ihr Auftrag vom ... zur Lieferung von ...
Ihr Wunsch nach Änderung wegen fallender Marktpreise

Sehr geehrter Herr Schwarz,

vielen Dank für Ihren Brief. Wir hatten schon damit gerechnet, daß Sie uns eines Tages schreiben würden, denn auch wir sind gegenüber unseren Vorlieferanten in einer ähnlichen Situation.

Auch wir mußten langfristige Vereinbarungen eingehen, um in der Hochpreisphase einigermaßen abgesichert zu sein, und heute, in einer Zeit, in der die Preise plötzlich unvermutet fallen, erwarten unsere Lieferanten, daß wir zu unseren Vereinbarungen stehen.

Wir können Ihnen aber einen, wie wir meinen, guten Kompromiß vorschlagen: Sie beziehen noch ... Stück zu den vereinbarten Preisen bis zum ... von uns, und für die dann folgenden Lieferungen geben wir Ihnen einen Nachlaß von ... Prozent auf die vereinbarten Preise.

So räumen auch wir unser Lager von der teuer eingekauften Ware, und für neue Lieferungen haben wir unsere Lieferanten gebeten, sich ebenfalls flexibel zu zeigen.

Wir hoffen, daß Ihnen unser Vorschlag gefällt.

Mit freundlichen Grüßen

Unterschrift(en)

Änderungswunsch des Käufers – Grund: Falsche Disposition

Angaben des Absenders

Firma
Empfänger in der Firma
Straße oder Postfach

Postleitzahl und Ort

Datum

Unsere Bestellung vom ... zur Lieferung von ...
Bitte um Reduzierung der Vertragsmenge
wegen falscher Disposition

Sehr geehrte Frau Johannsen,

da in den letzten Jahren erhebliche Mengen ... (Produkt) von uns verkauft wurden, haben wir unsere Bestellung im März entsprechend vorgenommen. Jetzt scheinen die Käufer ihren Geschmack geändert zu haben und ... (Produkt) zu bevorzugen. Wir haben also falsch disponiert.

Obwohl wir es, wie Sie wissen, gewohnt sind, unsere Verpflichtungen zu erfüllen, bitten wir Sie jetzt, einer Reduzierung der Vertragsmenge um ... Prozent zuzustimmen.

Es wäre nett von Ihnen, wenn Sie unsere Bitte erfüllten, um uns, Ihrem langjährigen guten Kunden, zu helfen. Wir werden uns für ein Entgegenkommen bei nächster Gelegenheit erkenntlich zeigen.

Mit freundlichen Grüßen

Unterschrift(en)

Zustimmung des Verkäufers zu dem Änderungswunsch des Käufers wegen falscher Disposition

Angaben des Absenders

Firma
Empfänger in der Firma
Straße oder Postfach

Postleitzahl und Ort

Datum

Ihr Auftrag vom ... zur Lieferung von ...
Ihre Bitte um Reduzierung der Vertragsmenge

Sehr geehrter Herr Trittmacher,

Sie und wir haben nicht ahnen können, daß der Geschmack der Kunden so schnellen Wandlungen unterworfen ist, und mancher unserer Wettbewerber dürfte jetzt erhebliche Probleme bekommen.

Unser Vorrat an ... (Artikel) war erfreulicherweise nie besonders hoch, und so können wir Ihnen helfen, Ihre Schwierigkeiten zu lösen. Wir akzeptieren Ihren Vorschlag und sind mit einer Reduzierung der Vertragsmenge um ... Prozent einverstanden.

Wenn Sie unser Entgegenkommen bei nächster Gelegenheit berücksichtigen würden, wäre dies sehr nett von Ihnen.

Mit freundlichen Grüßen

Unterschrift(en)

Ablehnung des Verkäufers zu dem Änderungswunsch des Käufers wegen falscher Disposition

Angaben des Absenders

Firma
Empfänger in der Firma
Straße oder Postfach

Postleitzahl und Ort

Datum

Ihre Bitte um Reduzierung der Vertragsmenge vom ...
Ihr Auftrag vom ... zur Lieferung von ...

Sehr geehrte Frau Trittmacher,

vielen Dank für Ihren Brief. Wir können gut verstehen, daß Sie sich in einer ärgerlichen Situation befinden, denn wir sehen uns vor die gleichen Probleme gestellt. Auch wir haben nicht schnell genug erkannt, daß sich der Kundengeschmack wandelt und damit ... (Produkt) nicht mehr so stark gefragt sein wird.

Unsere Lagerbestände an ... sind hoch, und unsere Vorlieferanten nehmen die Ware nicht zurück. Es tut uns leid, aber aus diesem Grunde können wir Ihnen nicht entgegenkommen.

Sollte sich unsere Situation ändern, so melden wir uns sofort bei Ihnen, um Ihnen zu helfen.

Mit freundlichen Grüßen

Unterschrift(en)

Kompromißvorschlag des Verkäufers zu dem Änderungswunsch des Käufers wegen falscher Disposition

Angaben des Absenders

Firma
Empfänger in der Firma
Straße oder Postfach

Postleitzahl und Ort

Datum

Ihre Bitte um Reduzierung der Vertragsmenge vom ...
Ihr Auftrag vom ... zur Lieferung von ...

Sehr geehrte Frau Trittmacher,

für Ihre Zeilen vielen Dank. Ihre Schwierigkeiten können wir gut verstehen, denn auch andere Kunden haben mit der Geschmackswandlung der Verbraucher ihre Probleme.

Wir mußten natürlich disponieren und haben dies auf der Grundlage vorliegender Aufträge getan. Dennoch ist es uns gelungen, durch Verhandlungen mit unseren Vorlieferanten zu Kompromissen zu gelangen.

So können wir jetzt auch Ihnen einen Vorschlag machen, der Ihnen hoffentlich zusagt. Wir reduzieren die Vertragsmenge für ... (Produkt) und liefern Ihnen statt dessen ... Dieses Produkt ist, wie Sie sicher wissen, bei den Verbrauchern sehr beliebt, so daß Sie mit dem Absatz keine Schwierigkeiten haben werden.

Bitte schreiben Sie uns, ob wir Ihnen auf dieser Basis entgegenkommen dürfen.

Mit freundlichen Grüßen

Unterschrift(en)

Änderungswunsch des Verkäufers – Grund: Terminliche Änderungen

Angaben des Absenders

Firma
Empfänger in der Firma
Straße oder Postfach

Postleitzahl und Ort

Datum

Unsere Bestellung vom ..., Nummer ...
Ihre Auftragsbestätigung vom ...

Sehr geehrter Herr Fink,

einer unserer Großkunden hat uns soeben gebeten, die Lieferung von ... (Produkt) um etwa drei Monate zu verzögern.

Für uns bedeutet dies eine erhebliche Produktionsumstellung sowie die Bitte an unsere Lieferanten, die Vorprodukte für ... auch erst zu einem späteren Zeitpunkt an uns zu liefern.

Wäre es Ihnen möglich, uns durch Änderung der mit Ihnen getroffenen Liefervereinbarung zu helfen, das Problem zu lösen? 30 Prozent der Abschlußmenge müßten erst Anfang September geliefert werden.

Bitte geben Sie uns bis zum ... Bescheid, ob wir mit Ihrer Unterstützung rechnen können.

Mit freundlichen Grüßen

Unterschrift(en)

Zustimmung des Verkäufers zu dem Änderungswunsch des Käufers wegen terminlicher Änderungen

Angaben des Absenders

Firma
Empfänger in der Firma
Straße oder Postfach

Postleitzahl und Ort

Datum

Ihre Bitte vom ... um Verschiebung des Liefertermins
Ihre Order vom ..., Nummer ...

Sehr geehrter Herr Köster,

vielen Dank für Ihr Schreiben. Aufgeschoben ist nicht aufgehoben.

Wir helfen Ihnen gern mit unserer Zusage, an Sie erst im ... (Monat) zu liefern. Die Änderung erfordert in unserem Hause allerdings einige organisatorische Umstellungen. Diese Maßnahmen ergreifen wir aber gern für Sie, unseren langjährigen Kunden.

Dürfen wir Sie bei der Gelegenheit auf unser neues Produkt ... (Name) aufmerksam machen? Wie Sie aus dem mitgeschickten Prospekt ersehen können, eignet sich ... (Produkt) besonders gut für die Herstellung von ... Da Sie große Mengen davon produzieren, bietet Ihnen der Einsatz von ... (Produkt) sicher erhebliche ...-Vorteile.

Wann darf Sie unser Mitarbeiter, Herr Gründert, aufsuchen, um Ihnen zu demonstrieren, wie Sie Kosten sparen können? Er wird Sie in den nächsten Tagen einmal anrufen.

Mit freundlichen Grüßen

Anlage

Unterschrift(en)

Ablehnung des Verkäufers zu dem Änderungswunsch des Käufers wegen terminlicher Änderungen

Angaben des Absenders

Firma
Empfänger in der Firma
Straße oder Postfach

Postleitzahl und Ort

Datum

Ihre Bitte vom ... um Verschiebung des Liefertermins
Ihr Auftrag Nummer ... vom ...

Sehr geehrter Herr Köster,

vielen Dank für Ihren Brief. Leider haben wir uns aufgrund Ihres Auftrags bereits voll mit Ware eingedeckt, da wir sichergehen wollten, daß wir Sie termingerecht beliefern können.

Wenn wir den Lieferzeitpunkt, wie von Ihnen gewünscht, verschieben, steht bei uns kein ausreichender Lagerraum mehr zur Verfügung.

Dürfen wir Ihnen empfehlen, die von uns zum vereinbarten Termin zu liefernde Ware bei der Firma Kußmaul & Schröder, die ihren Sitz ganz in Ihrer Nähe hat, einzulagern? K & H sind hervorragende Lagerhalter, und sie verlangen ein maßvolles Lagergeld.

Es tut uns leid, daß wir Ihnen diesmal nichts Besseres schreiben können.

Mit freundlichen Grüßen

Unterschrift(en)

Kompromißvorschlag des Verkäufers zu dem Änderungswunsch des Käufers wegen terminlicher Änderungen

Angaben des Absenders

Firma
Empfänger in der Firma
Straße oder Postfach

Postleitzahl und Ort

Datum

Ihre Bitte vom ... um Verschiebung des Liefertermins
Ihr Auftrag vom ...

Sehr geehrter Herr Köster,

erst letzte Woche habe ich zu Herrn Dietrich gesagt, daß wir uns lange nicht mehr mit Ihnen getroffen haben. Es wird, so meinen wir, langsam Zeit, daß wir bei einem guten Tropfen wieder einmal ausführlich „klönen", wie man in Hamburg sagt.

Die von Ihnen gewünschte Terminverschiebung bereitet uns ein kleines Problem. Wir haben einige sehr wichtige finanzielle Verpflichtungen zu erfüllen, und das erfordert wiederum, daß unsere Kunden die mit uns getroffenen Vereinbarungen einhalten.

Dürfen wir Ihnen einen Kompromißvorschlag machen? Wir liefern die Ware für Sie auf das Lager der Firma Petersen in Hamburg-Harburg. Sie bezahlen die Ware wie vereinbart, und wir übernehmen für Sie die Lagerkosten bis zum Monat ... Ist Ihnen mit diesem Vorschlag geholfen? Wir würden uns freuen.

In den nächsten Tagen wird Herr Dietrich Sie wegen des Lagers und wegen des guten Tropfens anrufen.

Mit freundlichen Grüßen

Unterschrift

Käufer wünscht Stornierung – Grund: Arglistige Täuschung durch den Verkäufer

Angaben des Absenders

Firma
Empfänger in der Firma
Straße oder Postfach

Postleitzahl und Ort

Datum

Unsere Bestellung vom ... zur Lieferung von ...

Sehr geehrter Herr Huber,

wir haben Ihnen einen Auftrag zur Lieferung deutscher Ware erteilt und gingen natürlich davon aus, daß Sie uns nicht ausländische Ware liefern würden.

Jetzt schicken Sie uns Ihre Auftragsbestätigung und geben an, daß die Ware ... Ursprungs ist.

Wir halten dies für eine arglistige Täuschung und stornieren unseren Auftrag.

Mit freundlichen Grüßen

Unterschrift(en)

Zustimmung des Verkäufers zu der Auftragsstornierung des Käufers, Vorwurf arglistiger Täuschung fragwürdig

Angaben des Absenders

Firma
Empfänger in der Firma
Straße oder Postfach

Postleitzahl und Ort

Datum

Ihre Aufforderung vom ... zur Stornierung
Ihres Auftrags Nummer ... vom ...

Sehr geehrte Frau Hillenburg,

vielen Dank für Ihren Brief. Uns war bei der Verhandlung mit Ihnen nicht bewußt, daß Sie ausschließlich Ware deutscher Herkunft einsetzen möchten.

Nun müssen wir allerdings zugeben, Ihren Auftrag nicht sorgfältig genug gelesen zu haben, und dafür entschuldigen wir uns bei Ihnen. Arglistig täuschen wollten wir Sie jedoch keinesfalls.

Die Qualität der ... (Nationalität) Ware, das können wir versichern, ist der deutschen ebenbürtig, und dennoch ist sie aufgrund des niedrigeren Lohnniveaus in ... (Land) preiswerter.

Sie aber haben zu entscheiden, was Sie kaufen möchten, und deshalb akzeptieren wir natürlich Ihre Stornierung. Es wäre schön, wenn es trotzdem einmal zu einer Geschäftsverbindung zwischen uns käme.

Mit freundlichen Grüßen

Unterschrift(en)

Vorwurf der arglistigen Täuschung vom Verkäufer zurückgewiesen, Käufers Forderung zur Auftragsstornierung abgelehnt

Angaben des Absenders

Firma
Empfänger in der Firma
Straße oder Postfach

Postleitzahl und Ort

Datum

Ihre Aufforderung zur Stornierung Ihrer
Bestellung Nummer ... vom ... zur Lieferung von ...

Sehr geehrte Frau Hillenburg,

vielen Dank für Ihr Schreiben. Bitte erlauben Sie, daß wir uns gegen Ihren Vorwurf, Sie arglistig getäuscht zu haben, zur Wehr setzen. Eine Behauptung wie Ihre kann schnell den guten Ruf eines Unternehmens verderben.

Wir haben am ... in Ihrem Hause über mehrere Qualitäten gesprochen, sowohl über deutsche als auch über spanische und französische Produkte. Alle unterscheiden sich nur in Nuancen, die denn auch bei der Verwendung kaum eine Rolle spielen.

Am Ende unseres Gesprächs war nur noch von der spanischen Ware, die am preisgünstigsten ist, die Rede, und als Ihr Auftrag kam, gingen wir somit auch davon aus, daß Sie spanische Ware haben wollten. In Ihrem Auftrag ist das Herkunftsland nicht genannt, wohl aber der Preis für die spanische Ware.

Von arglistiger Täuschung durch uns kann also nicht die Rede sein. Bitte verstehen Sie, daß wir Sie deshalb auch bitten müssen, Ihren Verpflichtungen zur Erfüllung des Kaufvertrages nachzukommen.

Mit freundlichen Grüßen

Unterschrift(en)

Vorwurf der arglistigen Täuschung vom Verkäufer zurückgewiesen, Forderung der Auftragsstornierung mit Kompromißangebot beantwortet

Angaben des Absenders

Firma
Empfänger in der Firma
Straße oder Postfach

Postleitzahl und Ort

Datum

Ihre Forderung vom ... zur Stornierung Ihres Auftrages vom ...

Sehr geehrte Frau Hillenburg,

vielen Dank für Ihren Brief. Bitte verstehen Sie aber, daß wir uns gegen Ihren Vorwurf, wir hätten Sie arglistig getäuscht, verwahren müssen.

Sie haben bei uns schriftlich deutsche Ware bestellt. Am ... dieses Monats hat jedoch Ihr Herr Müller unseren Herrn Fritz angerufen und darum gebeten, den Auftrag in „Ware spanischer Herkunft" zu ändern. Herrn Müller wurde der Preis hierfür genannt:

DM ... pro 100 kg (exkl. MwSt.)

Herr Fritz hat dieses Gespräch nie bestätigt, und wir haben bei der Auftragsbestätigung die Änderung ohne besonderen Vermerk berücksichtigt. Das war falsch von uns, rechtfertigt aber sicher nicht Ihren Vorwurf arglistiger Täuschung.

Dürfen wir als Kompromiß vorschlagen, Ihnen deutsche Ware zu liefern, und zwar zu einem um ... Prozent niedrigeren Preis als in Ihrem Auftrag vom ... angegeben? Wir möchten damit unseren Fehler, nicht sorgfältig gearbeitet zu haben, wieder gutmachen. Bitte geben Sie uns Bescheid.

Mit freundlichen Grüßen

Unterschrift(en)

Einseitige Vertragsänderung durch den Verkäufer – Zustimmung des Käufers

Angaben des Absenders

Firma
Empfänger in der Firma
Straße oder Postfach

Postleitzahl und Ort

Datum

Ihre Änderung unseres Auftrags Nummer... vom ...
Neuer Liefertermin ... statt ...
Ihre Auftragsbestätigung vom ...

Sehr geehrter Herr Thomsen,

als wir Ihre Auftragsbestätigung erhielten, waren wir erstaunt, feststellen zu müssen, daß Sie den von uns gewünschten Liefertermin sang- und klanglos geändert hatten.

Nun, wir können auch mit dem neuen Termin leben, bitten Sie aber, künftig Änderungen mit uns abzustimmen, bevor Sie uns diese schriftlich bestätigen.

Einseitige Vertragsänderungen machen die getroffenen Vereinbarungen insgesamt ungültig, und deshalb sollte man sie nicht ohne Rücksprache mit dem Geschäftspartner vornehmen.

Mit freundlichen Grüßen

Unterschrift(en)

Einseitige Vertragsänderung durch den Verkäufer – Ablehnung des Käufers

Angaben des Absenders

Firma
Empfänger in der Firma
Straße oder Postfach

Postleitzahl und Ort

Datum

Unser Auftrag vom ... zur Lieferung von ...
Ihre einseitige Änderung von Vertragsbedingungen vom ...

Sehr geehrter Herr Thomsen,

vielen Dank für Ihren Brief, mit dem Sie uns die angeblich mit Ihnen getroffenen Vereinbarungen bestätigen.

Unser Auftrag Nummer ... liegt Ihnen vor. Darin geben wir den

18. Mai 1990 als Liefertermin

an und nennen, wie mit Ihnen am ... besprochen,

Frei-Haus-Preise.

Sie geben jetzt ohne nähere Erklärung als Liefertermin den 28. Mai 1990 an, und aus den Frei-Haus-Preisen wurden plötzlich Ab-Werk-Preise.

Da Sie die getroffenen Vereinbarungen einseitig ohne vorherige Rücksprache mit uns geändert haben, stornieren wir unseren Auftrag.

Mit freundlichen Grüßen

Unterschrift(en)

Einseitige Vertragsänderung durch den Verkäufer – Kompromißvorschlag des Käufers

Angaben des Absenders

Firma
Empfänger in der Firma
Straße oder Postfach

Postleitzahl und Ort

Datum

Unser Auftrag vom ... zur Lieferung von ...
Ihre Verkaufsbestätigung vom ... mit einseitigen Änderungen

Sehr geehrter Herr Thomsen,

Ihre Auftragsbestätigung haben wir erhalten, lesen jedoch sehr zu unserer Verwunderung, daß Sie den Liefertermin, ohne mit uns zu sprechen, vom 10. auf den 30. August 1990 geändert haben.

Wir wären nun nach dem Gesetz berechtigt, den Vertrag für ungültig zu erklären.

Da wir die Gesamtmenge aber nicht am 10. August 1990 benötigen, bitten wir Sie zu prüfen, ob Sie uns am 10. August 1990 eine Teilmenge von ... liefern können. Mit dem Rest könnten wir dann bis zum 30. August 1990 warten.

Bitte geben Sie uns bis zum ... Bescheid, ob Ihnen mit unserem Kompromißvorschlag geholfen ist.

Mit freundlichen Grüßen

Unterschrift(en)

KAPITEL 6 Mängelrügen wegen gestörter Erfüllung von Kaufverträgen

Mängelrügen wegen gestörter Erfüllung von Kaufverträgen

Erklärungen zu Mängelrügen (Reklamationen)

Eine Mängelrüge ist eine, meistens schriftliche, Mitteilung an den Vertragspartner, daß die gelieferte Ware oder Leistung einen Mangel hat.

Ist ein Vertragspartner der Ansicht, daß der andere den Vertrag nicht wie vereinbart erfüllt, so wird er reklamieren, also Einspruch einlegen. Der vermeintliche Mangel wird von ihm gerügt.

Da im ersten Augenblick oft noch nicht eindeutig klar ist, ob die Rüge zu Recht besteht und wenn ja, wer für den Mangel verantwort-lich ist, sollten Mängelrügen immer in einem freundlichen und sachlichen Ton vorgebracht werden. Schimpfen hilft selten bei der Lösung des Problems. Ein rüder Ton verärgert den Geschäftspartner, den man unter Umständen eines schönen Tages wieder braucht.

Mängel an der Ware oder Leistung

Vor einer Mängelrüge sollte sich der reklamierende Vertragspartner mit der gesetzlichen Grundlage, auf der sein Einspruch erfolgen soll, befassen. Die Paragraphen 459 bis 493 des BGB (Bürgerliches Gesetzbuch) sowie beim zweiseitigen Handelskauf die Paragraphen 377 und 378 des HGB (Handelsgesetzbuch) informieren über die rechtliche Seite der Gewährleistung.

Mängel bei der Erfüllung von Kaufverträgen können Mängel in der Güte, in der Menge, in der Art oder Mängel im Hinblick auf das Recht an einer Sache sein.

Ein Liefer- oder Leistungsverzug liegt vor, wenn der Verkäufer seinen Pflichten nicht oder nicht rechtzeitig nachkommt, und man spricht von einem Annahmeverzug, wenn der Käufer die Lieferung oder Leistung gar nicht, nur teilweise oder nicht rechtzeitig an- oder abnimmt. Zahlt der Käufer den Kaufpreis nicht oder nicht rechtzeitig, so kommt er in Zahlungsverzug.

Da der Verkäufer die Gewährleistungspflicht für Mängel an der Ware oder Leistung trägt, muß er den Vertragsgegenstand frei von Mängeln liefern. Mängel, die den Wert des Vertragsgegenstandes aufheben oder mindern, darf dieser nicht aufweisen.

Der Käufer hat, wenn er auf sein Recht auf Schadenersatz wegen mangelhafter Lieferung oder Leistung nicht verzichten will, die Pflicht zur Prüfung.

Er muß dieses, wenn er als Privatperson einkauft (bürgerlicher oder einseitiger Handelskauf), nach dem Gesetz nicht unverzüglich tun. Es genügt, wenn er innerhalb des gesetzlichen oder des vom Verkäufer erweiterten Gewährleistungszeitraums reklamiert.

Bei einem zweiseitigen Handelskauf, also einem Handel unter Kaufleuten, ist der Käufer zur unverzüglichen Prüfung eingehender Ware auf Güte (Qualität), Menge (Quantität) und Art (Gattung) verpflichtet. Die Gebrauchsabnahme von Leistungen hat zum vereinbarten Termin zu erfolgen.

Qualitäts-, Quantitäts- oder Gattungsmängel können im Hinblick auf die Erkennbarkeit offene, versteckte oder arglistig verschwiegene Mängel sein.

Offene Mängel sind beim bürgerlichen oder einseitigen Handelskauf innerhalb des Gewährleistungszeitraums zu rügen, beim zweiseitigen Handelskauf unverzüglich nach der Prüfung des Vertragsgegenstandes. Versteckte

Mängel sind unverzüglich nach ihrer Entdeckung zu reklamieren.

Der Verkäufer ist nicht zur Gewährleistung verpflichtet, wenn dem Vertragspartner die Mängel an der Ware vor dem Kauf bekannt waren oder wenn dieser nach Prüfung die Mängel an der Ware kennt, sich seine Rechte aus der Mängelrüge aber nicht ausdrücklich vorbehält. Der Verkäufer haftet ebenfalls nicht, wenn die Wareneingangsprüfung grob fahrlässig vorgenommen wurde oder es sich um Ware aus einer öffentlichen oder einer Zwangsversteigerung handelt.

Der Käufer kann aufgrund einer zu Recht bestehenden Mängelrüge wahlweise Wandelung (Rückgängigmachung des Kaufvertrags), Minderung des vereinbarten Kaufpreises, Lieferung von einwandfreier Ware (durch Nachbesserung oder Ersatz) oder Schadenersatz wegen Nichterfüllung (anstatt von Wandelung oder Minderung) verlangen.

Nichtlieferung oder nicht rechtzeitige Lieferung oder Leistung – Lieferungsverzug

Da sich der Verkäufer im Kaufvertrag verpflichtet, zu einer vereinbarten Zeit zu liefern, gerät er in Lieferungsverzug, wenn er die Vereinbarung schuldhaft (ausgenommen bei Gattungsware) nicht oder nicht rechtzeitig einhält. Er kommt bei einer kalendermäßig bestimmten Fälligkeit ohne Mahnung und bei einer nicht kalendermäßig bestimmten Fälligkeit durch eine Mahnung in Verzug.

Wahlweise kann der Käufer Vertragserfüllung, Erfüllung und Schadenersatz, Rückgängigmachung des Vertrages oder Schadenersatz wegen Nichterfüllung verlangen.

Nicht oder nicht rechtzeitige Annahme einer Lieferung oder Abnahme einer Leistung – Annahmeverzug

Beim Annahmeverzug (BGB, Paragraphen 293—304) verhält sich der Käufer nicht vertragsgerecht. Der Verkäufer liefert wie vereinbart oder bietet dem Käufer die Lieferung an, und dieser nimmt sie nicht, nur teilweise oder nicht rechtzeitig entgegen.

In einem solchen Falle geht die Gefahr am Untergang der Ware auf den Käufer über, und der Verkäufer haftet nur noch bei grober Fahrlässigkeit oder Vorsatz (BGB, Paragraph 300). Von einer verzinslichen Geldschuld hat der Schuldner während des Verzugs des Gläubigers Zinsen nicht zu entrichten (BGB, Paragraph 301).

Der Verkäufer kann entweder auf Erfüllung des Vertrages klagen oder sich von der Leistungspflicht befreien.

Ein Kaufmann kann die Ware an jedem geeigneten Ort auf Kosten des Käufers einlagern. Er kann die Ware nach vorheriger Androhung öffentlich versteigern lassen oder, bei Waren mit einem Börsen- oder Marktpreis, sie freihändig verkaufen. Den Erlös für die Ware kann er behalten und gegen seine Forderung und die durch den Annahmeverzug entstandenen Kosten aufrechnen (HGB, Paragraphen 373, 374, 375).

Nichtbezahlung oder nicht rechtzeitige Bezahlung eines vereinbarten Kaufpreises – Zahlungsverzug

Siehe Zahlungsverkehr 8

Käufer rügt offenen Qualitätsmangel, Wandelung gefordert

Angaben des Absenders

Firma
Empfänger in der Firma
Straße oder Postfach

Postleitzahl und Ort

Datum

Mängelrüge wegen eines offenen Qualitätsmangels
Ihre Lieferung vom ..., Lieferschein-Nr. ...
Unser Auftrag Nummer ... vom ...

Sehr geehrter Herr Sandmann,

am ... hat uns Ihre Spedition Maßmeier & Co die bestellten ... gebracht. Leider fehlten an allen ... die Handgriffe. Als wir die Ware der Spedition sofort wieder mitgeben wollten, lehnte der Fahrer dies ab, da er dann auf dem Rückweg nicht ausreichend Laderaum zur Verfügung gehabt hätte.

Wir haben deshalb die Ware für Sie gelagert und bitten Sie, sie bis spätestens zum ... bei uns abzuholen, da wir andernfalls Lagergeld berechnen müßten.

Ihr Herr ... teilte uns am ... telefonisch mit, daß die Handgriffe nicht innerhalb von 4 Wochen zu beschaffen seien. Die ... kämen aus ..., und der Lieferant habe die Nachlieferung innerhalb der gesetzten Frist nicht zusagen können oder wollen.

Da der Mangel an der gelieferten Ware so groß ist, daß wir sie nicht verwenden können, und Sie auch keine Abhilfe in angemessener Zeit garantieren können, stellen wir Ihnen die ... wieder zur Verfügung und erwarten Wandelung des mit Ihnen geschlossenen Kaufvertrages.

Mit freundlichen Grüßen

Unterschrift(en)

Verkäufer gibt Zwischenbescheid zur Forderung nach Wandelung

Angaben des Absenders

Firma
Empfänger in der Firma
Straße oder Postfach

Postleitzahl und Ort

Datum

Ihre Forderung nach Wandelung vom...
Unsere ... (Ware)-Lieferung vom ...

Sehr geehrte Damen und Herren,

es tut uns sehr leid, von Ihnen zu hören, daß Sie unsere Lieferung (Lieferschein Nummer ...) zu beanstanden haben.

Herr Lachmüller, Havariekommissar, wird Sie, wie telefonisch mit Ihnen besprochen, am ... besuchen, um sich den Schaden anzusehen.

Selbstverständlich nehmen wir die Ware danach zurück, damit Sie nicht noch weitere Schwierigkeiten haben.

Mit freundlichen Grüßen

Unterschrift(en)

Verkäufer gibt Zustimmung zu Forderung nach Wandelung

Angaben des Absenders

Firma
Empfänger in der Firma
Straße oder Postfach

Postleitzahl und Ort

Datum

Ihre Forderung vom... nach Wandelung
wegen Mängeln an ... (Ware)
Unsere Lieferung vom ...

Sehr geehrter Herr Schlüter,

wir bedauern es sehr, daß Sie durch die fehlenden Handgriffe an den ... nun erhebliche Schwierigkeiten haben. Die Waren aus ... sind zwar äußerst preiswert, aber es gibt leider immer wieder Qualitätsprobleme.

Selbstverständlich nehmen wir die ... zurück, und wir danken Ihnen dafür, daß Sie so freundlich sind, sie für uns zwischenzeitlich zu lagern. Am ... kommt die Spedition Hauser & Frey und holt die Ware ab.

Es wäre schön, wenn Sie trotz dieses für Sie so ärgerlichen Geschehens weiter von unseren Angeboten Gebrauch machten. Wir werden uns immer bemühen, Ihr Vertrauen zu rechtfertigen.

Mit freundlichen Grüßen

Unterschrift(en)

Verkäufer macht Kompromißvorschlag aufgrund einer Forderung nach Wandelung

Angaben des Absenders

Firma
Empfänger in der Firma
Straße oder Postfach

Postleitzahl und Ort

Datum

Ihre Reklamation vom ...
aufgrund unserer ... (Ware)-Lieferung vom ...

Sehr geehrte Damen und Herren,

es tut uns sehr leid, daß Sie Ärger mit unserer Lieferung haben. Wir können uns gut vorstellen, daß es für Sie nicht leicht ist, Ihren wartenden Kunden zu erklären, daß die gelieferten ... nicht in einwandfreiem Zustand sind.

Um uns Ihr Wohlwollen zu erhalten, machen wir Ihnen folgenden Vorschlag: Sie erhalten von uns ... (Anzahl) einwandfreie Geräte, die wir bis zum ... beschaffen und an Sie liefern können. Damit sind Sie dann zunächst einmal in der Lage, Ihre wichtigsten Kunden zufriedenzustellen.

Auf die Preise der mit Mängeln behafteten Geräte geben wir Ihnen einen Nachlaß von ... Prozent, und außerdem erhalten Sie von uns kostenlos ... (Materialname), um die Geräte damit zu reparieren.

Sie können die Geräte dann im Rahmen einer Sonderaktion zu einem sehr günstigen Preis verkaufen und so unter Umständen noch weitere Freunde für die ... gewinnen.

Bitte sagen Sie uns in den nächsten Tagen, ob unser Vorschlag für Sie akzeptabel ist.

Mit freundlichen Grüßen

Unterschrift(en)

Verkäufer lehnt Forderung nach Wandelung vorerst ab und schlägt Nachbesserungsversuch vor

Angaben des Absenders

Firma
Empfänger in der Firma
Straße oder Postfach

Postleitzahl und Ort

Datum

Lieferung einer ...-Anlage für Ihr Haus Pappelallee 128
Ihre Reklamation und Aufforderung zur Wandelung des Kaufvertrages vom ...

Sehr geehrter Herr Zimmermann,

es ist für mich gut verständlich, daß Sie sich über die Mängel an der ...-Anlage ärgern. Ich würde im ersten Augenblick sicher genau wie Sie reagieren. Man hat sich auf die Anlage gefreut, möchte sie sofort nutzen, und dann funktioniert das Ding nicht!

In Übereinstimmung mit dem Gesetz sehen die „Allgemeinen Verkaufs- und Lieferbedingungen" die Möglichkeit der Nachbesserung vor, wenn Mängel auftreten, die sich vermutlich beseitigen lassen. In Ihrem Falle scheint mir dies möglich. Bitte haben Sie deshalb Verständnis, wenn ich Ihren Wunsch nach Wandelung vorerst nicht akzeptieren kann.

Ich bitte Sie, mir zu erlauben, die Anlage am ... morgens bei Ihnen abholen zu lassen und dann sofort für Nachbesserung zu sorgen. Sie dürften damit in kürzester Zeit wieder im Besitz Ihrer Anlage sein und sich dann auch darüber freuen können.

Ich werde alles Erdenkliche tun, um Ihnen schnellstens zu helfen.

Mit freundlichen Grüßen

Unterschrift

Käufer fordert Minderung des Kaufpreises wegen eines versteckten Qualitätsmangels

Angaben des Absenders

Firma
Empfänger in der Firma
Straße oder Postfach

Postleitzahl und Ort

Datum

Minderung des Kaufpreises wegen Qualitätsmangels
Ihre Lieferung vom ..., Lieferschein Nummer...
Unsere Bestellung vom ..., Zeichen ...

Sehr geehrte Damen und Herren,

die gelieferten... haben, wie man leider erst nach Installation der Geräte feststellen kann, folgenden Mangel:

(Beschreibung des Mangels) ....
....
....

Die Geräte lassen sich zwar auch mit dem Fehler einsetzen, aber die Handhabung ist doch recht umständlich und zeitraubend. Bitte schicken Sie uns bis zum ... einen Ihrer Mitarbeiter, der die Richtigkeit unserer Behauptung bestätigen kann.

Es gibt danach zwei Möglichkeiten: Entweder Sie geben uns einen Nachlaß von ... Prozent auf den Gerätepreis, und wir leben mit dem Mangel, oder aber wir lassen die Geräte auf Ihre Kosten ausbauen, schicken sie Ihnen unfrei und lassen dann später zu Ihren Lasten einwandfreie einbauen.

Wie wir meinen, ist die Minderung für Sie der einfachere Weg.

Mit freundlichen Grüßen

Unterschrift(en)

Verkäufer gibt Zustimmung zur Kaufpreisminderung wegen versteckten Qualitätsmangels

Angaben des Absenders

Firma
Empfänger in der Firma
Straße oder Postfach

Postleitzahl und Ort

Datum

Ihre Reklamation vom ...
Unsere Lieferung vom ...

Sehr geehrter Herr Hillenkötter,

Ihren Ärger können wir gut verstehen. Jetzt haben Sie die ... eingebaut, und nun funktionieren sie nicht wie gewünscht. Leider steckt man, wie man so sagt, nicht in den Geräten drin, und auch bei vollautomatischer Produktion können Mängel offensichtlich nicht ganz ausgeschlossen werden.

Unser Herr Willumeit konnte sich bei Ihnen von dem Fehler überzeugen. Wir danken Ihnen, daß Sie ihn so freundlich bei sich aufgenommen haben. Auch Herr Willumeit ist der Ansicht, daß es das Beste wäre, die Geräte nicht auszubauen, sondern eine Preisermäßigung zu vereinbaren. Sie haben diesen Vorschlag akzeptiert.

Wir sind mit einem Nachlaß von ... Prozent auf den Gerätepreis einverstanden und schicken Ihnen in den nächsten Tagen eine Gutschrift.

Nochmals vielen Dank für Ihr Verständnis und

freundliche Grüße

Unterschrift(en)

Verkäufer macht Kompromißvorschlag zur Forderung des Käufers nach Minderung

Angaben des Absenders

Firma
Empfänger in der Firma
Straße oder Postfach

Postleitzahl und Ort

Datum

Ihre Reklamation vom...
Unsere Lieferung von ... am ...

Sehr geehrte Frau Scholz,

es tut uns sehr leid, daß Sie mit den von uns gelieferten ... (Vertragsgegenstand) Ärger haben. Leider kann man Mängel an den Geräten erst feststellen, wenn sie in Betrieb genommen werden. Zugegeben, die Prozedur der Prüfung ist etwas schwierig, aber um die ... zu testen, muß man sie nicht unbedingt einbauen.

Bitte verstehen Sie, daß wir Ihnen zwar einen Nachlaß einräumen wollen, aber Aus- und Einbaukosten dabei nicht in Betracht gezogen werden sollten. Wir schlagen Ihnen deshalb einen Kompromiß vor: Sie behalten die Geräte, und wir geben Ihnen einen Nachlaß von ... Prozent.

Sollten Sie noch in diesem Jahr wieder ... benötigen, erhalten Sie bis zum ... auf die Preise in der Ihnen bekannten Preisliste außerdem einen Rabatt von ... Prozent.

Es wäre schön, wenn wir Ihnen mit unserem Kompromißvorschlag helfen könnten, Ihren Verdruß ein wenig zu mildern.

Mit freundlichen Grüßen

Unterschrift(en)

Verkäufer lehnt Minderungsforderung des Käufers ab

Angaben des Absenders

Firma
Empfänger in der Firma
Straße oder Postfach

Postleitzahl und Ort

Datum

Ihre Beanstandung unserer Lieferung vom ...
sowie Ihr Vorschlag zur Minderung des Kaufpreises

Sehr geehrter Herr Straatmann,

mit Bedauern hören wir, daß Sie Ärger mit den von uns gelieferten ... haben. Leider informierten Sie uns erst nach dem Einbau über Mängel in der Funktion.

In unseren Verkaufsbedingungen und auf unseren Lieferscheinen schreiben wir aber, daß es für Regreßansprüche unerläßlich ist, die von uns gelieferten ... vor Einbau auf einwandfreie Funktion zu prüfen. Dies ist sehr wichtig, weil eine Beschädigung der Geräte bei nicht fachgerechtem Einbau sehr leicht möglich ist.

Es tut uns leid, daß wir jetzt eine Haftung ablehnen müssen, und wir können nur hoffen, daß Sie unseren Standpunkt verstehen werden.

Wenn Sie es wünschen, schicken wir Ihnen kostenlos einen Techniker, der sich des Problems annimmt. Unter Umständen gibt es eine Möglichkeit, herauszufinden, wodurch der Mangel verursacht wurde, wie er preisgünstig zu beheben und in Zukunft vermeidbar ist.

Mit freundlichen Grüßen

Unterschrift(en)

Kunde fordert Wandelung und Schadenersatz wegen arglistig verschwiegenen Mangels

Angaben des Absenders

Firma
Empfänger in der Firma
Straße oder Postfach

Postleitzahl und Ort

Datum

Kauf eines gebrauchten Pkw – Reklamation

Sehr geehrter Herr Lehmkuhl,

am ... haben Sie mir einen Pkw der Marke ..., Typ ..., verkauft. Der Wagen hat das Kennzeichen ... und die Fahrgestellnummer ... In dem mit Ihnen geschlossenen Kaufvertrag bestätigen Sie, daß das Fahrzeug garantiert unfallfrei sei.

Nachdem ich jetzt mit dem Wagen bei starkem Bremsen ins Schleudern geraten war, habe ich ihn durch einen unabhängigen vereidigten Sachverständigen prüfen lassen. Dabei stellte sich heraus, daß das Fahrzeug sehr wohl einen Unfall hatte und das Fahrgestell verzogen ist (Prüfbericht siehe Anlage).

Da Sie als Fachmann in der Lage sein müssen zu erkennen, ob ein Fahrzeug einen schweren Unfall hatte, unterstelle ich Ihnen arglistige Täuschung oder arglistiges Verschweigen eines Ihnen bekannten Mangels.

Ich erwarte von Ihnen die Rücknahme des Fahrzeuges und Ersatz des mir durch Ihre Handlungsweise entstandenen Schadens. Bitte teilen Sie mir bis zum ... mit, ob Sie die Kosten, die ich in der mitgeschickten Aufstellung spezifiziert habe, Zug um Zug bei Fahrzeugrückgabe erstatten werden.

Sollten Sie mir einen negativen Bescheid geben, werde ich diese Angelegenheit durch meinen Anwalt weiterverfolgen lassen.

Mit freundlichen Grüßen

Anlagen

Unterschrift

Verkäufer stimmt Wandelung und Schadenersatzforderung des Käufers im Falle eines arglistig verschwiegenen Qualitätsmangels zu

Angaben des Absenders

Firma
Empfänger in der Firma
Straße oder Postfach

Postleitzahl und Ort

Datum

Mangel an dem Ihnen am ... verkauften Pkw,
Marke ..., Typ ... – Ihre Reklamation vom...

Sehr geehrter Herr Thormann,

auch ich bedauere, daß an dem Ihnen verkauften Pkw ein nicht ohne weiteres erkennbarer Mangel ist.

Das Fahrzeug hatte ich gebraucht übernommen und, ich muß zugeben, offensichtlich nicht sorgfältig genug geprüft. Diese Handlungsweise hat bei Ihnen, und das ist nur zu verständlich, zu dem Eindruck geführt, ich habe Sie übervorteilen wollen. Die ist jedoch keineswegs der Fall.

Bitte entschuldigen Sie mein sorgloses Verhalten.

Ich bin mit der Rücknahme des Wagens, also Wandelung des Kaufvertrages, einverstanden und werde Ihnen im gleichen Zuge die Kosten für das Fahrzeug und alle von Rechts wegen mit dem Kauf zusammenhängenden Kosten erstatten.

Mit freundlichen Grüßen

Unterschrift

Verkäufer macht dem Käufer Kompromißvorschlag wegen verschwiegenen Qualitätsmangels

Angaben des Absenders

Firma
Empfänger in der Firma
Straße oder Postfach

Postleitzahl und Ort

Datum

Kauf eines Pkw am ..., Marke ..., Typ ..., Fahrgestell-Nr. ...
Ihre Reklamation vom ...

Sehr geehrter Herr Thormann,

bitte glauben Sie mir, es tut mir aufrichtig leid, daß an dem von mir gekauften Fahrzeug offensichtlich ein Mangel ist, den ich nicht gekannt habe. Während meines Urlaubs hat mein Schwager das Geschäft geführt, und er hat wegen fehlender Erfahrung ein Gebrauchtfahrzeug angekauft, das seines Erachtens mängelfrei war. Ich habe diesen Wagen, und das ist ohne Frage mein Fehler, nicht genau geprüft. Bitte entschuldigen Sie mein falsches Verhalten.

Den Bericht des Sachverständigen habe ich gelesen, und das Ergebnis trifft sicher zu. Da er der Ansicht ist, das Fahrzeug sei reparaturfähig, erlauben Sie mir bitte den Vorschlag, den Mangel zu beseitigen und die Gebrauchsabnahme wiederum durch Ihren Sachverständigen vornehmen zu lassen.

Ihnen lag daran, einen preisgünstigen Wagen zu erwerben, und da das Auto ansonsten in einem sehr guten Zustand ist, wäre die vorgeschlagene Maßnahme sicher zu Ihrem Vorteil. Die Kosten für die sorgfältige Instandsetzung hätte ohnehin der Vorbesitzer zu tragen.

Bitte sagen Sie mir, ob Ihnen mein Vorschlag gefällt. Ich nehme das Fahrzeug jedoch auch ohne weitere Diskussion zurück, wenn Sie dies noch wünschen.

Mit freundlichen Grüßen

Unterschrift

Käufer fordert Umtausch wegen offenen Qualitätsmangels an der gelieferten Ware

Angaben des Absenders

Firma
Empfänger in der Firma
Straße oder Postfach

Postleitzahl und Ort

Datum

Reklamation – Umtausch erbeten
Ihre Lieferung vom ... aufgrund unserer Bestellung vom ...

Lieber Herr Mausler,

Sie werden sich erinnern, daß wir bei Ihrem letzten Besuch bei uns über notwendige Rationalisierungsmaßnahmen in der Produktion sprachen.

Jetzt haben Sie die Rationalisierung aber ein wenig zu weit getrieben: Sie lieferten uns 50 schwanzlose Spielzeugkrokodile. Die letzten 4 Holzglieder fehlen jeweils. Sicher werden sich unsere kleinen Kunden nicht mit diesen Mißgeburten zufriedengeben, und so ist es besser, wenn wir Sie um schnelle Lieferung einwandfreier Panzerechsen bitten.

Bitte liefern Sie bis spätestens ... einwandfreien Ersatz, da unser Vorrat zur Neige geht.

Wir werden Ihrem Spediteur die Schwanzlosen zurückgeben.

Mit freundlichen Grüßen

Unterschrift(en)

Verkäufer gibt Zustimmung zum Umtausch wegen offenen Qualitätsmangels

Angaben des Absenders

Firma
Empfänger in der Firma
Straße oder Postfach

Postleitzahl und Ort

Datum

Unsere Lieferung vom ...
Offensichtlicher Qualitätsmangel
Ihr Schreiben vom...

Liebe Frau Schmalbach,

vielen Dank für Ihre humorvollen Zeilen. Ich bin froh, daß Sie unser kleines Mißgeschick nicht zu ernst nehmen, und vor allen Dingen, daß Sie keine großen Probleme durch unseren Fehler haben.

Unser Werkmeister muß einen anderen Arbeitsplatz bekommen, denn Farbenblindheit können wir uns an seinem jetzigen Platz nicht leisten. Vorerst soll nun mein fünfjähriger Sohn die Farbentscheidungen treffen. Ist das so in Ihrem Sinne?

Unser Fahrer holt die roten Frösche am ... bei Ihnen ab und liefert Ihnen dafür grüne. Er bringt Ihnen außerdem einen Strauß bunter Frühlingsblumen, mit dem ich mich für unseren Fehler entschuldigen möchte.

Mit freundlichen Grüßen

Unterschrift

Verkäufer lehnt Umtauschforderung des Käufers wegen unterlassener Prüfung bei Anlieferung ab

Angaben des Absenders

Firma
Empfänger in der Firma
Straße oder Postfach

Postleitzahl und Ort

Datum

Ihre Reklamation vom ... unserer Lieferung vom ...
Ihre Bestellung Nummer ... vom ...

Sehr geehrte Damen und Herren,

Sie haben die Maschinen von unserer Spedition Müller, Hamburg, entgegengenommen und auf dem Frachtbrief und einer Lieferscheinkopie bestätigt, daß die Ware frei von Mängeln ist. Jetzt, 10 Tage danach, schreiben Sie uns, daß der Mitarbeiter, der die Lieferung in Ihrem Betrieb entgegennahm und die Ordnungsmäßigkeit bescheinigte, dazu nicht befugt war.

Der Fahrer des Transportunternehmens ist nicht verpflichtet zu prüfen, ob die Person, die die Ware in Ihrem Betrieb annimmt, auch dazu von Ihnen autorisiert ist.

Einige der unverpackt gelieferten Maschinen seien verkratzt, sagen Sie, und erwähnen nicht, wie viele Maschinen beschädigt sind, wo sich die Schäden befinden und wie groß sie sind.

Da die Maschinen nicht verpackt waren, wäre es kein Problem gewesen, eine sorgfältige Sichtprüfung vorzunehmen, um dadurch Beschädigungen sofort festzustellen.

Bitte verstehen Sie, daß wir Ihre Umtauschforderung nicht akzeptieren können.

Mit freundlichen Grüßen

Unterschrift(en)

Käufer fordert Schadenersatz wegen Gattungsmangels

Angaben des Absenders

Firma
Empfänger in der Firma
Straße oder Postfach

Postleitzahl und Ort

Datum

Leistungsverzug wegen Nichterfüllung
Ihre Lieferung vom ..., Lieferschein-Nummer ...
Unser Auftrag vom ...

Sehr geehrte Frau Christiani,

Sie lieferten uns 50 Bohrmaschinen statt der bestellten 50 Schwingschleifer.

Um lieferfähig zu bleiben, mußten wir die dringend benötigten Maschinen anderweitig beschaffen und dadurch einen Preisaufschlag von ... Prozent = DM ... gegenüber Ihrem Preis in Kauf nehmen.

Wir bitten Sie, uns den entstandenen Schaden zu ersetzen und den genannten Betrag auf unser Ihnen bekanntes Konto bis zum ... (Termin) zu überweisen.

Ihre Schwingschleifer werden jetzt leider nicht mehr benötigt. Bitte lassen Sie sie in den nächsten Tagen abholen.

Mit freundlichen Grüßen

Unterschrift(en)

Verkäufer stimmt Schadenersatzforderung des Käufers wegen Gattungsmangels (Mangel in der Art) zu

Angaben des Absenders

Firma
Empfänger in der Firma
Straße oder Postfach

Postleitzahl und Ort

Datum

Schadenersatz wegen Ihrer Falschlieferung vom ...
Ihr Auftrag Nummer ... vom ...

Sehr geehrter Herr Ohlmann,

es tut uns leid, daß wir einen Fehler gemacht und Ihnen Bohrmaschinen statt der bestellten 50 Schwingschleifer ins Haus geschickt haben. Sie haben recht, so etwas sollte nicht passieren.

Manchmal geht leider alles schief. Wir entschuldigen uns nochmals bei Ihnen dafür und sind Ihnen dankbar, daß Sie unsere „Schlamperei" humorvoll aufgenommen haben.

Natürlich ersetzen wir Ihnen den spezifizierten Schaden, und wir werden uns in der Zukunft sehr viel Mühe geben, damit eine derartige Panne nicht wieder vorkommt.

Mit freundlichen Grüßen

Unterschrift(en)

Käufer rügt Mangel in der Menge und fordert Nachlieferung

Angaben des Absenders

Firma
Empfänger in der Firma
Straße oder Postfach

Postleitzahl und Ort

Datum

Mängelrüge wegen Mangels in der Menge – Nachlieferung eilt!
Ihre Lieferung vom ...
Unser Auftrag vom ... zur Lieferung von ...

Sehr geehrter Herr Tischer,

wie Sie vermutlich schon aus unseren Angaben auf Ihrem Lieferschein Nummer ... gesehen haben, wurde unser Auftrag von Ihnen nur teilweise erfüllt. Woran liegt's? Wollten Sie nicht mehr verkaufen, oder sind Sie ausverkauft?

Spaß beiseite, wir brauchen die fehlende Menge schnell, da der Artikel bei unserer Kundschaft sehr gefragt ist.

Bitte schicken Sie uns die Ware bis spätestens zum ... Sollten Sie aus irgendwelchen Gründen bis zu dem gewünschten Termin nicht liefern können, so rufen Sie uns bitte an.

Mit freundlichen Grüßen

Unterschrift(en)

Verkäufer stimmt wegen Mangels in der Menge Nachlieferung an Käufer zu

Angaben des Absenders

Firma
Empfänger in der Firma
Straße oder Postfach

Postleitzahl und Ort

Datum

Ihre berechtigte Mängelrüge vom ...
Unsere Lieferung vom ... aufgrund Ihrer Bestellung vom ...

Sehr geehrter Herr Franz,

vielen Dank für Ihre Information. Es tut uns leid, daß wir uns in der Menge geirrt und Sie dadurch nicht ausreichend beliefert haben. Bitte entschuldigen Sie unseren Fehler.

Am ... ist unser Spediteur, die Firma Eberhardt & Klaus, wieder in Ihrem Gebiet. Wir würden die Nachlieferung dann gern ausführen. Sind Sie damit einverstanden? Wenn wir nichts mehr von Ihnen hören, nehmen wir an, daß wie liefern dürfen.

Da wir wissen, daß Sie ein Sammler von Modelleisenbahnen sind, schicken wir Ihnen zusammen mit diesem Brief eine HO-Weiche zur Wiedergutmachung. Es ist die Weiche, die wir falsch gestellt hatten; wir müssen jetzt ohnehin eine automatische Weiche gegen Fehler bei uns einbauen.

Mit freundlichen Grüßen

Unterschrift(en)

Käufer fordert Vertragserfüllung bei verspäteter Lieferung

Angaben des Absenders

Firma
Empfänger in der Firma
Straße oder Postfach

Postleitzahl und Ort

Datum

Reklamation wegen Nichteinhaltung des Liefertermins
Unsere Bestellung vom ... zur Lieferung von ...

Sehr geehrte Damen und Herren,

als wir bei Ihnen ... (Bezeichnung der Ware) bestellten, sagten Sie uns, daß es für Sie kein Problem sei, uns termingerecht zu beliefern. Das scheint es nun aber doch zu sein, denn sonst wäre Ihre Lieferung bis spätestens gestern bei uns eingetroffen. Sie ist es jedoch nicht!

Wenn Sie verhindern möchten, daß wir Sie für die Folgen Ihres Versäumnisses haftbar machen, dann sollten Sie die versprochene Lieferung bis spätestens zum ... nachholen. In dem mit Ihnen geschlossenen Vertrag können Sie nachlesen, wieviel es Sie kostet, wenn Sie auch diesen Termin nicht einhalten.

Bitte verstehen Sie, wenn wir etwas verärgert sind, denn wir hätten zumindest erwartet, daß Sie uns rechtzeitig informieren, wenn Sie nicht vertragsgemäß liefern können.

Mit freundlichen Grüßen

Unterschrift(en)

Verkäufer bietet neuen Liefertermin an, nachdem der Käufer die verspätete Lieferung gerügt hat

Angaben des Absenders

Firma
Empfänger in der Firma
Straße oder Postfach

Postleitzahl und Ort

Datum

Ihr Schreiben vom ... wegen nicht erfolgter Lieferung
Ihre Bestellung vom ... zur Lieferung von ...

Sehr geehrter Herr Horstmann,

es ist keine Frage, wir sind tief in Ihrer Schuld. Unser Vorlieferant hat uns hängen lassen, und wir haben uns nicht sofort bei Ihnen gemeldet. Wir bitten Sie sehr herzlich, unser Versäumnis zu entschuldigen.

Wir haben uns nochmals mit unserem Geschäftsfreund in Verbindung gesetzt und jetzt erfahren, daß die Ware wegen eines Streiks in ... nicht geschickt werden konnte.

Inzwischen ist die Sendung als Luftfracht abgegangen, und wir rechnen am ... mit ihrem Eintreffen. Nach Erhalt werden wir sie sofort durch einen Kurierdienst an Sie weiterleiten. In jedem Fall können wir Ihnen den ... (Datum) als neuen Liefertermin zusagen.

Bitte verzeihen Sie nochmals unseren Fehler.

Mit freundlichen Grüßen

Unterschrift(en)

Käufer rügt Mangel wegen nicht erfolgter Lieferung und fordert Schadenersatz

Angaben des Absenders

Firma
Empfänger in der Firma
Straße oder Postfach

Postleitzahl und Ort

Datum

Mängelrüge wegen nicht erfolgter Lieferung
Forderung von Schadenersatz
Unsere Bestellung vom ... zur Lieferung von ...

Sehr geehrter Herr Hennings,

Sie haben nicht wie vereinbart am ... geliefert, und auch unsere Mahnschreiben vom ... und vom ... haben Sie nicht veranlaßt, Ihre Verpflichtungen zu erfüllen. Aus diesem Grunde mußten wir uns einen anderen Lieferanten suchen und verzichten deshalb auf Ihre Lieferung.

Durch Ihr nicht vertragsgerechtes Verhalten ist uns ein erheblicher Schaden entstanden, den wir in der mitgeschickten Kostenaufstellung näher spezifizieren.

Wir machen Sie für den entstandenen Schaden haftbar und fordern Sie auf, den Betrag von DM ... bis spätestens zum ... auf eines der unten auf diesem Briefbogen angegebenen Konten zu überweisen.

Sollten Sie die Zahlung unserer Schadenersatzforderung ablehnen, werden wir die Angelegenheit gerichtlich verfolgen lassen. Wir hoffen in Ihrem Sinne, daß es dazu nicht kommen muß.

Mit freundlichen Grüßen

Anlage

Unterschrift(en)

Verkäufer stimmt Schadenersatz wegen nicht erfolgter Lieferung zu

Angaben des Absenders

Firma
Empfänger in der Firma
Straße oder Postfach

Postleitzahl und Ort

Datum

Ihr Schreiben vom ...
Nichteinhaltung des vereinbarten Liefertermins

Sehr geehrte Frau Hillmann,

Ihren Ärger können wir gut verstehen, aber als wir den Kaufvertrag mit Ihnen schlossen, waren wir aufgrund unserer Rückversicherung der Meinung, Ihnen den gewünschten Termin zusagen zu können.

Inzwischen wird mehr und mehr klar, daß unser Vorlieferant nicht lieferfähig ist und auch in naher Zukunft nicht sein wird. Andere Lieferanten bieten nicht die gute Qualität, die Sie bei uns so beeindruckt hat.

Damit müssen wir eingestehen, den Vertrag nicht erfüllen zu können, und akzeptieren deshalb auch eine rechtmäßige Schadenersatzforderung von Ihnen.

Bitte glauben Sie uns, daß der gute Ruf, den unsere Firma in der Branche genießt, nicht durch Unzuverlässigkeit erworben wurde. Wir tun alles, um auch in schwierigen Situationen unsere Verpflichtungen gegenüber unseren Kunden zu erfüllen. Dieses Mal waren wir, wie man sagt, zu „blauäugig".

Bitte entschuldigen Sie unseren Fehler.

Mit freundlichen Grüßen

Unterschrift(en)

Verkäufer lehnt Schadenersatz wegen nicht erfolgter Lieferung ab

Angaben des Absenders

Firma
Empfänger in der Firma
Straße oder Postfach

Postleitzahl und Ort

Datum

Ihre Schadenersatzforderung vom ...
wegen nicht erfolgter Lieferung

Sehr geehrter Herr Ahlers,

für Ihren Ärger haben wir volles Verständnis, denn wir können uns gut vorstellen, welche Probleme Sie jetzt mit Ihrer Kundschaft haben. Auf der einen Seite möchte man eine gute Ware günstiger anbieten, als es die deutschen Hersteller aufgrund des hohen Lohnniveaus können, auf der anderen Seite will man die altbekannte Unzuverlässigkeit der Lieferanten in diesen Exportländern nicht akzeptieren.

Da wir die Misere kennen, haben wir in unseren „Allgemeinen Verkaufs- und Lieferbedingungen" auch geschrieben: „Die Lieferungen von Importware aufgrund von Sonderangeboten erfolgen termingerecht unter der Voraussetzung rechtzeitiger Beschaffbarkeit. Ist der Importeur nicht in der Lage, die Ware 6 Wochen nach dem angegebenen Liefertermin zu liefern, so ist der Käufer berechtigt, von dem Kaufvertrag zurückzutreten."

Wir haben sowohl in unserem Angebot als auch in unserer Auftragsbestätigung darauf hingewiesen, daß es sich um ein Sonderangebot handelt. Bitte verstehen Sie, daß wir aus den genannten Gründen Ihre Schadenersatzforderung ablehnen müssen.

Es wäre nett von Ihnen, wenn Sie uns in den nächsten Tagen mitteilten, ob Sie den Kaufvertrag stornieren und damit auf die Lieferung zu einem späteren Zeitpunkt verzichten möchten.

Mit freundlichen Grüßen

Unterschrift(en)

Käufer fordert Vertragsrücktritt und Schadenersatz wegen verspäteter Lieferung bei Fixkauf

Angaben des Absenders

Firma
Empfänger in der Firma
Straße oder Postfach

Postleitzahl und Ort

Datum

Rücktritt vom Kaufvertrag und Schadenersatzforderung wegen Nichterfüllung
Unser Auftrag vom ... zur Lieferung von ...

Sehr geehrter Herr Winkler,

in dem mit Ihnen geschlossenen Kaufvertrag hatten wir als fixen Liefertermin den 25.08.1989 vereinbart.

Als Ihre Sendung am 25.08.89 nicht wie bestellt eintraf, hat unser Herr Kuhlmann Ihren Herrn Schmidt telefonisch informiert, daß wir die Ware anderweitig beschaffen werden und von dem mit Ihnen geschlossenen Vertrag zurücktreten.

Am 27.08.89 wollte Ihr Spediteur, die Firma Holzhausen, die Ware bei uns anliefern. Wir haben die Annahme verweigert.

Die benötigte Ware mußten wir zu einem höheren Preis einkaufen, und wir belasten Sie jetzt mit dem Differenzbetrag von DM ... Weitere Kosten von DM ..., die durch die Nichteinhaltung des Liefertermins von uns aufgewendet werden mußten, können Sie aus der mitgeschickten Aufstellung ersehen.

Insgesamt beträgt der Schaden für uns DM ...

Bitte überweisen Sie diesen Betrag bis zum ... auf unser Ihnen bekanntes Konto.

Mit freundlichen Grüßen

Anlage

Unterschrift(en)

Verkäufer stimmt Schadenersatzzahlung wegen Nichteinhaltung eines fixen Liefertermins zu

Angaben des Absenders

Firma
Empfänger in der Firma
Straße oder Postfach

Postleitzahl und Ort

Datum

Ihre Schadenersatzforderung vom ...

Sehr geehrter Herr Hufner,

was Recht ist, muß Recht bleiben! Wir haben einen Fehler gemacht und sind damit für den Ausgleich des Ihnen entstandenen Schadens verantwortlich.

Ihre Angaben haben wir geprüft, und wir sind der Ansicht, daß Ihre Belastung fair ist. Den Betrag von DM ... werden wir in den nächsten Tagen auf Ihr Konto überweisen.

Es tut uns wirklich sehr leid, daß wir Ihnen Probleme bereitet haben. Wir werden deshalb in Zukunft besonders aufpassen.

Bitte entschuldigen Sie unseren Fehler.

Mit freundlichen Grüßen

Unterschrift(en)

Käufer fordert bei verspäteter Lieferung trotz Fixkaufs Vertragserfüllung

Angaben des Absenders

Firma
Empfänger in der Firma
Straße oder Postfach

Postleitzahl und Ort

Datum

Unser Auftrag zur Lieferung von ... am ... fix
Lieferverzug Ihrer Firma

Sehr geehrter Herr Helmke,

gestern, am ..., also an dem Tage, an dem Sie zur Lieferung der ... verpflichtet waren, hat unser Herr Meister Ihre Frau Kuhnwald informiert, daß wir trotz Fixkaufvereinbarung weiterhin auf Vertragserfüllung bestehen.

Sie haben die Lieferung jetzt für den ... fix angekündigt.

Sollten Sie wieder nicht in der Lage sein, den versprochenen Termin einzuhalten, werden wir Ihnen unsere Schadenersatzforderung schicken.

Mit freundlichen Grüßen

Unterschrift(en)

Verkäufer gibt Zustimmung zu neuem Fix-Liefertermin

Angaben des Absenders

Firma
Empfänger in der Firma
Straße oder Postfach

Postleitzahl und Ort

Datum

Ihr Auftrag Nummer ... vom ...
Neuer Liefertermin

Sehr geehrte Frau Jäckel,

es ist wirklich sehr bedauerlich, daß es uns nicht möglich war, Ihnen die bestellte Ware pünktlich zu übergeben. Durch einen Markierungsfehler werden zwei Kolli beim Zoll in Hamburg festgehalten, und wir müssen jetzt einige Dokumente beschaffen, um die Ware freizubekommen.

Uns ist sehr wohl bewußt, was die Vereinbarung eines fixen Liefertermins bedeutet, und so sind wir uns auch über die Konsequenzen im klaren, wenn wir jetzt wieder nicht lieferfähig wären.

Es ist sehr freundlich, daß Sie uns noch eine Chance geben. Wir werden deshalb alles in unserer Macht Stehende tun, um die Ware pünktlich zu dem neuen Termin zu liefern.

Mit freundlichen Grüßen

Unterschrift(en)

Verkäufer setzt Käufer in Annahmeverzug – Aufforderung zur Annahme bestellter Ware

Angaben des Absenders

Firma
Empfänger in der Firma
Straße oder Postfach

Postleitzahl und Ort

Datum

Ihre Bestellung vom ... zur Lieferung von ...
Annahmeverzug durch Nichtannahme der bestellten Ware

Sehr geehrter Herr Pahl,

am ... um... Uhr wollten wir bei Ihnen die bestellte Ware abliefern. Da Ihr Betrieb geschlossen war, mußte unser Fahrer unverrichteter Dinge heimkehren.

Dürfen wir Sie bitten, uns bis zum ... zu informieren, wann wir die Ware ein zweites Mal anliefern können?

Bitte verstehen Sie, daß wir Ihnen die Frachtkosten für die vergebliche erste Tour in Rechnung stellen müssen.

Mit freundlichen Grüßen

Unterschrift(en)

Verkäufer setzt Käufer in Annahmeverzug – Androhung der Warenversteigerung

Angaben des Absenders

Firma
Empfänger in der Firma
Straße oder Postfach

Postleitzahl und Ort

Datum

Ihre Verweigerung der Warenannahme am ...
Ihre Bestellung Nummer ... vom ...

Sehr geehrter Herr Roggenkamp,

am ... um ... Uhr haben Sie, als unser Fahrer Ihnen die bestellte Ware ordnungsgemäß übergeben wollte, deren Annahme ohne Begründung verweigert.

Obwohl wir Sie am ... schriftlich zur Warenabnahme aufforderten, haben Sie sich bisher nicht dazu geäußert.

Die Ware lagert auf Ihre Kosten bei uns. Am ... werden wir sie öffentlich versteigern lassen, wenn wir bis zum ... von Ihnen keine Aufforderung zur Ablieferung erhalten.

Den Erlös für die Ware werden wir dann gegen unsere Forderungen an Sie aufrechnen.

Mit freundlichen Grüßen

Unterschrift(en)

Verkäufer setzt Käufer in Annahmeverzug – Information über Haftungsbeschränkung des Verkäufers

Angaben des Absenders

Firma
Empfänger in der Firma
Straße oder Postfach

Postleitzahl und Ort

Datum

Annahmeverzug durch Verweigerung
der Annahme der bestellten Ware
Ihre Bestellung vom ... zur Lieferung von ...

Sehr geehrte Damen und Herren,

Sie waren so freundlich, uns eine Bestellung zu geben, und wir haben sie, wie vereinbart, ausgeführt.

Am ... um ... Uhr meldete sich der Fahrer unserer Hausspedition Müller und Grauling, Bremen, bei Ihnen an der Warenannahme und wurde von Ihrem Herrn Kreuter abgewiesen. Herr Kreuter sagte, er sei nicht befugt, die Ware entgegenzunehmen, und unser Spediteur habe das Gelände zu verlassen. Was auch geschah.

Wir haben die Ware jetzt bei dem Lagereibetrieb Hansen & Wohler, Hamburg 11, eingelagert und machen Sie auf die Konsequenzen des Annahmeverzugs für Sie aufmerksam.

Die Kosten für die vergebliche Anfahrt und Abfahrt sowie die Kosten für die Lagerung sind von Ihnen zu tragen. Die Gefahr des zufälligen Untergangs der Ware ist mit dem Eintritt des Verzuges auf Sie übergegangen. Unsere Haftung beschränkt sich nur noch auf grobe Fahrlässigkeit und Vorsatz.

Bitte teilen Sie uns mit, wann wir die Ware bei Ihnen abliefern können.

Mit freundlichen Grüßen

Unterschrift(en)

KAPITEL 7 **Preisänderungen**

Verkäufer fordert Preiserhöhung wegen gestiegener Rohstoffpreise

Angaben des Absenders

Firma
Empfänger in der Firma
Straße oder Postfach

Postleitzahl und Ort

Datum

Rahmenvereinbarung vom ... zur Lieferung von ...
Preisänderung wegen gestiegener Rohstoffpreise

Sehr geehrter Herr Wolf,

als wir die Rahmenvereinbarung trafen, einigten wir uns, für den Fall von Preisänderungen für Rohstoffe, die für die Herstellung von ... (Produktname) benötigt werden, über Preisanpassungen zu verhandeln.

Die Preise für ... sind am ... an der Londoner Börse um ... Prozent gestiegen. Durch diesen Anstieg verteuert sich ... (Produktname) um ... Prozent.

Dürfen wir Sie bitten, unsere Kalkulation zu überprüfen und uns dann zu sagen, ob Sie diese Erhöhung ab 01.09.89 akzeptieren können?

Sollten Sie ein Gespräch für notwendig halten, stehen wir gern zu Ihrer Verfügung.

Mit freundlichen Grüßen

Unterschrift(en)

Käufer lehnt die Forderung des Verkäufers nach einer Preiserhöhung wegen gestiegener Rohstoffpreise ab

Angaben des Absenders

Firma
Empfänger in der Firma
Straße oder Postfach

Postleitzahl und Ort

Datum

Ihr Schreiben vom ... mit der Bitte um
Preiserhöhung wegen gestiegener Rohstoffpreise

Sehr geehrter Herr Dankwart,

vielen Dank für Ihr Schreiben. Ich war sehr überrascht zu lesen, daß Sie für Teppichbodenkleber ab 01.09... eine Preisanhebung um 8 Prozent planen, weil der Rohstoff ... (Produktname) teurer wurde.

Sie setzen für die Produktion von Teppichbodenkleber als Rohstoff aber nur 40 Prozent ... (Produktname) ein. Bei einer Preiserhöhung von 8 Prozent müßte dieser Rohstoff also um 20 Prozent teurer geworden sein. Dem ist aber nicht so; denn wie ich weiß, verlangen die Hersteller von ... (Rohstoff) lediglich 12 Prozent mehr. 40 Prozent von 12 Prozent sind 4,8 Prozent.

Für die Herstellung des Klebers setzen Sie aber auch etwa 30 Prozent ... (2. Rohstoff) ein, und der Preis für dieses Produkt fiel im letzten Monat um 15 Prozent. 30 Prozent von 15 Prozent sind 4,5 Prozent.

Da wir also über 0,3 Prozent reden, sollten wir den Preis dort lassen, wo er jetzt ist, damit ich mich nicht mit Ihren Wettbewerbern verbünden muß.

Mit freundlichen Grüßen

Unterschrift

Käufer schlägt Verkäufer einen Kompromiß im Zusammenhang mit angekündigter Preiserhöhung vor

Angaben des Absenders

Firma
Empfänger in der Firma
Straße oder Postfach

Postleitzahl und Ort

Datum

Ihr Schreiben vom ... mit der Bitte
um Preiserhöhung für ...

Sehr geehrte Frau Caspar,

vielen Dank für Ihren Brief.

Nun, wir haben auch von anderen Lieferanten gehört, daß ... (Produkt) teurer werden wird, da der Preis für ... (Rohstoff) gestiegen ist. Ihre Wettbewerber sind aber ein wenig entgegenkommender, denn sie lassen sich mehr Zeit mit der Erhöhung.

Bitte prüfen Sie, ob nicht auch Sie uns, Ihrem langjährigen Kunden, ein wenig helfen wollen, die Erhöhung besser zu verkraften. Wir schlagen Ihnen vor, die Erhöhung erst ab ..., also in drei Monaten, wirksam werden zu lassen, und dafür bieten wir Ihnen einen Jahresvertrag.

Sagen Sie uns doch bitte innerhalb von 10 Tagen, ob wir uns auf dieser Basis treffen können.

Mit freundlichen Grüßen

Unterschrift(en)

Verkäufer bittet Käufer um Reduzierung der angekündigten Preiserhöhung

Angaben des Absenders

Firma
Empfänger in der Firma
Straße oder Postfach

Postleitzahl und Ort

Datum

Ihre Ankündigung einer Preiserhöhung vom ...
wegen gestiegener Rohstoffkosten

Sehr geehrte Frau Zimmermann,

vielen Dank für Ihr Schreiben, wenn auch die Ankündigung einer Preiserhöhung für ... (Produkt) ab ... bei uns auf wenig Gegenliebe stößt; das hatten Sie aber auch sicher nicht erwartet.

Wie wir von anderen Lieferanten hören, ist bei ihnen im nächsten Monat ... (Produkt) noch günstig zu bekommen. Einige Produzenten haben sich vorsorglich gut mit Rohstoffen eingedeckt und können dadurch jetzt flexibler reagieren.

Wir schlagen Ihnen vor, daß wir die Erhöhung zwar von dem Tage an wirksam werden lassen, an dem Sie es wünschen, dafür halbieren wir jedoch die Höhe des Aufschlags.

Wenn Sie damit einverstanden sind, ersparen Sie uns einen, wie wir meinen, unnötigen Lieferantenwechsel.

Bitte geben Sie uns bis zum ... Antwort.

Mit freundlichen Grüßen

Unterschrift(en)

Verkäufer fordert Preiserhöhung wegen gestiegener Marktpreise

Angaben des Absenders

Firma
Empfänger in der Firma
Straße oder Postfach

Postleitzahl und Ort

Datum

Preiserhöhung für ... ab ...

Sehr geehrter Herr Hirschfelder,

Sie haben in den letzten Monaten überdurchschnittlich viele ... (Artikel) verkaufen können.

Wir alle wissen, daß die Käufer von diesem Artikel so begeistert sind, daß nicht nur wir, sondern auch unsere Wettbewerber die Produktionskapazitäten voll ausgeschöpft haben. Wir haben Mühe, die Rohstoffe für das benötigte Material zu halbwegs vernünftigen Preisen zu beschaffen, und wir müssen teure Sonderschichten einlegen, um die Nachfrage zu befriedigen.

Diese außergewöhnliche Situation führt zwangsläufig zu drastischen Preiserhöhungen. Wir bitten Sie deshalb um Verständnis, wenn wir unsere Preise ab ... um ... Prozent anheben müssen (Preisliste, gültig ab ..., siehe Anlage).

Überlegen Sie doch bitte, mit uns einen längerfristigen Vertrag (12 bis 24 Monate) abzuschließen. Wir könnten dann unsere Produktion besser planen, Kosten sparen und Ihnen günstigere Preise anbieten.

Bitte schreiben Sie uns bis zum ..., ob wir uns mit Ihnen über Einzelheiten unseres Vorschlags unterhalten können.

Mit freundlichen Grüßen

Anlage

Unterschrift(en)

Käufer lehnt Preiserhöhung ab – Argument gestiegener Marktpreise wird nicht akzeptiert

Angaben des Absenders

Firma
Empfänger in der Firma
Straße oder Postfach

Postleitzahl und Ort

Datum

Ihre Ankündigung einer Preiserhöhung für ... zum ...

Sehr geehrter Herr Lau,

vielen Dank für Ihre Zeilen. Es mag sein, daß Sie unter den geschilderten Voraussetzungen Ihre Preise erhöhen müssen, doch wir werden dann nicht mehr bei Ihnen kaufen können.

Wir glauben gern, daß Ihr Wettbewerb in einer ähnliche Situation ist wie Sie, dennoch können wir bei einigen Lieferanten weiterhin zu den bisherigen Konditionen kaufen.

Bitte haben Sie deshalb Verständnis, wenn wir unsere Aufträge in der nächsten Zeit anderweitig vergeben.

Sollte sich die Preissituation bei Ihnen ändern, so melden Sie sich bitte wieder bei uns.

Mit freundlichen Grüßen

Unterschrift(en)

Käufer stimmt Preiserhöhung bei Gegengeschäftsmöglichkeit zu

Angaben des Absenders

Firma
Empfänger in der Firma
Straße oder Postfach

Postleitzahl und Ort

Datum

Ihre Mitteilung einer Preiserhöhung für ... (Artikel)

Sehr geehrte Frau Mauser,

vielen Dank für Ihre Zeilen vom ...

Wir können Ihren Wunsch nach einer Preiserhöhung für ... zwar verstehen, doch Ihr Wettbewerb scheint es mit einer Anhebung nicht ganz so eilig zu haben wie Sie.

Dennoch könnten wir uns vorstellen, auch weiterhin mit Ihnen Geschäfte zu machen und Ihre höheren Preise zu akzeptieren, wenn Sie zu Gegengeschäften mit uns bereit wären.

Wie Sie wissen, stellen wir ... her und beliefern damit Ihre Branche. Sie zählen leider bisher nicht zu unseren Kunden, obwohl wir von Ihnen ... im Wert von DM ... pro Jahr kaufen.

Zu Ihrer Information schicken wir Ihnen ausführliche Unterlagen über unser Herstellungsprogramm. Bitte sehen Sie die Unterlagen in den nächsten Tagen einmal durch und sagen Sie uns dann, ob auch Sie gegenseitige Geschäfte für sinnvoll halten.

Wir haben am ... wieder Bedarf an ... und müssen uns deshalb bis zum ... entscheiden, wem wir unsere nächste Bestellung schicken wollen.

Mit freundlichen Grüßen

Anlagen

Unterschrift(en)

Käufer bietet Mehrabnahmen bei unveränderten Preisen

Angaben des Absenders

Firma
Empfänger in der Firma
Straße oder Postfach

Postleitzahl und Ort

Datum

Ihre Mitteilung einer Preiserhöhung für ... vom ...

Sehr geehrter Herr Schult,

Ihr Wunsch nach einer Preiserhöhung trifft uns hart, da sich die Käufer schon bei den jetzt gültigen Preisen stark zurückhalten. Wenn die Preise nun nochmals angehoben werden, sehen wir schwarz für den Absatz.

Wie Sie wissen, haben wir bisher ... (Produkt) bei mehreren Lieferanten bezogen. Diese Praxis könnten wir ändern und uns nur auf einen Lieferanten konzentrieren. Damit wären wir dann in der Lage, bei Ihnen etwa 60 Prozent mehr abzunehmen.

Bitte sagen Sie uns bis zum ..., ob Sie bei uns für einen noch zu besprechenden Zeitraum Alleinlieferant werden möchten. Wir haben diese Frage auch unseren anderen Lieferanten gestellt, und wir werden uns bis zum ... endgültig entscheiden, wie wir in Zukunft einkaufen wollen.

Mit freundlichen Grüßen

Unterschrift(en)

Käufer gibt bei Verlängerung des Zahlungsziels Zustimmung zu geforderter Preiserhöhung

Angaben des Absenders

Firma
Empfänger in der Firma
Straße oder Postfach

Postleitzahl und Ort

Datum

Ihr Wunsch nach einer Preiserhöhung für ... vom ...

Sehr geehrte Frau Oppermann,

Ihr Wunsch nach einer Preiserhöhung ist verständlich und würde sicher auch in vollem Umfange akzeptiert, wären da nicht noch Anbieter für ..., die zu manchen Zugeständnissen bereit sind.

Einige Lieferanten lassen die Erhöhung erst zu einem späteren Zeitpunkt wirksam werden, andere geben Nachlässe bei Mehrabnahmen oder längerfristigen Abschlüssen.

Uns wäre mehr mit einer Verlängerung des Zahlungsziels gedient, obwohl auch die anderen Möglichkeiten durchaus überlegenswert sind. Wir sind bereit, Ihre Erhöhung unter der Voraussetzung zu akzeptieren, daß Sie das jetzige Zahlungsziel von 30 Tagen auf 60 Tage verlängern.

Bitte sagen Sie uns bis zum ..., ob unser Vorschlag für Sie annehmbar ist.

Mit freundlichen Grüßen

Unterschrift(en)

Käufer fordert Preisermäßigung wegen günstigerer Wettbewerbsangebote

Angaben des Absenders

Firma
Empfänger in der Firma
Straße oder Postfach

Postleitzahl und Ort

Datum

Ihre Preise für ...

Sehr geehrter Herr Wilhelmsen,

Bitte besuchen Sie uns bis zum ... Wir müssen uns in der 26. Woche nämlich entscheiden, ob wir von den günstigeren Angeboten Ihres Wettbewerbs Gebrauch machen oder ob wir Ihnen treu bleiben wollen. Bitte helfen Sie uns, die richtige Entscheidung zu treffen!

Da Sie vermutlich schon vor Ihrem Besuch bei uns einige Überlegungen anstellen wollen, mag es für Sie wichtig sein zu wissen, daß die Angebote Ihrer Wettbewerber durchschnittlich ... Prozent unter Ihren Preisen liegen.

Bitte rufen Sie uns wegen eines Termins in den nächsten Tagen an.

Mit freundlichen Grüßen

Unterschrift(en)

Verkäufer gibt Zwischenbescheid auf Wunsch des Kunden nach Preisermäßigung

Angaben des Absenders

Firma
Empfänger in der Firma
Straße oder Postfach

Postleitzahl und Ort

Datum

Ihre Aufforderung zur Preisermäßigung für ... vom ...

Sehr geehrte Frau Dr. Sengelmann,

wenn ich Sie in den letzten Wochen nicht besucht habe, so lag es nicht daran, daß ich mich davor gedrückt habe, Ihnen eine Preisermäßigung mitzuteilen, sondern an der Tatsache, daß ich durch die Krankheit einiger Mitarbeiter gezwungen war, „auf mehreren Hochzeiten zugleich zu tanzen", das heißt, in der Firma dort einzuspringen, wo der Kundendienst es am dringendsten erforderte.

Ich muß mich dennoch bei Ihnen entschuldigen, weil ich Sie in den letzten Wochen vernachlässigt habe, und ich gelobe Besserung.

Eine Preisermäßigung habe ich Ihnen deshalb noch nicht mitgeteilt, weil Sie die bei dem Abschluß am ... vereinbarte Menge noch nicht vollständig abgenommen haben. Es fehlen zur Vertragserfüllung noch Abnahmen in Höhe von ...

Sehr geehrte Frau Dr. Sengelmann, wir können uns natürlich über alles unterhalten und auch hier, wie meistens bisher, einen Kompromiß erzielen.

Darf ich Sie am ... besuchen, um das Problem zu besprechen? Ich rufe Sie in den nächsten Tagen an, um zu hören, ob Ihnen der Termin recht ist.

Mit freundlichen Grüßen

Unterschrift

Verkäufer stimmt Wunsch des Käufers nach einer Preisermäßigung zu

Angaben des Absenders

Firma
Empfänger in der Firma
Straße oder Postfach

Postleitzahl und Ort

Datum

Ihr Wunsch nach einer Preisermäßigung für ... vom ...

Sehr geehrter Herr Pahl,

vielen Dank für Ihre Information, daß Sie von unserem Wettbewerb günstigere Angebote erhalten haben.

Da wir Sie immer fair bedienen möchten, ist es für uns sehr wichtig, daß wir Ihnen wettbewerbsgerechte Preise einräumen; dafür benötigen wir manchmal die Mithilfe unserer Kunden.

Wir sind mit Ihrem Vorschlag einverstanden und ermäßigen unsere Preise für ... um ... Prozent.

Die neue Preisliste, gültig ab ..., schicken wir Ihnen zusammen mit diesem Brief.

Mit freundlichen Grüßen

Anlagen

Unterschrift(en)

Verkäufer lehnt Forderung einer Preisermäßigung ab

Angaben des Absenders

Firma
Empfänger in der Firma
Straße oder Postfach

Postleitzahl und Ort

Datum

Ihr Wunsch nach einer Preisermäßigung für ... vom ...

Sehr geehrter Herr Kiesbye,

vielen Dank für Ihren Brief. Es ist verständlich, daß Sie zu möglichst günstigen Konditionen einkaufen möchten; uns geht es nicht anders.

Auch wir haben erfahren, daß einer unserer Wettbewerber mit sehr niedrigen Preisen für ... im Markt agiert, und gehen davon aus, daß dieser Konkurrent auch bei Ihnen ein Angebot abgegeben hat. Die Qualität der offerierten Ware entspricht aber nachweislich nicht dem von Ihnen üblicherweise gewünschten Standard.

Alle maßgeblichen Lieferanten verkaufen, soweit uns bekannt, Qualitätsware zu etwa den gleichen Konditionen wie wir. Bitte verstehen Sie, daß Ware bester Qualität zwangsläufig einen höheren Preis hat als Ware minderwertiger Beschaffenheit.

Wir bedauern, Ihnen für die von uns gelieferte Qualität keinen niedrigeren Preis als bisher anbieten zu können. Sollten Sie jedoch jetzt in der Lage sein, auch Ware zu verwenden, die nicht so hochwertig ist wie die von uns bisher bezogene, so werden wir gerne versuchen, diese für Sie zu beschaffen.

Bitte sagen Sie uns, wie Sie sich entscheiden möchten.

Mit freundlichen Grüßen

Unterschrift(en)

Kompromißvorschlag des Verkäufers zur Forderung des Käufers nach einer Preisermäßigung (teilweise Preisanpassung)

Angaben des Absenders

Firma
Empfänger in der Firma
Straße oder Postfach

Postleitzahl und Ort

Datum

Preisermäßigung für ..., Ihr Brief vom ...

Sehr geehrte Frau Jacobsen,

gut, daß Sie uns geschrieben haben! Wir sind Ihnen dankbar für Ihren Hinweis, daß es jetzt für ... niedrigere Preise im Markt gibt als noch vor einigen Tagen. Aufgrund Ihrer Zeilen haben wir uns ein Muster der Ware beschafft und festgestellt, daß die Qualität nur bedingt vergleichbar ist.

Da Sie ein langjähriger, guter Kunde sind, erklären wir uns bereit, unsere Konditionen etwas anzupassen, wohl wissend, daß die billige Ware nicht voll den bekannten Ansprüchen der Kunden entspricht.

Dürfen wir Ihnen einen Kompromiß, das heißt, einen Nachlaß von ... Prozent auf unsere heute gültigen Verkaufspreise vorschlagen?

Sie können, wenn Sie unseren Vorschlag für annehmbar halten, weiterhin mit gleichbleibend guter Qualität rechnen, und wir behalten in Ihnen einen guten Kunden.

Bitte sagen Sie uns, ob Ihnen unser Angebot gefällt.

Mit freundlichen Grüßen

Unterschrift(en)

Verkäufer macht Kompromißvorschlag zur Forderung des Käufers nach einer Preisermäßigung (Preisermäßigung für begrenzte Menge)

Angaben des Absenders

Firma
Empfänger in der Firma
Straße oder Postfach

Postleitzahl und Ort

Datum

Ihr Wunsch nach einer Ermäßigung des Preises für ... vom ...

Sehr geehrter Herr Lembke,

vielen Dank für Ihre Information. Vor einigen Tagen haben wir auch von einem anderen guten Kunden gehört, daß ... (Produkt) zu niedrigeren Preisen als bisher im Markt offeriert wird.

Wir haben uns sofort ein Muster der Ware beschafft, untersucht und festgestellt, daß die Qualität nicht schlecht ist. Von einem guten Geschäftsfreund erfuhren wir aber, daß die auf dem Markt befindliche Menge begrenzt ist.

Dürfen wir Ihnen deshalb eine limitierte Menge von ... (Mengenangabe) zu dem von Ihnen gewünschten Preis anbieten, um danach festzustellen, in welche Richtung sich die Marktpreise bewegen?

Es wäre nett von Ihnen, wenn Sie unseren Vorschlag annähmen. Bitte sagen Sie uns, was Sie davon halten.

Mit freundlichen Grüßen

Unterschrift(en)

KAPITEL 8 Zahlungsverkehr

Zahlungsverkehr

Erklärungen zum Zahlungsverzug

Der Käufer ist nach dem Kaufvertrag verpflichtet, den vereinbarten Kaufpreis pünktlich (fristgerecht) zu zahlen. Tut er dies schuldhaft nicht oder nicht rechtzeitig, so kommt er durch die Mahnung des Verkäufers, also des Gläubigers, in Zahlungsverzug. Beispiel: „Zahlbar innerhalb von ... Tagen nach Rechnungserhalt".

Ist die Fälligkeit der Zahlung nach dem Kalender bestimmt, wurde also für den Zahlungseingang ein bestimmter Kalendertag vereinbart, so kommt der Käufer auch ohne Mahnung in Zahlungsverzug. Dazu einige Beispiele: „Zahlbar innerhalb von ... Tagen nach Rechnungsdatum", „Zahlbar am ..." oder „Zahlbar spätestens am ...".

Der Gläubiger muß den Schuldner in der Mahnung zur Zahlung auffordern.

Der Gläubiger hat das Recht, auf Erfüllung des Kaufvertrages zu bestehen und zusätzlich Schadenersatz (Verzugszinsen) zu fordern, wenn der Schuldner die Zahlung nicht wie vereinbart leistet. Der Gläubiger kann aber auch nach dem Setzen einer angemessenen Nachfrist den Rücktritt vom Vertrag (Rücknahme der Ware) und Schadenersatz wegen Nichterfüllung verlangen, wenn er dem Schuldner dieses vorher erklärt hat.

Es bleibt dem Gläubiger überlassen, ob er mündlich oder schriftlich mahnt, ob er versuchen will, sein Geld außergerichtlich zu bekommen, oder ob er seine Forderung auf gerichtlichem Wege durchsetzen will.

In der Regel wird das Mahnverfahren zuerst außergerichtlich und nur bei Erfolglosigkeit gerichtlich durchgeführt. Das gerichtliche Mahnverfahren wird durch den Antrag auf Erlaß eines Mahnbescheids (Formularsatz) beim zuständigen Amtsgericht eingeleitet.

Wie bereits gesagt, kann beim außergerichtlichen Mahnwesen die Mahnung mündlich oder schriftlich erfolgen, der Gläubiger wird aber in der Regel die Vertragserfüllung schriftlich fordern. Wie viele Mahnungen er verschicken will, bevor er das Amtsgericht bemüht, wird vermutlich davon abhängen, wie langmütig er ist.

Im allgemeinen wird das Verfahren freundlich durch ein Erinnerungsschreiben oder die Übersendung einer Rechnungskopie in Gang gesetzt und dann durch eine erste, zweite, dritte oder sogar vierte Mahnung ausgeweitet.

Da es die unterschiedlichsten Gründe gibt, warum ein Schuldner seinen Verpflichtungen nicht fristgerecht nachkommt, sollte der Ton, in dem Mahnbriefe geschrieben werden, der jeweiligen Situation angepaßt sein.

Der Schuldner zahlt nicht, weil er vergeßlich oder nachlässig ist, weil er nicht zahlen will oder weil er nicht zahlen kann.

Wenn ein Kunde zahlungsunfähig ist, so mag das zwar höchst ärgerlich sein, ein grober Mahnbrief wird ihm aber sicher nicht zur Zahlungsfähigkeit verhelfen. Ist ein Schuldner lediglich vergeßlich oder schlampig, so sollte sich der Gläubiger daran erinnern, daß er sicher auch schon einmal in seinem Leben etwas vergessen hat.

In vielen Fällen werden scharfe Mahnbriefe das Ende einer Geschäftsverbindung bedeuten. Wenn sich der Gläubiger darüber im klaren ist, wird er den Ton richtig wählen.

Beim außergerichtlichen Mahnwesen wird gewöhnlich folgender Weg beschritten:

1. Mahnung:
in Form eines Erinnerungsschreibens oder durch Übersendung einer Rechnungskopie. Der fällige Betrag und das Datum der Fälligkeit sind zu nennen.

2. Mahnung:
Sie enthält einen Hinweis auf die bereits erfolgte 1. Mahnung und die Notwendigkeit des pünktlichen Zahlungseingangs.

3. Mahnung:
Frage nach dem Grund der Zahlungsschwierigkeiten und ein Angebot, neue Zahlungsvereinbarungen zu treffen, die auch die Gläubigerinteressen berücksichtigen. Möglichkeit des Einzugs durch Postnachnahme oder Abtretung der Forderung an ein Inkassoinstitut andeuten.

4. Mahnung:
Androhung, das gerichtliche Mahnverfahren einzuleiten – Mahnbescheid.

1. Mahnung (Humorvolles Erinnerungsschreiben)

Angaben des Absenders

Firma
Empfänger in der Firma
Straße oder Postfach

Postleitzahl und Ort

Datum

Hilfe, bald müssen wir sicher schließen, denn ...
wir beliefern unsere Kunden, aber es kommt kein Geld ins Haus!

Lieber Kunde,

bitte helfen Sie mit, uns und unsere Firma zu retten, denn wir müssen feststellen, „Ohne flüssiges Kapital läuft nichts!", und wir möchten Sie auch zukünftig noch beliefern.

... DM für unsere Lieferung vom ... aufgrund Ihrer Bestellung Nummer ... scheinen noch unterwegs zu uns zu sein, sind aber noch nicht eingetroffen. Sind sie unterwegs?

Wenn noch nicht, ... ein reitender Geldbote könnte uns noch retten, wenn er das Geld bis zum ... überbringt.

Mit freundlichen Grüßen

Anlage
Rechnungskopie

Unterschrift(en)

1. Mahnung (Sachliches Erinnerungsschreiben)

Angaben des Absenders

Firma
Empfänger in der Firma
Straße oder Postfach

Postleitzahl und Ort

Datum

Erinnerung
Unsere Rechnung Nummer ... vom ... über ... DM

Sehr geehrte Damen und Herren,

dürfen wir Sie daran erinnern, daß wir Ihre Zahlung für unsere Lieferung vom ... noch nicht erhalten haben?

Sicher ist die Fälligkeit übersehen worden. Das kann passieren; es wäre aber gut, wenn Sie unsere Forderung bis zum ... ausgleichen könnten.

Vielen Dank im voraus und freundliche Grüße

Unterschrift(en)

Anlage
Rechnungskopie

Mahnbriefe – 2. Mahnung

Angaben des Absenders

Firma
Empfänger in der Firma
Straße oder Postfach

Postleitzahl und Ort

Datum

2. Mahnung
Unsere Rechnung Nummer ... vom..., Rechnungsbetrag ... DM,
Fälligkeit der Zahlung am ...

Sehr geehrter Herr Bachmann,

bedauerlicherweise müssen wir heute nochmals daran erinnern, daß Ihre am ... fällige Zahlung noch nicht auf unserem Konto gebucht werden konnte.

Da wir auch nur „mit Wasser kochen", ist es uns nicht möglich, unsere ... (Vertragsgegenstand) zu sehr günstigen Preisen zu liefern und einzubauen und dazu noch ein Zahlungsziel einzuräumen, das weit über den normalen Zeitraum hinausgeht. Nur wenn unsere Kunden pünktlich zahlen, können wir ihnen preisliche Vorteile und einen guten Service bieten.

Bitte zahlen Sie den seit ... Tagen überfälligen Betrag bis zum ... auf unser Konto, damit wir auch in der Zukunft für Sie ein preisgünstiger Handwerksbetrieb sein können.

Mit freundlichen Grüßen

Anlage
Rechnungskopie

Unterschrift(en)

Mahnbriefe – 2. Mahnung

Angaben des Absenders

Firma
Empfänger in der Firma
Straße oder Postfach

Postleitzahl und Ort

Datum

2. Mahnung
Unsere Rechnung von... über ... DM für den Einbau von ...

Sehr geehrter Herr Graumann,

leider haben Sie nicht auf unser Erinnerungsschreiben vom ... reagiert, denn wir müssen feststellen, daß der jetzt seit ... fällige Betrag noch immer nicht auf unserem Konto gebucht wurde.

Bitte verstehen Sie, daß wir das Geld dringend benötigen, da wir für das bei Ihnen eingebaute Material in Vorlage treten mußten. Unsere anerkannt günstige Kalkulation verträgt keine zusätzliche Zinsbelastung.

Es wäre schade, wenn wir Ihnen bei einem Geldeingang nach dem ... (Datum) Verzugszinsen von ... Prozent auf den Rechnungsbetrag berechnen müßten.

Wir sind sicher, daß Sie Verständnis für unsere Argumente haben. Dürfen wir jetzt mit Ihrer Zahlung rechnen?

Mit freundlichen Grüßen

Anlage
Rechnungskopie

Unterschrift(en)

Mahnbriefe – 3. Mahnung

Angaben des Absenders

Firma
Empfänger in der Firma
Straße oder Postfach

Postleitzahl und Ort

Datum

3. Mahnung
Unsere Rechnung vom ... für ... über DM ...
Unsere Zielvereinbarung mit Ihnen lautet ... Tage
Sie nehmen bis heute für sich in Anspruch ... Tage

Sehr geehrte Damen und Herren,

es ist bedauerlich, daß wir Sie ein drittes Mal bitten müssen, das von uns erhaltene Material und die für Sie erbrachte Leistung vereinbarungsgemäß zu bezahlen.

Wie Sie sehen, ist Ihre Zahlung bereits viele Tage überfällig. Verspäteter Zahlungseingang zwingt uns zur Überprüfung unserer Kalkulation und damit, zum Nachteil unserer Kunden, zu höheren Preisen.

Bitte zahlen Sie den ausstehenden Betrag bis zum ... auf unser Konto.

Sollten wir an diesem Tage nicht über das Geld verfügen können, werden wir ein Inkasso-Institut mit dem Einzug beauftragen. Alle zusätzlichen Kosten sowie die Verzugszinsen gingen dann zu Ihren Lasten.

Mit freundlichen Grüßen

Unterschrift(en)

Mahnbriefe – 3. Mahnung

Angaben des Absenders

Firma
Empfänger in der Firma
Straße oder Postfach

Postleitzahl und Ort

Datum

3. Mahnung
Unsere Rechnung vom... für ... über DM ...
1. Mahnung erfolgte am ...
2. Mahnung erfolgte am ...

Sehr geehrte Damen und Herren,

wir fragen uns, warum unsere Bitten um Zahlung des längst fälligen Rechnungsbetrages von Ihnen nicht erhört werden.

Wenn wir den ausstehenden Betrag nicht bis zum ... von Ihnen erhalten, würden wir ein Inkasso-Unternehmen einschalten. Ihnen ist sicher bekannt, daß dann erhebliche zusätzliche Kosten auf Sie zukämen. Läßt sich das nicht vermeiden?

Bitte sagen Sie uns, wenn Sie kurzfristig Liquiditätsprobleme haben und glauben, die Rechnung im Augenblick nicht bezahlen zu können. Wir würden uns dann zusammensetzen und über einen Zahlungsplan sprechen.

Mit freundlichen Grüßen

Unterschrift(en)

Mahnbriefe – 4. Mahnung mit Androhung eines Mahnbescheides

Angaben des Absenders

Firma
Empfänger in der Firma
Straße oder Postfach

Postleitzahl und Ort

Datum

Unsere Rechnung Nummer ... vom ... über ... DM
Unsere Mahnungen vom ..., vom ... und vom ...

Sehr geehrte Damen und Herren,

als kleines Handwerksunternehmen können wir es uns nicht erlauben, extrem lange Zahlungsziele einzuräumen. Üblicherweise und aus guten Gründen sind Rechnungen für Leistungen sofort nach Abschluß und Abnahme der Arbeiten zu bezahlen. Wenn, wie in Ihrem Fall, größere Geräte eingebaut werden, müssen wir diese vor dem Einbau beim Lieferanten kaufen und bezahlen!

Bitte haben Sie deshalb Verständnis, daß wir nun, nach ... Tagen, nicht länger auf das uns zustehende Geld warten möchten und können.

Sollte der fällige Betrag nicht bis zum ... auf unserem Konto verbucht sein, werden wir beim Amtsgericht einen Antrag auf Erlaß eines Mahnbescheides stellen.

Mit freundlichen Grüßen

Unterschrift(en)

Mahnbriefe – 4. Mahnung und Androhung eines Mahnbescheides

Angaben des Absenders

Firma
Empfänger in der Firma
Straße oder Postfach

Postleitzahl und Ort

Datum

Unsere Rechnung Nummer ... vom ... über DM ...
Unsere Mahnungen vom ..., vom ... und vom ...

Sehr geehrte Damen und Herren,

bedauerlicherweise haben Sie auf unsere Mahnschreiben nicht reagiert. Wir bitten Sie jetzt zum letzten Mal, den fälligen Betrag sofort auf eines unserer Konten zu überweisen.

Sollten wir am ... nicht über das Geld verfügen können, so werden wir einen Mahnbescheid beantragen.

Mit freundlichen Grüßen

Unterschrift(en)

Schriftwechsel im Zahlungsverkehr – Käufer beanstandet eine Rechnung

Angaben des Absenders

Firma
Empfänger in der Firma
Straße oder Postfach

Postleitzahl und Ort

Datum

Ihre Rechnung vom ... für die Lieferung von ... (Artikel)
Rechnungsbetrag DM ...

Sehr geehrte Damen und Herren,

Ihre Rechnung haben wir erhalten. Leider hat sich aber ein kleiner Fehler eingeschlichen, der sicher nicht beabsichtigt war.

Wir haben Ihrem Fahrer bei der Anlieferung am ... (Datum) 15 Stück ... (Artikelbezeichnung) wieder mitgegeben. Die Rückgabe wurde auch quittiert, wie Sie aus der Kopie des Lieferscheins, den wir Ihnen zusammen mit diesem Schreiben schicken, ersehen können.

Diese Rückgabe wurde in der Rechnung nicht berücksichtigt. Bitte schicken Sie uns eine Gutschrift über den Differenzbetrag.

Von Ihrer Rechnung werden wir DM ... abziehen und Ihnen somit DM ... überweisen.

Mit freundlichen Grüßen

Anlage

Unterschrift(en)

Schriftwechsel im Zahlungsverkehr – Zustimmung des Verkäufers zur Rechnungsbeanstandung

Angaben des Absenders

Firma
Empfänger in der Firma
Straße oder Postfach

Postleitzahl und Ort

Datum

Ihre Beanstandung unserer Rechnung Nummer ... vom ...

Sehr geehrter Herr Kunzmann,

es tut uns leid, daß uns ein Fehler bei der Rechnungsstellung unterlaufen ist. Sie haben recht, die 15 Stück ... (Artikel) haben wir wieder auf unser Lager genommen.

Mit diesem Brief schicken wir Ihnen die gewünschte Gutschrift und bitten Sie nochmals um Entschuldigung.

Freundliche Grüße

Anlage
Gutschrift Nummer...

Unterschrift(en)

Schriftwechsel im Zahlungsverkehr – Verkäufer lehnt Rechnungsbeanstandung ab

Angaben des Absenders

Firma
Empfänger in der Firma
Straße oder Postfach

Postleitzahl und Ort

Datum

Ihre Beanstandung unserer Rechnung über DM ... vom ...

Sehr geehrter Herr Schmidt-Mühlemann,

vielen Dank für Ihren Brief. Wir haben die Angelegenheit geprüft und sind zu der Ansicht gekommen, daß unsere Berechnung richtig ist.

Zusätzlich zu den zwischen uns am ... (Datum) vereinbarten Tätigkeiten mußten wir noch weitere Arbeiten, wie auf der Rechnung spezifiziert, ausführen.

Ihre Frau wurde von unserem Herrn Mahler vor der Ausführung der Arbeiten informiert, und sie hat auf einem „Arbeitszettel" (Kopie siehe Anlage) ihr Einverständnis erklärt. Bitte entschuldigen Sie, daß wir Ihnen keine Kopie dieses „Arbeitszettels" zusammen mit der Rechnung geschickt haben. Das war ein Fehler von uns

Bitte seien Sie so freundlich, und überweisen Sie uns jetzt den vollen Rechnungsbetrag.

Mit freundlichen Grüßen

Anlage

Unterschrift(en)

Schriftwechsel im Zahlungsverkehr – Käufer bittet um Zahlungszielverlängerung

Angaben des Absenders

Firma
Empfänger in der Firma
Straße oder Postfach

Postleitzahl und Ort

Datum

Bitte um Zahlungszielverlängerung

Sehr geehrter Herr Marxen,

seit vielen Jahren haben wir mit Ihrem Unternehmen eine sehr angenehme Geschäftsverbindung, und wir denken, daß wir unseren Zahlungsverpflichtungen immer zu Ihrer Zufriedenheit nachgekommen sind.

Wie Sie wissen, besteht unsere Kundschaft überwiegend aus einem Personenkreis, der bekanntermaßen Rechnungen nur sehr schleppend bezahlt. Im Augenblick hat das ...-Gewerbe nicht gerade Hochkonjunktur, und so hat sich die Situation noch verschlechtert.

Da sich der Zahlungseingang zur Zeit sehr verlangsamt hat, haben wir einen gewissen Liquiditätsengpaß. Die Situation ist nicht dramatisch; da wir aber unseren Verpflichtungen vereinbarungsgemäß nachkommen möchten, bitten wir Sie heute um ein auf ... Tage verlängertes Zahlungsziel.

Dürfen wir davon ausgehen, daß auch Sie uns helfen werden? Bitte geben Sie uns in den nächsten Tagen Antwort.

Mit freundlichen Grüßen

Unterschrift(en)

Schriftwechsel im Zahlungsverkehr – Zustimmung des Verkäufers zur Zahlungszielverlängerung

Angaben des Absenders

Firma
Empfänger in der Firma
Straße oder Postfach

Postleitzahl und Ort

Datum

Ihre Bitte vom... um Verlängerung des Zahlungsziels

Sehr geehrter Herr Rother,

vielen Dank für Ihren Brief. Wir danken Ihnen, daß Sie dieses oft so leidige Thema offen ansprechen und nicht, wie manche Kunden, das Zahlungsziel ohne Kommentar überziehen.

Wir sind für das laufende Geschäftsjahr mit Ihrem Vorschlag einverstanden und werden auch davon absehen, unsere Preise anzuheben. Am Endes des Jahres sollten wir uns zusammensetzen und beratschlagen, ob wir wieder zu der alten Zahlungsziel–Vereinbarung zurückkehren können.

Es würde uns freuen, wenn die getroffene Regelung zu einer weiteren Vertiefung unserer Geschäftsverbindung führen würde.

Mit freundlichen Grüßen

Unterschrift(en)

Schriftwechsel im Zahlungsverkehr – Verkäufer lehnt Zahlungszielverlängerung ab

Angaben des Absenders

Firma
Empfänger in der Firma
Straße oder Postfach

Postleitzahl und Ort

Datum

Ihre Bitte vom ... um Verlängerung des Zahlungsziels

Sehr geehrter Herr Bittersohl,

vielen Dank für Ihr Schreiben. Wir können Ihre Situation gut verstehen, da auch wir durch schleppenden Zahlungseingang hier und da Liquiditätsprobleme hatten.

Wir haben deshalb, wie Sie wissen, vor einiger Zeit ein Inkasso-Unternehmen beauftragt, unsere Interessen wahrzunehmen und, wie wir feststellen, mit gutem Erfolg. Unsere bekanntermaßen scharf kalkulierten Preise lassen, wenn wir wettbewerbsfähig bleiben wollen, nun einmal keinen verspäteten Zahlungseingang zu.

Bitte haben Sie deshalb auch Verständnis, wenn wir Ihnen kein verlängertes Zahlungsziel einräumen können. Niedrigpreise und ein langes Zahlungsziel vertragen sich nicht miteinander.

Es wäre schön, wenn Sie für unsere Argumente Verständnis hätten.

Mit freundliche Grüßen

Unterschrift(en)

Schriftwechsel im Zahlungsverkehr – Käufer antwortet auf unberechtigtes Mahnschreiben

Angaben des Absenders

Firma
Empfänger in der Firma
Straße oder Postfach

Postleitzahl und Ort

Datum

Ihr Mahnschreiben vom ...
Ihre Rechnung Nummer ... vom ...

Sehr geehrte Damen und Herren,

da wir sehr großen Wert darauf legen, den Ruf eines zahlungskräftigen Unternehmens zu haben, erfüllen wir nach unbeanstandetem Eingang von Lieferungen und ordnungsgemäßer Rechnungslegung unsere Zahlungsverpflichtungen pünktlich. Wenn es die Rechnungsbearbeitung zuläßt, zahlen wir unter Ausnutzung der Skontoabzugsmöglichkeit.

Insofern geht es immer ein wenig gegen unsere Ehre, wenn wir von Lieferarten Mahnschreiben erhalten.

Wir haben unsere Unterlagen überprüft und festgestellt, daß uns die für die Bezahlung notwendigen Transportpapiere von Ihnen noch nicht eingereicht wurden, obwohl Ihnen bekannt ist, daß dies eine Voraussetzung für unsere pünktliche Zahlung ist.

Am ... (Datum) baten wir Sie um Einreichung, ohne bisher von Ihnen eine Antwort zu erhalten. Bitte klären Sie in Ihrem Unternehmen, wo die Organisation nicht so wie gewünscht funktioniert.

Mit freundlichen Grüßen

Unterschrift(en)

Schriftwechsel im Zahlungsverkehr – Käufer bittet um Zahlungsaufschub

Angaben des Absenders

Firma
Empfänger in der Firma
Straße oder Postfach

Postleitzahl und Ort

Datum

Ihre Rechnung Nummer ... vom ... über ... DM
Bitte um Zahlungsaufschub bis zum ... (Datum)

Sehr geehrte Frau Reimann,

Ihre Rechnung haben wir erhalten und würden diese auch gerne vereinbarungsgemäß begleichen.

Durch einen Schaden im Betrieb sind zwischenzeitlich erhebliche Kosten auf uns zugekommen, mit denen wir nicht rechnen konnten. Die Kosten werden weitgehend von unserer Versicherung getragen werden; die hat aber leider bisher noch nicht gezahlt. Aus diesem Grund befinden wir uns kurzfristig in einer Liquiditätsenge.

Dürfen wir Sie bitten, diesmal ein wenig Geduld mit uns zu haben und uns ausnahmsweise einen Zahlungsaufschub zu gewähren? Für Ihr Entgegenkommen wären wir Ihnen sehr dankbar.

Bitte lassen Sie uns Ihre Entscheidung wissen.

Mit freundlichen Grüßen

Unterschrift(en)

Schriftwechsel im Zahlungsverkehr – Verkäufer gibt Zustimmung zu Zahlungsaufschub

Angaben des Absenders

Firma
Empfänger in der Firma
Straße oder Postfach

Postleitzahl und Ort

Datum

Ihre Bitte um Zahlungsaufschub vom ...
Unsere Rechnung vom ... über DM ...

Sehr geehrter Herr Dr. Brandes,

für Ihren Brief danken wir Ihnen sehr, denn viele Kunden nehmen sich ohne Bitte um Zahlungsaufschub das Recht heraus, ihren Lieferanten auf das ihm zustehende Geld warten zu lassen.

Wir sind in diesem Ausnahmefall, wie von Ihnen vorgeschlagen, mit einem Zahlungsaufschub um ... Tage einverstanden, und wir werden Ihnen auch keine Verzugszinsen berechnen.

Bitte überweisen Sie den Rechnungsbetrag bis zum ... auf unser Konto.

Mit freundlichen Grüßen

Unterschrift(en)

Schriftwechsel im Zahlungsverkehr – Verkäufer lehnt Zahlungsaufschub ab

Angaben des Absenders

Firma
Empfänger in der Firma
Straße oder Postfach

Postleitzahl und Ort

Datum

Unsere Rechnung vom ... über DM ...
Ihre Bitte um Zahlungsaufschub vom ...

Sehr geehrter Herr Thomsen,

vielen Dank für Ihren Brief. Mit Bedauern hören wir, daß Sie in eine Lage gekommen sind, die Ihnen den pünktlichen Ausgleich Ihrer eingegangenen Zahlungsverpflichtungen erschwert.

Wir haben viel Verständnis für Ihre Situation, da wir uns in einer ähnlichen Lage befinden und gerade jetzt jeden Pfennig dringend benötigen.

Insofern können wir, so sehr wir es auch bedauern, Ihnen keinen Zahlungsaufschub einräumen. Für Kredite zahlen wir heute ... Prozent Zinsen. Diesen Satz berechnen wir auch unseren Kunden, wenn Überziehungszinsen wegen Nichteinhaltung des Zahlungsziels fällig werden.

Es tut uns leid, Ihnen keinen besseren Bescheid geben zu können.

Mit freundlichen Grüßen

Unterschrift(en)

Schriftwechsel im Zahlungsverkehr – Käufer bittet um ein Gespräch über Zahlungsprobleme

Angaben des Absenders

Firma
Empfänger in der Firma
Straße oder Postfach

Postleitzahl und Ort

Datum

Ihre Zahlungsbedingungen

Sehr geehrter Herr Hausmann,

wie Sie wissen, halten wir es für sehr wichtig, daß Vereinbarungen eingehalten werden.

In letzter Zeit zahlen unsere Kunden sehr schleppend, und so haben wir hier und da Schwierigkeiten, unsere Verpflichtungen pünktlich zu erfüllen. Wir halten dies für ein zeitlich begrenztes Problem, möchten uns aber gern mit Ihnen darüber unterhalten.

Da wir Ihnen im Rahmen des Kreditumfangs Sicherheiten bieten können, sollte unseres Erachtens eine von gegenseitigem Verständnis getragene Partnerschaft Lösungsmöglichkeiten finden, die unseren beiden Unternehmen gerecht werden.

Bitte sagen Sie uns, wann wir uns zusammensetzen können.

Mit freundlichen Grüßen

Unterschrift(en)

Schriftwechsel im Zahlungsverkehr – Bitte um Wechselprolongation

Angaben des Absenders

Firma
Empfänger in der Firma
Straße oder Postfach

Postleitzahl und Ort

Datum

Bitte um Prolongation des am ...
von mir akzeptierten Wechsels über DM ...

Sehr geehrter Herr Klaube,

ich akzeptierte einen Wechsel in der Annahme, daß ich am ... in der Lage wäre, ihn einzulösen.

Widrige Umstände zwingen mich jetzt, Sie um Prolongation zu bitten. Ich könnte verstehen, wenn Sie meiner Bitte nur sehr ungern zustimmten; meine geschäftlichen Aussichten für die nahe Zukunft scheinen aber die Gewähr dafür zu bieten, daß eine Prolongation auch für Sie die beste Lösung wäre.

Bitte nennen Sie mir einen Termin, an dem ich Sie besuchen und Ihnen die näheren Umstände persönlich und ausführlich erklären kann.

Mit freundlichen Grüßen

Unterschrift

Schriftwechsel im Zahlungsverkehr – Käufer erhebt Einspruch wegen überhöhter Mahnkosten

Angaben des Absenders

Firma
Empfänger in der Firma
Straße oder Postfach

Postleitzahl und Ort

Datum

Kaufvertrag über die Lieferung von ... vom ...
Paragraph 8 „Zahlungsbedingungen", Absatz „Mahnkosten"

Sehr geehrte Frau Dr. Salm,

vielen Dank für Ihre Zeilen und die Übersendung des Kaufvertrages.

Wir sind mit den Bedingungen im wesentlichen einverstanden, bitten Sie nur, eine Kleinigkeit zu revidieren.

Eine Vertragsklausel, nach der für eine Mahnung eine Kostenpauschale von 10 DM erhoben werden kann, ist rechtsunwirksam. Verlangen kann der Gläubiger lediglich eine Pauschale, die die Kosten für Porto und Material abdeckt, und die Gerichte sagen, 1,50 bis 2,50 DM seien dafür angemessen.

Wir bitten Sie um diese Änderung, damit der von Ihnen so sorgfältig ausgearbeitete Vertrag nicht wegen einer rechtsunwirksamen Lappalie abqualifiziert werden kann.

Bitte schicken Sie uns eine geänderte Fassung.

Mit freundlichen Grüßen

Unterschrift(en)

KAPITEL 9 Öffentlichkeitsarbeit/Verkaufsförderung

Öffentlichkeitsarbeit/Verkaufsförderung

Erklärungen zu Mitteilungen an die Presse

In diesem Abschnitt werden Informationen gegeben, wie man Briefe mit verkaufsfördernden Informationen an die Presse formuliert. Unter „Presse“ sollen hier Fachzeitungen und Fachzeitschriften, überregionale und lokale Tageszeitungen und sogenannte Wirtschaftsblätter (Anzeigenblätter) verstanden werden.

Wer sich der Medien Rundfunk und Fernsehen bedienen möchte, sollte sich, da dieser Bereich den Rahmen dieses Buches sprengen würde, in Büchern informieren, die ausschließlich die Themen Öffentlichkeitsarbeit und Werbung behandeln.

Zuerst wird auf dieser Welt leider immer über Geld gesprochen. Kostet eine Presseinformation etwas? Nun, das kommt auf die Information an. Liegt ein öffentliches Interesse an der Information vor und handelt es sich nicht um Werbung, so wird die Zeitung oder Zeitschrift den Artikel, wenn sie ihn druckt, vermutlich kostenlos veröffentlichen. Eine Anzeige oder ein Text, der Anzeigencharakter hat, wird dagegen nicht umsonst veröffentlicht werden. Die Frage nach den Kosten ist erlaubt.

Wie schreibt man nun an die Presse? Zu einer Presseinformation gehört ein mit Schreibmaschine geschriebenes Begleitschreiben mit Briefkopf (geschäftlich oder privat) und nicht ein handgeschriebener Begleitzettel.

Bei der eigentlichen Mitteilung sollte sich der Informationsdrang des Verfassers in Grenzen halten, wenn er vermeiden will, daß sein Werk ungelesen im Redaktionspapierkorb landet. Da es in Zeitungsredaktionen hektisch zugeht, findet man selten Redakteure, die sich genüßlich zurücklehnen, um sich zur eigenen Erbauung langschweifige werbliche Ergüsse von Unternehmen der Wirtschaft geistig einzuverleiben. So geht es nach Erscheinen der Zeitschrift oder Zeitung aber auch den an Werbung interessierten Lesern, die zwar informiert sein möchten, aber für die Aufnahme der Informationen nicht die Tagesschau verpassen möchten.

Folgerung: Ein kurzes Begleitschreiben zur kurzen Presseinformation! Wenige Stichworte, die besagen, worum es sich handelt und was gewünscht wird, und die Information selbst, zwar ausführlich, aber kurz und präzise formuliert. Bei aller Kürze sollten Abkürzungen, besonders von Namen, vermieden werden.

Fragen wie „wer?“, „was?“, „wann?“, „wo?“, „wie?“ und eventuell „warum?“ helfen, nichts zu vergessen.

Ein Redakteur braucht Platz zum Redigieren, und deshalb sollte man ihm ein Drittel der DIN-A4-Blattbreite für Notizen überlassen. Um den Käufern dieses Buches Kosten zu ersparen, wurde hier die volle Seitenbreite genutzt.

Zu guter Letzt die Frage: „Wann ist Abgabetermin?“ Über den Daumen gepeilt sollte eine Zeitschrift die Information etwa 6 Wochen und eine Zeitung zirka 8 bis 14 Tage vor dem Erscheinen bekommen. Eine Anfrage bringt Klarheit.

Mitteilungen an die Presse – Begleitschreiben zu einer Pressemitteilung

Angaben des Absenders

Empfänger
Abteilung und/oder Redakteur
Straße oder Postfach

Postleitzahl und Ort

Datum

Elektro-Müller jetzt auch im „EINKAUFSZENTRUM NORDSTADT"

Sehr geehrter Herr Bast,

wie Sie wissen, wird am 10. Oktober, also am „Langen Samstag", der neue Teil des Einkaufszentrums Nordstadt durch unseren Bürgermeister, Herrn Jochen Braumann, feierlich eingeweiht.

An diesem Tage eröffnen auch wir ein neues großes Ladengeschäft an der Ecke Hochkamp/Graben.

Wir wären Ihnen sehr dankbar, wenn Sie in Ihrer Zeitung im Rahmen der geplanten Sonderseite „14 neue Geschäfte im EZN" auch unser Ladengeschäft vorstellten.

Eine Information mit Foto von der Außenansicht des Ladens schicken wir Ihnen zusammen mit diesem Brief und bitten Sie um Verwendung, wie es in den Rahmen Ihrer Sonderseite paßt.

Dürfen wir Sie und Ihre Kollegen am 10. Oktober gegen 10 Uhr zu einem kleinen Sektfrühstück in den neuen Räumen einladen? Es wäre schön, Sie bei uns begrüßen zu können.

Mit freundlichen Grüßen

Anlagen

Unterschrift(en)

Mitteilungen an die Presse – Ladengeschäfts-Einweihung
(Anlage zu Begleitschreiben)

Angaben des Absenders

AM 10. um 10

Foto des neuen Ladengeschäfts

Elektro-Müller Firmenemblem
Filiale Hochkamp/Graben im EZN

Elektro-Müller, der hat einen Knüller!
Am Zehnten um zehn, da könn'n Sie ihn seh'n,
da brauchen Sie nur ... zum EZN hinzugeh'n.
Ecke Hochkamp und Graben, da könn'n Sie ihn haben,
so preiswert und schön und gleich mitzunehm'n!
Zum Backen, zum Braten und zum Nutzen im Garten.

Elektro-Müller krönt mit seinem neuen Ladengeschäft sein nun bald 40jähriges Bestehen. Schon Vater Müller, der Gründer der Firma, war der Ansicht, daß eine breite Palette von Qualitätserzeugnissen, verbunden mit einem freundlichen, zuverlässigen und fachmännischen Kundendienst, von den Kunden begrüßt und honoriert wird. Diese Ansicht teilt sein Sohn und jetziger Nachfolger in der Firma voll und ganz. Daß die Müllers recht haben, beweist der Erfolg und als sichtbares Zeichen dafür ...

Der neue Laden im EZN

Mitteilungen an die Presse – Betriebserweiterung
(Anlage zu Begleitschreiben)

Die Firma	Riesebieter & Krautheim, Karosseriebau, Bergisch Mühlstadt, Saaler Mühle 18-22
feiert am	Samstag, dem 24. Juni 1990, ab 10 Uhr
ein Fest	Einweihung der neuen Werkstatt mit einem neuen, sehr modernen Lackierbetrieb.
Grund:	Der Betrieb ist über 50 Prozent größer und technisch perfekter geworden.
Vorteil:	Die Kunden werden noch schneller und noch besser bedient als bisher.
Einladung:	R & K würden sich freuen, mit möglichst vielen guten Geschäftsfreunden und Interessenten feiern zu können.

Mitteilungen an die Presse – Begleitschreiben zu einer Pressemitteilung

Angaben des Absenders

Empfänger
Abteilung und/oder Redakteur
Straße oder Postfach

Postleitzahl und Ort

Datum

Firmenjubiläum in der Stadt

Sehr geehrter Herr Thies,

unsere Firma begeht am ... ihr ...jähriges Firmenjubiläum.

Ein Anlaß zum Feiern und ein Anlaß, den vielen Klienten dankbar zu sein, die dies ermöglicht haben.

Für einen Hinweis in Ihrer Zeitung oder die Veröffentlichung des mitgeschickten Textes wären wir Ihnen sehr dankbar.

Wir würden uns freuen, Sie an dem für uns so bedeutenden Tag zu einem Glas Sekt begrüßen zu können. Werden Sie kommen?

Mit freundlichen Grüßen

Anlage

Unterschrift(en)

Mitteilungen an die Presse – Firmenjubiläum
(Anlage zu Begleitschreiben)

Probleme beim Briefeschreiben – Ein Unternehmen bringt immer wieder Hilfe für viele Menschen

Die Firma

Eva Schmedemann, Korrespondenz- und Textberatung
Am Hermannshof 5, 5060 Bergisch-Gladbach
Telefon (02202) 8 44 35

feiert am ... ihr ...jähriges Bestehen. Das Unternehmen hat es sich zur Aufgabe gemacht, Menschen zu helfen, die Mühe haben, einen für sie nicht alltäglichen Text zu formulieren.

Viele Mitbürger sind im Leben oft gezwungen, Briefe treffend und sachbezogen zu formulieren, um für sich etwas sehr Wichtiges zu erreichen.

Jugendliche, die einen geeigneten Ausbildungsplatz suchen, wissen oft nicht, wie sie ein Bewerbungsschreiben psychologisch geschickt formulieren sollen und wie ein übersichtlicher Lebenslauf auszusehen hat. Frau Schmedemann hilft und sagt den jungen Menschen außerdem, worauf es bei einem auf die Bewerbung folgenden Vorstellungsgespräch ankommt.

Aufforderungen von Institutionen und Behörden – die leider auch heute noch häufig in kompliziertem Amtsdeutsch geschrieben sind – richtig zu verstehen und im eigenen Sinne zu beantworten ist für Leute, die dies nicht oft tun, meistens sehr schwierig. Hier wird Unterstützung geboten und auch schon einmal zum Telefon gegriffen, wenn sich dadurch langer Schriftwechsel vermeiden läßt.

Wichtig ist, so meint Frau Schmedemann, daß man den Klienten hilft, ihre Gedanken so auszudrücken, daß die Empfänger der Briefe klar erkennen, was die Absender mitzuteilen wünschen; denn nur so können diese eine positive Antwort erwarten.

Der Erfolg meiner Auftraggeber ist der schönste Dank für meine Arbeit, sagt die Jubilarin, und sie dankt gleichzeitig all ihren Klienten, die es ermöglicht haben, daß sie dieses schöne Fest feiern kann.

Mitteilungen an die Presse – Wiedereröffnung eines Betriebes
(Anlage zu Begleitschreiben)

NEU! NEU! NEU! ... Alles neu macht der Mai!

Am Montag, dem 2. Mai 19.., strahlt es, glänzt es, blitzt es in Hartmanns superneuem Supermarkt in der Kirchhoffstraße 11.

Kunden können ab sofort Kaffee trinken, während die ausgewählte Ware abgerechnet wird.

Die Familie Hartmann hat fast 6 Monate mit dem Notquartier in der alten Reithalle in der Binderstraße vorliebnehmen und manchem treuen Kunden einen Umweg zumuten müssen, bis es jetzt endlich so weit ist. Was? Nun, die Wiedereröffnung des Supermarktes!

Hartmanns Kunden präsentiert sich ein Supermarkt, wie er moderner und übersichtlicher wohl kaum sein kann. „Es wurde bewußt darauf verzichtet", sagt Rudolf Hartmann, „zu sehr über den Umsatz pro Quadratmeter Verkaufsfläche nachzudenken."

„Unsere Kunden", meint Rudolf Hartmann, „sollen sich in unserem Geschäft wohlfühlen, und das können sie nur, wenn sie nicht in engen Gängen Platzangst bekommen und das Sortiment so übersichtlich angeboten wird, daß langes Suchen nach der gewünschten Ware entfällt. Hausfrauen lieben es nicht, viele Stunden mit Einkäufen zur Deckung des täglichen Bedarfs zu verbringen."

Und nun eine Neuerung, die wirklich Freude macht: Die Kunden können, wenn sie nicht an der Kasse warten möchten, ihren gefüllten Einkaufswagen vor einer besonderen Kasse abgeben und erhalten dort eine Nummer. Dann können sie sich an die komfortable Kaffeebar setzen und für ... Pfennige einen Kaffee oder Tee trinken. In dieser Zeit wird die Rechnung geschrieben und ihnen vorgelegt. Der Zettel mit der Nummer erhält dann nach der Bezahlung einen entsprechenden Vermerk und man kann, ohne zu warten, die Ware in Empfang nehmen.

Ab 2. Mai sind alle Kunden herzlich eingeladen, das neue System zu testen. Wie man hört, gibt's am Tag der Wiedereröffnung den Kaffee oder Tee zur Feier des Tages sogar gratis

in Hartmanns superneuem Supermarkt in der Kirchhoffstraße 11.

Mitteilungen an die Presse – Umzug der Firma
(Anschreiben und Info in einem)

Angaben des Absenders

Empfänger
Abteilung und/oder Redakteur
Straße oder Postfach

Postleitzahl und Ort

Datum

Sehr geehrter Herr Müller-Klausen,

am ... ziehen wir in neue Räume in der Friedrichstraße 39, damit unsere Kunden noch besser und schneller als bisher bedient werden können.

Neue Techniken machen heute den Bau von Maschinen möglich, von denen man vor einigen Jahren nur träumen konnte. Uns gelingt es jetzt, diese Maschinen im neuen „Heim" zum Nutzen unserer Kunden einzusetzen.

Wir wären Ihnen sehr dankbar, wenn Sie Ihre Leser auf unseren Umzug aufmerksam machten, und wir würden uns sehr freuen, Sie an dem für uns so erfreulichen Tag gegen ... Uhr zu einem kleinen Imbiß begrüßen zu können.

Mit freundlichen Grüßen

Unterschrift(en)

Text für Veröffentlichung:

Die Firma Bernink & Schröder, ... (Branche), zieht am ... in neue Räume in der Friedrichstraße 39.

„Jetzt", so sagt der Inhaber, Wolf Schröder, „können wir durch den Einsatz modernster Technik unseren Kunden Vorteile bieten, die diese auch in Mark und Pfennig zu spüren bekommen."

Dieses Versprechen von Wolf Schröder ist sicher der beste Dank für Kundentreue.

Mitteilungen an die Presse – Jubiläum des Firmeninhabers
(Anlage zu Begleitschreiben)

SCHILLER, SCHILLER, SCHILLER

Drei Generationen der Familie Schiller haben es durch Fleiß und die Erkenntnis, daß der Kunde „König" ist, geschafft, ein Unternehmen aufzubauen, das heute zu den bedeutendsten und größten ... (Branche)-Firmen unserer Stadt zählt:

die ...-Fabrik „Schiller & Schiller"

Traugott Schiller (56), der Enkel des Firmengründers, feiert am ... sein 40jähriges Jubiläum. Schon in jungen Jahren, als er noch als „Stift" in einem befreundeten Unternehmen tätig war, wurde ihm beigebracht, daß nur zufriedene Kunden ein Kapital darstellen, mit dem sich bauen läßt.

So verwundert es denn auch nicht, wenn der Jubilar sagt: „Ohne unsere treuen Kunden, denen ich sehr dankbar bin, könnte ich dieses Jubiläum nicht im Kreise guter Geschäftsfreunde feiern."

Mitteilungen an die Presse – Ausstellung eines regional bekannten Künstlers im Betrieb
(Anlage zu Begleitschreiben)

Hermann Meierhofer zeigt vom ... bis zum ... seine Batikarbeiten in den Verkaufsräumen der Firma Ebert & Krüger, Am Mühlbach 25 in Grünstadt-Eschersbach.

HM, unter diesem Kürzel in unserer Region besser bekannt als unter seinem vollen Namen Hermann Meierhofer, möchte seine Neuschöpfungen, bei denen er Eindrücke aus Südost-Asien verarbeitet hat, einem breiten Publikum vorstellen.

Da Südost-Asien die Heimat der Batik ist, darf man besonders gespannt sein, in welcher Weise die Eindrücke der Reise HMs allerseits geschätzten Stil beeinflußt haben. Wird das Ursprüngliche dieser in Europa sehr beliebten Wachstechnik noch stärker als bisher zum Ausdruck kommen? Man darf zu Recht gespannt sein!

Die Firma Ebert & Krüger, die schon oft als Mäzen jungen Künstlern zum Durchbruch verholfen hat, stellt diesmal die Werke eines alten, erfahrenen „Hasen" aus, der nie vergessen hat, wer das erste Sprungbrett für seine Karriere gebaut hat.

„Es bleibt zu wünschen", sagt Peter Krüger, Inhaber des Unternehmens, „daß auch diese Ausstellung für HM wieder ein voller Erfolg wird. HM ist das beste Beispiel dafür, daß es sich lohnt, mit einem Teil des verdienten Geldes der Kultur zu helfen, mit der Zivilisation Schritt zu halten."

Mitteilungen an die Presse – „Tag der offenen Tür“
(Anlage zu Begleitschreiben)

Krauses „Markt für Hören und Sehen“
lädt am Sonntag, dem ..., zwischen ... und ... Uhr,
zum „Tag der offenen Tür“ ein.

„Hereinspaziert, hereinspaziert,
hereingeschaut und nicht geniert!“

riefen die Marktschreier früher auf den Jahrmärkten mit kräftiger Stimme, wenn es darum ging, die Mitmenschen einer meist in einem Zelt ausgestellten vermeintlichen Sensation zuzuführen.

Dieser Weg der Bekanntmachung ist heute kaum noch üblich, und die Gilde der Marktschreier ist stark zusammengeschrumpft. Die Technik hilft den meisten Verkündern, die ihre Mitteilungen verbal verbreiten möchten, ihre Stimme zu schonen.

Diese Technik gibt's bei

Krauses „Markt für Hören und Sehen“

im wahrsten Sinne des Wortes zu hören und zu sehen. Außer Mikrophonen, Verstärkern und Lautsprechern kann man alles bestaunen, was auf dem Markt an Unterhaltungselektronik gut und preiswert ist.

Es darf nach Herzenslust gehört und gesehen werden; nur gekauft werden darf leider nichts. Aber bis die Kunden am darauffolgenden Montag endlich kaufen dürfen, soll es ja auch noch ein klein wenig Vorfreude geben.

Hereinspaziert, hereinspaziert!

Krauses „Markt für Hören und Sehen“, Platz 5, 5000 Köln 1

Erklärungen zu Werbebriefen

Wie schon unter „Erklärungen zu Mitteilungen an die Presse“ gesagt, würde es den Rahmen dieses Buches sprengen, wollte man hier versuchen, über Werbung all das zu erklären, was in unzähligen Fachbüchern zum Thema Werbung schon erklärt wurde.

Hier sollen einige Anregungen gegeben werden, wie einfache Werbebriefe aussehen sollten, und einige Hinweise, was man vermeiden sollte, um den Weg vom Empfänger zum Papierkorb zu verlängern oder ganz zu verhindern.

Ein Werbebrief sollte beim Empfänger möglichst lange „überleben“. Da gibt es erfahrungsgemäß folgende Stufen:

Stufe 1

Der Empfänger nimmt den Briefumschlag in die Hand, sagt: „Sch...-Werbung“ und läßt ihn ungeöffnet in den Behälter für Altpapier wandern.

Stufe 2

Der Empfänger entnimmt den Werbebrief dem Umschlag, wirft einen kurzen Blick auf den mühevoll erarbeiteten Text und läßt dann das Schreiben in die sogenannte „große Ablage“ wandern.

Stufe 3

Bei dieser Stufe ist schon ein gewisses Interesse des Lesers zu erkennen. Jener liest den Brief bis zur 15. Zeile, doch dann überkommt ihn die Langeweile, weil zu viele unnötige Informationen gegeben werden, und wieder geht es „ex und hopp“.

Stufe 4

Hier wird der Text das erste Mal bis zum Ende studiert. Dem Leser mißfallen auch nicht die 8 verschiedenen Schriftarten und 5 unterschiedlichen Texthervorhebungen, mit denen eifrige Computerspieler jedes saubere Blatt verunzieren können; nein, der Leser ist nur am Ende des Briefes zutiefst überzeugt, daß er mit dem Angebot jetzt und in der Zukunft absolut nichts anfangen kann.

Stufe 5

Es muß etwas beim Lesen gegeben haben, was den Leser veranlaßt, den Brief nicht zu zerknüllen, sondern aufzubewahren. War es der geschmackvolle, nicht mit Informationen überladene Briefkopf zusammen mit dem nicht langweilenden Werbetext? Sicher ist wohl, daß der Leser das Gefühl gewonnen hat, er benötige sofort oder irgendwann das angebotene Produkt oder die beschriebene Dienstleistung.

Dieses Gefühl wird der Leser dann gewinnen, wenn der Text des Briefes ihn überzeugt, daß er aus dem Kauf der offerierten Ware oder Leistung einen Nutzen für sich ziehen kann. Von diesem Nutzen muß der Leser humorvoll oder sachlich, immer jedoch möglichst kurz, präzise und klar verständlich überzeugt werden.

Werbebriefe – Einladung zur Ladengeschäfts-Eröffnung mit Musik

Angaben des Absenders

Folklore und Jazz ...
für jung und alt,
und Freibier und Cola,

auf dem Rathausplatz
das gibt es sehr bald
das war doch noch nie da!

Am Samstag, 5. Mai, da gibt's fast alles frei,
also laufen Sie schnell und sei'n Sie dabei!

Gibt die Stadtverwaltung ein Fest auf dem Rathausmarkt? Aber nein, Lausen eröffnet den neuen Laden. Musik, Bier und Cola gibt's umsonst, damit es Spaß macht, die vielen tollen Sonderangebote abzuholen. Man sollte schon eine große Tasche dabeihaben.

„Alpenjodler"
Freibier und Cola
Ein toller Samstag

„Riverside-Jazzband"
Sonderangebote
Viel Spaß und Freud'

Lausens neues Fleischwaren-Geschäft, Rathausplatz 8
Riesenauswahl an Fleisch-, Wurstwaren und Delikatessen

Ein Superladen mit Superwaren in Superqualität zu Superpreisen. Super nicht? Spaß beiseite, sehen Sie sich doch Samstag ab 9 Uhr an, ob wir den Mund mit unserem Fleisch und unserer Wurst zu voll nehmen.

Werbebriefe – Einladung zum Informations-Sonntag ohne Verkauf

Angaben des Absenders

**In Ruhe informieren, ohne kaufen zu müssen.
Kein Verkäufer, der unbedingt etwas verkaufen möchte.
Sehen, aber kein Geld ausgeben.
Das kann man nie besser als am Info-Sonntag!**

Nur wer sich in Ruhe informiert, sorgfältig abwägt und seine Kaufentscheidung nicht unter Druck fällt, der wird auch nach dem Kauf noch davon überzeugt sein können, nicht das Falsche gekauft zu haben. Ein schöner Sonntag, so ein Info-Sonntag!

MÖLLERS MÖBEL-MARKT freut sich auf Ihren Besuch. Sie können am Sonntag bei uns ein ganzes Zimmer, eine ganze Wohnung, ja, ein ganzes Haus einrichten. Sie können probesitzen, probeliegen, probewohnen, planen, kalkulieren und dabei ganz in Ruhe feststellen, daß Sie fast nirgends so günstig kaufen wie bei MÖLLERS MÖBEL-MARKT.

Damit Sie sich Ihre Wünsche schnell erfüllen können, verkaufen wir Ihnen dann am Montag alles, was Sie sich bei uns am Sonntag ausgesucht haben.

MÖLLERS MÖBEL-MARKT, Albertgasse 85 in 7064 Harkestedt 3

Werbebriefe – Einladung zur Neugründung einer Firma

Angaben des Absenders

Liebe Alsbacher,

Warum lange Wege geh'n, um gute gebrauchte Autos zu seh'n?

Ecke Staufenstraße/Manfortweg finden ab ... sicher auch Sie, was Sie suchen, wenn Sie ein gutes gebrauchtes Auto kaufen möchten. Es war an der Zeit, daß die Bürger von Alsbach nicht erst Tagesausflüge machen müssen, um einen zuverlässigen Wagen zu erstehen.

Am Samstag, dem ..., eröffnet mein Freund Eduard Kaufer, vielen in unserer Gemeinde als „Tor-Ede" vom FC Alsbach gut bekannt, einen Fachhandel mit Gebrauchtwagen. Ede lädt ab ... Uhr zum Start seiner neugegründeten Firma ein.

Bei der Eröffnung will Eduard Kaufer durch die Vorführung vieler bestens gepflegter und TÜV-geprüfter Wagen beweisen, daß man sich nicht nur beim Fußball sehr gut auf ihn verlassen kann. Ich denke, das dürfte ihm gelingen.

Ede hat gesagt, er wolle am Samstag für alle, die zum Gucken kommen, einen ausgeben. Bier und alkoholfreie Getränke gäbe es satt, und eine Band werde die neuesten Hits spielen. Na, wenn das kein Grund für die Besichtigung einer Gebrauchtwagenschau ist. Kommen Sie, hören Sie Musikhits, und finden Sie für sich den Autohit!

Im Namen von Eduard Kaufer lade ich Sie alle sehr herzlich ein.

Ihr

Klaus-Dieter Halsenbeck

Werbebriefe – Einladung zum Besuch des Messestandes

Angaben des Absenders

EILMELDUNG ... EINLADUNG ... EILMELDUNG ... EINLADUNG ... EIL

messe für ... vom ... zum ... in ... stop

interessenten aus allen regionen werden erwartet stop

wir laden sie ein, unseren stand, halle 6/16, zu besuchen stop

eine wichtige neuheit, die vollautomatische ... (Maschine), wartet auf sie stop

man spricht von dem knüller des jahres stop

warum? lange von fachleuten gewünscht, jetzt zu kaufen! stop

außerdem sehen sie unser gesamtes verkaufsprogramm stop

wir zeigen ...

kauf zu extrem günstigen messekonditionen möglich stop

EILMELDUNG ... KOMMEN ... SEHEH ... KAUFEN ... SPAREN ... EIL

Werbebriefe – Saisonartikel-Vorstellung

Angaben des Absenders

Firma
Empfänger in der Firma
Straße oder Postfach

Postleitzahl und Ort

Datum

Saisonartikelangebot zu günstigsten Konditionen.
Preisknüller! Angebot gültig bis zum ..., jedoch nur, solange der Vorrat reicht.

Sehr geehrter Herr Thormüller,

unseren guten und treuen Geschäftsfreunden bieten wir, wie bisher üblich, zuerst die Möglichkeit, unser Saisonartikelangebot zu nutzen.

Wir haben soeben, noch rechtzeitig zur Saison, aus Fernost eine Sendung mit ... (Oberbegriff) erhalten. Wir bieten Ihnen daraus an:

Artikelbezeichnung	DM pro Stück exkl. MwSt.
....	....
....	....

Alle Artikel liefern wir frei Haus inkl. Schutzverpackung zu unseren Ihnen vorliegenden Verkaufs- und Lieferbedingungen vom 24.10.1982.

Zusammen mit diesem Angebot schicken wir Ihnen ausführliche Beschreibungen und einige Muster der Artikel. Sie werden schnell erkennen, daß die Farbpalette dieses Jahr noch breiter geworden und die Qualität der ... wesentlich verbessert worden ist.

Wenn Sie letztes Jahr von unserem Saisonartikelangebot noch keinen Gebrauch gemacht haben sollten, so empfehlen wir Ihnen sehr, die günstige Gelegenheit dieses Mal zu Ihrem Vorteil zu nutzen.

Mit freundlichen Grüßen

Anlagen

Unterschrift(en)

Werbebriefe – Vorstellung eines neuen Produkts

Angaben des Absenders

Firma
Empfänger in der Firma
Straße oder Postfach

Postleitzahl und Ort

Datum

Sehr geehrter Herr Dr. Grundmann,

Sie sind sicher mit uns einer Meinung, wenn wir behaupten, daß ein Problem schon zur Hälfte gelöst ist, wenn man den Grund dafür erkannt hat.

Wir haben in vielen Gesprächen mit Ihnen den Eindruck gewonnen, daß die Herstellung von XYZ für die ABC-Industrie immer noch erhebliche Schwierigkeiten bereitet, und haben die Gründe dafür gesucht. Als wir sie erkannt hatten, war das Problem tatsächlich schon halb gelöst.

Wir konnten, wenn auch mit einem recht erheblichen Kostenaufwand, ein Produkt entwickeln, das Ihre Probleme bei der Produktion von XYZ beseitigen wird.

"Miraklon"

Miraklon hat folgende Eigenschaften:

....

....

Miraklon bringt Ihnen durch diese Eigenschaften folgende Vorteile bei der Herstellung von XYZ:

....

....

Miraklon erspart Ihnen daher etwa ... DM an Herstellungskosten pro Jahr.

Je eher Sie also Miraklon einsetzen, desto früher können Sie Ihr schwer verdientes Geld für andere gewinnbringende Zwecke einsetzen.

Darf unser Herr Sauerwein Sie in den nächsten Tagen anrufen, um mit Ihnen einen Termin für ein Gespräch zu vereinbaren?

Mit freundlichen Grüßen

Anlage
Produktinformation

Unterschrift(en)

Werbebriefe – Neukundenwerbung

Angaben des Absenders

Firma
Empfänger in der Firma
Straße oder Postfach

Postleitzahl und Ort

Datum

Unsere Kundenkartei sagt, daß wir noch nie für Sie arbeiten durften. Das ist sehr schade!

Sehr geehrter Herr Pietsch,

Sie kennen unsere Firma noch nicht; zumindest durften wir noch nicht für Sie tätig sein.

Dürfen wir uns Ihnen deshalb vorstellen?

Wir sind, wie man so sagt, ein alteingesessener Handwerksbetrieb, denn die Firma wurde schon ... in ... gegründet. Vermutlich würden wir nicht gute und schlechte Zeiten überstanden haben, wären wir uns nicht sehr bewußt, daß der Kunde „König" ist. Zuverlässigkeit und Qualitätsarbeit sind die tragenden Säulen eines Handwerksbetriebes, und das haben wir erkannt.

Wir fertigen ....(Aufzählung)............................
....
....

für ....(Aufzählung)............................
....
....

Wir reparieren ....(Aufzählung)............................
....
....

und wir haben einen Notdienst, der auch in der Nacht kommt, wenn es einmal „brennt".

Man sagt, unsere Preise seien leistungsgerecht. Wir haben nichts zu verschenken, aber „wir lassen die Kirche im Dorf".

Wenn Sie mal wieder einen ... brauchen, so rufen Sie uns doch bitte einmal an. Wir zeigen Ihnen dann gern, daß wir sehr genau wissen, was Sie unter Kundendienst verstehen.

Mit freundlichen Grüßen

Anlage

Werbebriefe – Sonderangebot für Stammkunden

Angaben des Absenders

Firma
Empfänger in der Firma
Straße oder Postfach

Postleitzahl und Ort

Datum

Sonderangebot für Stammkunden
.... mit unbedeutenden Lackschäden zum halben Preis

Sehr geehrter Frau Grill,

Sie gehören seit Jahren zu unseren guten und treuen Kundinnen. Aus diesem Grund haben wir heute auch ein ganz besonderes Angebot für Sie.

Als Gartenbesitzerin sind Sie natürlich an allem interessiert, was Ihren Garten verschönt oder was Sie dafür nutzen können.

Durch unsere guten Verbindungen zur Industrie gelang es uns, einen Posten ... mit leichten Lackschäden (oft nur ein winziger Kratzer) äußerst günstig zu übernehmen. Einen Prospekt schicken wir Ihnen zusammen mit diesem Brief.

Da die Anzahl der ... begrenzt ist und Sie beim Kauf sage und schreibe

DM ....

sparen können, lohnt es sich für Sie, uns in den nächsten Tagen zu besuchen. Wir können Ihnen dieses Spitzenangebot natürlich nur so lange machen, wie unser Vorrat reicht. Es würde uns sehr freuen, wenn wir Ihnen mit unserem Angebot einen Gefallen täten.

Bis bald und freundliche Grüße

Anlage

Unterschrift(en)

Werbebriefe – Mitteilung über geänderte Telefonnummer

Angaben des Absenders

Firma
Empfänger in der Firma
Straße oder Postfach

Postleitzahl und Ort

Datum

Bei uns klingelt es ...
ab ... unter einer neuen Telefonnummer: 2202/8 44 35

Lieber Kunde,

es wäre höchst bedauerlich, wenn es bei uns nicht mehr klingelte, denn dann wüßten wir nicht, was wir tun können, um Ihnen zu helfen.

Wir leben vom Kundendienst, und dazu gehört, daß wir für Sie erreichbar sind, wenn Sie uns brauchen.

Seien Sie doch bitte so freundlich, unsere neue Telefonnummer in Ihr „schlaues Büchlein"einzutragen", dann kann ja nichts mehr schiefgehen.

Wenn's klingelt, heben wir gerne ab!

Mit freundlichen Grüßen

Unterschrift(en)

Werbebriefe – Werbebrief zum Geburtstag eines Kunden

Angaben des Absenders

Firma
Empfänger in der Firma
Straße oder Postfach

Postleitzahl und Ort

Datum

Sehr geehrte Frau Peters,

da Sie eine unserer guten Kundinnen sind, meldet die Kundenkartei, daß Sie am ... einen Ehrentag haben, weil Sie Geburtstag feiern können.

Wir haben die Geburtstage unserer Stammkunden in der Kartei vermerkt, weil wir wissen, daß wir ohne unsere guten und treuen Kunden nicht existieren könnten, und weil wir sie wegen ihrer Anhänglichkeit an unsere Firma sehr wertschätzen.

Zu Ihrem Geburtstag wünschen wir Ihnen alles erdenklich Gute, vor allen Dingen aber gute Gesundheit und ein sorgenfreies neues Lebensjahr.

Mit herzlichen Grüßen

Unterschrift

KAPITEL 10 Worte zu besonderen Anlässen

*) in Kartenform

Glückwünsche zum Geburtstag

Angaben des Absenders

Empfänger
Straße und Hausnummer

Postleitzahl und Ort

Datum

Sehr geehrter Herr Pietsch,

von unserem gemeinsamen Clubkameraden Peter Hansen erfuhr ich, daß der 25. August für Sie stets ein besonderer Tag ist. Der 25. August 1990 ist nun aber ein ganz besonderes Datum für Sie, da Sie an diesem Tag ein halbes Jahrhundert jung werden.

Pessimisten werden sagen, daß Sie nun, mit 50 Jahren, leider in das Alter der Jugend kommen, und Optimisten freuen sich, mit 50 Jahren noch in der Jugend des Alters zu sein. Realisten akzeptieren die Tatsache, sind dankbar, wenn sie sich bester Gesundheit erfreuen, und wissen die in 5 Jahrzehnten gewonnene Lebenserfahrung zu schätzen.

Da ich Sie als optimistischen Realisten kennengelernt habe, bin ich der Überzeugung, daß Sie den für Sie so bedeutenden Tag als ein schönes Ereignis in Ihrem Leben feiern und frohgemut in die Zukunft schauen werden.

Für die nächsten 50 Jahre wünsche ich Ihnen Gesundheit, keine größeren Probleme und die Kraft, das Schicksal so zu akzeptieren, daß Ihnen Ihr Leben immer lebenswert erscheint.

Alles Gute und
sehr herzliche Grüße

Ihr

Glückwünsche zum Jubiläum

Angaben des Absenders

Empfänger
Straße und Hausnummer

Postleitzahl und Ort

Datum

Lieber Jürgen,

am ... geht es sicher „rund" im Hause der Familie Mohn, und ich kann leider nicht bei Euch sein.

Wie gern hätte ich Dir persönlich gratuliert und miterlebt, wie Du den für Dich so bedeutenden Tag im Kreise Deiner Familie und unserer gemeinsamen Freunde feiern kannst.

So bleibt mir nur, Dir meine Glückwünsche zu Deinem ...jährigen ...-Jubiläum per Post zu schicken und Dir auf diesem Wege zu sagen, wie sehr ich bewundere, was Du in den ... Berufsjahren erreicht hast.

Ich erinnere mich gut an Deinen nicht sehr leichten Start und die große Mühe, die Du hattest, um Dich durchzusetzen. Du hast es geschafft, und darauf kannst Du stolz sein!

Wie ich Dich kenne, bin ich auch um Deine und Deiner Familie Zukunft nicht bange. Eine Grundvoraussetzung ist allerdings Gesundheit, denn wir bauen unsere Pläne immer auf der Annahme auf, daß wir gesund sind. Ich wünsche Dir also von ganzem Herzen Gesundheit und hoffe sehr, daß Deine Zukunft mit wenig Sorgen behaftet sein wird.

Alles Gute und Liebe, genieße Deine Feier, grüße bitte Gisela, die Kinder und die Freunde und – bewahre mir eine gute Flasche für unser Wiedersehen im ... auf.

Herzlichst

Dein

Glückwünsche zur Hochzeit

Angaben des Absenders

Empfänger
Straße und Hausnummer

Postleitzahl und Ort

Datum

Lieber Herr Kramer,

von Ihrem Vater erfuhr ich, daß am ... ein großes Fest gefeiert wird, ein Fest aus Freude über ein sehr wichtiges Ereignis. Sie werden heiraten und die Familie Kramer um ein Familienmitglied bereichern.

Wir haben uns einige Male mit Ihrem Vater getroffen, und da ich unsere Gespräche in sehr angenehmer Erinnerung habe, möchte ich Ihnen und Ihrer zukünftigen Gattin sehr, sehr herzlich gratulieren. Ich wünsche Ihnen beiden alles erdenklich Gute für den gemeinsamen Lebensweg, Gesundheit, die Erfüllung Ihrer Wünsche, wenig Sorgen und stets die Kraft, mit Problemen, die sich Ihnen entgegenstellen, fertig zu werden.

Es wäre schön, Sie und Ihre Gattin zusammen mit Ihren Eltern im Herbst bei uns begrüßen zu können.

Herzliche Grüße

Ihr

Glückwünsche zur Silberhochzeit

Angaben des Absenders

Empfänger
Straße und Hausnummer

Postleitzahl und Ort

Datum

Liebe Frau Christensen,
lieber Herr Christensen,

durch einen Zufall erfuhr ich von einem für Sie sehr bedeutsamen Ereignis, und so freue ich mich, Ihnen gratulieren zu können.

Man flüsterte mir, daß Sie am ... auf 25 Ehejahre zurücksehen können und somit einen sehr guten Grund zum Feiern haben werden.

25 gemeinsam verbrachte Jahre sind keine Selbstverständlichkeit, und sicher haben auch Sie im Laufe des Lebens viele Menschen kennengelernt, die nicht in der Lage waren, das einmal gegebene Versprechen zu halten.

Ihnen ist dieses gelungen, und so wünsche ich Ihnen, daß Sie auch die nächsten 25 Jahre glücklich meistern werden. Dazu gehört, denke ich, vor allen Dingen Gesundheit, die Erkenntnis, Träume und Wünsche auf das Machbare zu reduzieren, und die Fähigkeit, die Realitäten des Lebens zu akzeptieren.

Ich wünsche Ihnen deshalb gute Gesundheit und die Kraft, wann immer Probleme auftauchen, mit ihnen so gut fertig zu werden wie bisher.

Es grüßt Sie sehr herzlich

Ihr

Glückwünsche zum Jahreswechsel

Angaben des Absenders

Empfänger
Straße und Hausnummer

Postleitzahl und Ort

Datum

Sehr geehrter Herr Bernink,

sicher werden Sie oft das Gefühl haben, daß die Zeit rast, und bedauern, daß nicht mehr Stunden für die vielen zu bewältigenden Aufgaben und natürlich auch für die Muße zur Verfügung stehen. Bestimmt haben auch Sie schon des öfteren geseufzt und gesagt: „Mein Gott, nun ist schon wieder ein Jahr vorüber!"

Wir sollten es nicht bedauern, wenn es uns erscheint, als verginge die Zeit im Fluge. Wann immer die Zeit nicht davoneilt, befinden wir uns in einer wenig beneidenswerten Situation. Menschen, die krank oder alt und einsam sind, wären sicher dankbar, wenn sie das Gefühl hätten, daß die Zeit im Fluge vergeht.

So hoffe ich nun, daß Ihnen auch im Neuen Jahr die Zeit wenig Gelegenheit lassen möge, um zu bedauern, wie sie verrinnt. Ich wünsche Ihnen Gesundheit, Freundschaft, Erfolg und natürlich bei aller Hast auch so viel verbleibende Zeit, um alle drei Dinge zu genießen.

Auf das Neue Jahr!

Herzlichst

Ihr

Glückwünsche zur Einweihung eines Ladengeschäfts

Angaben des Absenders

Firma
Empfänger in der Firma
Straße oder Postfach

Postleitzahl und Ort

Datum

Sehr geehrter Herr Schüler,

in einigen Tagen werden die Mühen der letzten Monate überstanden sein, und Sie können Ihr neues Ladengeschäft einweihen. Wir sind sicher, daß Sie froh sind, endlich die ganze Bauerei hinter sich zu haben und sich wieder voll dem Geschäft widmen zu können. Aus eigener Erfahrung wissen wir, wie derartige Dinge belasten.

Um einen so schönen und großen Laden in bester Lage beziehen zu können, muß man viel Erfolg gehabt haben, und dieser, das wissen wir alle, stellt sich in der Regel nur durch harte Arbeit ein. Sie haben es nie an Fleiß fehlen lassen, und deshalb sei Ihnen Ihr neues Schmuckstück von ganzem Herzen gegönnt.

Mögen Ihre Kunden von Ihren neuen Räumen begeistert sein und Sie mehr denn je besuchen. Wir jedenfalls wünschen es Ihnen und hoffen, daß Sie weiterhin Ihre gute Marktposition behaupten können.

Alles Gute

Ihre

Glückwünsche zur Betriebserweiterung

Angaben des Absenders

Firma
Empfänger in der Firma
Straße oder Postfach

Postleitzahl und Ort

Datum

Sehr geehrter Herr Reichardt,

„Ohne Fleiß, kein Preis", sagt ein altes Sprichwort, und Sie beweisen durch Ihre Leistung, daß es seine Berechtigung hat. Nur durch Ihre harte Arbeit und Mühe ist es Ihnen gelungen, aus der ehemals kleinen Firma Ihres Vaters ein Unternehmen zu bauen, das zu den größten in unserer Gemeinde zählt.

Als Preis für Ihr Schaffen können Sie am ... die Erweiterung Ihres Betriebes feiern, und wir alle wissen, welche Opfer Sie dafür bringen mußten.

Besonders beglückwünschen wir Sie zu der außerordentlich gelungenen Architektur des Anbaus. Viele Mitbürger sind wie wir der Ansicht, daß das Gebäude eine äußerst harmonische Brücke zwischen der alten, erhaltenswerten Bausubstanz des Gründungsgebäudes und der modernen, sachlichen Bauweise des Nachbarhauses darstellt. Es ist gut, wenn Bürger unserer Stadt nicht ausschließlich den Profit im Auge haben, sondern auch daran denken, nachfolgenden Generationen e ne Stadt zu hinterlassen, in der es sich zu leben lohnt.

Wir wünschen Ihnen, daß Sie und Ihre Mitarbeiter sich in den neuen Räumen wohlfühlen werden und daß die Erweiterung für Sie den Nutzen bringt, den Sie sich erhofft haben.

Mit sehr herzlichen Grüßen

Glückwünsche zur Fusion mit anderer Firma

Angaben des Absenders

Firma
Empfänger in der Firma
Straße oder Postfach

Postleitzahl und Ort

Datum

Sehr geehrter Herr Bröse,

heute erhielten wir die Nachricht von der Fusion Ihrer Firma mit der Maschinenfabrik „...".

Wir beglückwünschen Sie zu Ihrem weitsichtigen Entschluß. Ihre Entscheidung dürfte für beide Unternehmen von großem wirtschaftlichen Vorteil sein und den Mitarbeitern für die nächsten Jahre Ihre Arbeitsplätze sichern. Es wäre erfreulich, wenn viele Unternehmer wie Sie dächten und durch ihr Handeln zu erkennen gäben, daß auch sie, unter Hintanstellung vermeintlicher persönlicher Interessen, zukunftsorientierte Entscheidungen treffen.

Viel Glück für Ihre Zukunft und die Ihres Unternehmens! Wir sind sicher, daß Sie auch weiterhin auf Erfolgskurs bleiben werden.

Mit freundlichen Grüßen

Glückwünsche zur bestandenen Meisterprüfung

Angaben des Absenders

Empfänger
Straße und Hausnummer

Postleitzahl und Ort

Datum

Sehr geehrter Herr Jensen,

von Herrn Graumann hörte ich gestern, daß Sie Anfang des Monats die Meisterprüfung mit einem sehr guten Ergebnis bestanden haben. Herzlichste Glückwünsche!

Ich habe mich gefreut, daß Sie es in so jungen Jahren schon so weit gebracht haben, denn wann immer Sie als Geselle der Firma Reifenhäuser bei uns im Hause tätig waren, haben Sie beste Handwerksarbeit geleistet.

Sollten Sie eines schönen Tages den Entschluß fassen, sich selbständig zu machen, so empfehle ich Ihnen, mich zu besuchen. Es wäre gut möglich, daß ich dann Ihr erster Kunde würde.

Alles Gute für Ihre Zukunft

Ihr

Danksagungen – Dank für Einladung zum Geburtstag – Zusage

Angaben des Absenders

Firma
Empfänger in der Firma
Straße oder Postfach

Postleitzahl und Ort

Datum

Sehr geehrte Frau Dr. Klausnitzer,

vielen herzlichen Dank für die Einladung zu Ihrem Empfang, den Sie aus Anlaß Ihres „runden" Geburtstags geben.

Ich war immer der Ansicht, daß die Feier Ihres Ehrentages erst in einigen Jahren möglich sei, und so war ich doch recht erstaunt, als ich Ihre freundlichen Zeilen las.

Ihre Einladung nehme ich sehr gerne an, und ich freue mich darauf, Ihnen am ... persönlich meine guten Wünsche sagen zu können.

Herzliche Grüße

Ihr

Danksagungen – Dank für Einladung zum Jubiläum – Absage

Angaben des Absenders

Firma
Empfänger in der Firma
Straße oder Postfach

Postleitzahl und Ort

Datum

Sehr geehrter Herr Weber,

vielen Dank für Ihre freundliche Einladung. Ein ...jähriges Jubiläum eines guten Geschäftsfreundes feiert man nicht alle Tage, und eine Reise in meine Heimatstadt ... ist ebenfalls immer sehr verlockend. Dennoch muß ich leider eine Absage schicken, da ich an diesem besonderen Tag an einer Konferenz in ... teilnehmen muß.

Ich bedauere zutiefst, nicht mit Ihnen "jubeln" zu können, und hoffe sehr, daß ich einige Wochen später zu Ihnen kommen darf, um Ihnen dann nochmals persönlich zu gratulieren. Darf ich?

Wie kennen uns nun schon viele Jahre, und so weiß ich, daß Sie Ihren Ehrentag genießen werden, mit gutem Recht genießen werden, denn Sie haben stets mehr für Ihre Firma geleistet, als man von Ihnen erwarten durfte. Sie haben unermüdlich für das Wohl des Unternehmens geschafft und manchen Erfolg durch Ihren hohen persönlichen Einsatz erzielt. Das macht Ihnen nicht jeder nach!

Sehr geehrter Herr Weber, bleiben Sie gesund, und behalten Sie Ihren so wohltuenden Humor. Er wird Ihnen sicher auch zukünftig helfen, so manche Hürde zu nehmen.

Mit sehr herzlichen Grüßen

Ihr

Danksagungen – Dank für Einladung zum Betriebsfest – Zusage

Angaben des Absenders

Firma
Empfänger in der Firma
Straße oder Postfach

Postleitzahl und Ort

Datum

Sehr geehrter Herr Tenzer,

von Ihnen eine Einladung zur Teilnahme an Ihrem Betriebsfest zu bekommen hat mich sehr gefreut und ich nehme dankend an.

Ihr Programm habe ich mit Freude gelesen. Eine Reise mit einem Salonwagen der Bahn nach Hamburg macht man nicht alle Tage, und eine Barkassenfahrt auf der Elbe während der Großseglerparade ist ein Leckerbissen besonderer Art.

Ich muß Ihnen ein Kompliment machen: Sie bieten Ihren Mitarbeitern weit mehr, als bei anderen Unternehmen üblich ist. Es wäre wünschenswert, wenn Ihnen diese Großzügigkeit gedankt würde.

Für die Ehre, an Ihrem firmeninternen Ausflug teilnehmen zu dürfen, danke ich Ihnen nochmals sehr, sehr herzlich. Ich weiß die Ehre zu schätzen, da es durchaus keine normale Gepflogenheit ist, auch Geschäftsfreunde an einem solchen Ereignis teilhaben zu lassen.

Bis zum ... und
sehr herzliche Grüße

Danksagungen – Dank für Einladung zur Teilnahme an Betriebseröffnung – Absage

Angaben des Absenders

Firma
Empfänger in der Firma
Straße oder Postfach

Postleitzahl und Ort

Datum

Sehr geehrter Herr Hauer,

es wurde Zeit, daß ein Unternehmen wie das Ihre in ... (Ort) einen Betrieb eröffnet, denn bisher waren die Einwohner gezwungen, in den Nachbarort zu fahren, wenn sie ... (Artikel/Produkt) kaufen wollten. Man kann Sie zu Ihrer Idee beglückwünschen!

Vielen Dank für Ihre freundliche Einladung zur Betriebseröffnung am ... Ich habe mich sehr darüber gefreut. Ärgerlicherweise fällt der Termin aber mit einer Geschäftsreise nach ... zusammen, die ich seit langem geplant habe. Die Besuchstermine kann ich deshalb auch leider nicht mehr verschieben. Schade, denn ich hätte so gerne mitgefeiert.

Sicher werden viele Freunde an diesem für Sie so wichtigen Tage mit Ihnen feiern, und ich werde in Gedanken dabeisein.

Wie ich weiß, hat es Sie viel Mühe und Ärger gekostet, die Genehmigung für den Bau zu bekommen; und so ist es wirklich bewundernswert, daß Sie „die Flinte nicht ins Korn geworfen" und weiter gekämpft haben. Meine Anerkennung, diese Energie wird sich für Sie auszahlen!

Ich wünsche Ihnen einen guten Start, viel Erfolg und toi, toi, toi für die Zukunft.

Herzliche Grüße

Danksagungen – Dank für Gratulation zur bestandenen Meisterprüfung

Angaben des Absenders

Firma
Empfänger in der Firma
Straße oder Postfach

Postleitzahl und Ort

Datum

Sehr geehrter Herr Jäger,

viele Freunde haben mir zur bestandenen Meisterprüfung gratuliert, aber über Ihre Glückwünsche habe ich mich ganz besonders gefreut. Es ist ganz und gar nicht selbstverständlich, daß Kunden gute Leistungen eines Gesellen wahrnehmen und die Zufriedenheit darüber dann auch noch zum Ausdruck bringen. Vielen herzlichen Dank dafür.

Ob ich mich in nächster Zeit selbständig machen kann, weiß ich noch nicht. Es ist sicher mein sehnlichster Wunsch, aber wie Sie wissen, gehört eine Menge Geld dazu, und das will erst einmal gespart sein. Nun, ich werde alles daransetzen, eines Tages einen eigenen Betrieb zu besitzen. Vielen Dank, daß ich dann an Ihre Tür klopfen darf, um meine Leistungen anzubieten. Es ist schön zu wissen, daß es Menschen gibt, die es gut mit einem meinen.

Auch Ihnen wünsche ich alles Gute, und wenn ich auch nicht gleich als selbständiger Unternehmer zu Ihnen kommen kann, so würde es mich doch freuen, wieder als Mitarbeiter der für gute Arbeit bekannten Firma Reifenhäuser für Sie tätig sein zu können.

Sehr herzliche Grüße

Ihr

Danksagungen – Dank für Geschenk zum Jubiläum

Angaben des Absenders

Empfänger
Straße und Hausnummer

Postleitzahl und Ort

Datum

Sehr geehrter Herr Roeßing,

als ich nach einer sehr schönen, aber auch anstrengenden Jubiläumsfeier einen Tag Urlaub vom Geschäftsalltag genoß, klingelte es, und unser Briefträger brachte mir ein Päckchen von Ihnen.

Ich finde es riesig nett, daß Sie an mich gedacht haben, und Ihr Geschenk ist wahrlich mit sehr viel Bedacht von Ihnen ausgewählt worden. Es zeigt mir, daß Sie bei unseren Gesprächen sehr gut zugehört haben und Sie sich die Mühe machen, nicht zu vergessen, was Ihren Geschäftsfreunden am Herzen liegt.

Ein Bildband von Norwegen, und dieser noch mit besonders gut gelungenen Fotos, ist für mich ein wunderschönes Geschenk, läßt es mich doch während eines langen Jahres schon von kommenden schönen Urlaubstagen im hohen Norden träumen.

Vielen herzlichen Dank, Herr Roeßing. Ihr Gruß zu meinem Jubiläum und die nette Widmung in dem Buch werden für mich immer eine nette Erinnerung an eine gute Geschäftsfreundschaft sein.

Sehr herzliche Grüße

Ihr

Danksagungen – Dank für Geschenk zur Geschäftseinweihung

Angaben des Absenders

Empfänger
Straße und Hausnummer

Postleitzahl und Ort

Datum

Sehr geehrte Frau Scholz,

die Einweihung eines neuen Geschäfts zu feiern ist ein schönes Ereignis, und Gratulationen nimmt man, wenn man ehrlich ist, gern entgegen. Über Ihren Gruß haben meine Frau und ich uns aber ganz besonders gefreut, zum einen, weil Sie an uns gedacht haben, und zum anderen, weil Sie uns auf eine besonders nette Art Glück und Erfolg wünschen. Ihr kleines humorvolles Gedicht werden wir gut aufbewahren und uns in schwierigen Situationen gern an die darin enthaltenen Weisheiten erinnern.

Große Freude macht uns auch Ihr nettes Geschenk, und deshalb hat es einen Ehrenplatz in unserem Büro bekommen. Man merkt, daß Sie viel darüber nachgedacht haben, wie Sie uns etwas Beziehungsreiches schenken könnten. Glauben Sie mir, meine Frau und ich wissen Ihre Aufmerksamkeiten sehr zu schätzen!

Besonders herzliche Grüße

Ihr

Danksagungen (in Kartenform) – Dank für Glückwünsche

Name des Absenders

Mit Ihrem Glückwunsch zu mein... haben Sie mir eine große Freude gemacht, und dafür bin ich Ihnen sehr dankbar.

Ein Ereignis wie dieses ist etwas Besonderes. Man mag es nicht offen zugeben, aber man wünscht insgeheim, daß es ein wunderschöner Tag wird, den man immer in bester Erinnerung behalten kann.

Sie haben mit Ihren lieben Grüßen dazu beigetragen, daß es so wie erhofft gekommen ist. Ich danke Ihnen deshalb sehr herzlich und wünsche auch Ihnen alles erdenklich Gute.

Ihr

Unterschrift

Ort und Datum

Danksagungen (in Kartenform) – Dank für Gratulation zur Neugestaltung eines Ladengeschäfts

(Firmenemblem)

Sie waren sehr nett zu uns!

Sie haben uns zu unserem neugestalteten Geschäft gratuliert und uns Glück und Erfolg für die Zukunft gewünscht. Ihre Aufmerksamkeit hat uns sehr gefreut, und sie hilft uns, den vielen Ärger und Streß während der Bauzeit zu vergessen. Dafür ein herzliches Dankeschön.

Wenn Ihnen das neue Gesicht unseres Geschäfts gefällt und Sie sich bei uns noch wohler als bisher fühlen, würden wir uns freuen. Gibt es gar noch etwas zu verbessern? Für Vorschläge unserer Kunden sind wir immer sehr empfänglich.

Ihr/e

Absender
Ort und Datum

Danksagungen (in Kartenform) – Dank für Aufmerksamkeiten

Name des Absenders

Für Freunde, die einem Glück wünschen, muß man dankbar sein, denn sie meinen es gut mit einem.

Sie gehören zu diesen, denn Sie haben mir zu mein... sehr herzliche Worte geschrieben. Nicht genug damit, Sie haben es auch verstanden, mir mit Ihrem wunderschönen Geschenk eine große Freude zu bereiten.

Für Ihre Aufmerksamkeit danke ich Ihnen sehr herzlich, und ich wünsche auch Ihnen alles Gute.

Ihr

Unterschrift

Ort und Datum

Danksagungen (in Kartenform) – Dank für Aufmerksamkeiten zur Geschäftseröffnung

Name des Absenders

Ihre guten Wünsche zur Eröffnung unseres ...-Geschäfts sind in Erfüllung gegangen: Viele Kunden haben in den vergangenen Tagen unseren Laden besucht und damit unsere Anstrengungen belohnt.

Es war sehr nett von Ihnen, an uns zu denken und uns Glück zu wünschen, denn ein bißchen Glück haben wir jetzt natürlich sehr nötig.

Sehr herzlichen Dank für Ihre Aufmerksamkeit. Sie haben uns damit eine große Freude gemacht.

Ihre

Ort und Datum

Danksagungen (in Kartenform) – Dank für Aufmerksamkeiten zum Firmenjubiläum

Name des Absenders

Das 40jährige Bestehen einer Firma ist für den Inhaber ein guter Grund, seinen Kunden Dank zu sagen; Dank für ihre Treue, in guten und schlechten Zeiten zu ihm gehalten und seine Bemühungen, gute Dienste zu leisten, honoriert zu haben.

Sie haben uns Glück zu unserem Jubiläum gewünscht und uns mit Ihrer Aufmerksamkeit eine große Freude bereitet. Für diese nette Geste danken wir Ihnen sehr herzlich.

Wir werden auch in der Zukunft alles daransetzen, um für unsere Geschäftsfreunde ein zuverlässiger und nützlicher Partner zu sein.

Mit besten Grüßen

Ihr

Worte der Anteilnahme zum Tode eines Firmeninhabers

Angaben des Absenders

Empfänger in Firma
Straße oder Postfach

Postleitzahl und Ort

Datum

Sehr geehrter Herr Lehmann,

das Leben von Herrn Josef Axmann währte 72 Jahre, und es war Mühe und Arbeit, aber es war auch Freude und verdienter Erfolg für ihn, den Inhaber Ihres Unternehmens.

Wie ich von Ihnen weiß, hat Herr Axmann sich immer mit aller Kraft für das von ihm aufgebaute Unternehmen eingesetzt, und er gehörte zu den Unternehmern, die noch eine echte Fürsorgepflicht für ihre Mitarbeiter empfanden.

Wir, seine langjährigen Geschäftsfreunde, haben in ihm einen Gesprächspartner verloren, der es immer und immer wieder verstanden hat, auch in schwierigsten Situationen für beide Teile annehmbare Lösungen zu finden. „Leben und leben lassen", war seine Devise, und diese humane Einstellung hat sicher zu seinen allerseits geachteten Erfolgen beigetragen.

Wer immer Ihr Unternehmen jetzt leiten wird, wir wünschen ihm die gleiche glückliche Hand, um für ein weiteres langjähriges Fortbestehen und solides Wachstum Ihrer Firma zu sorgen.

Herr Axmann wird uns immer als verläßlicher, fairer Geschäftspartner in Erinnerung bleiben.

Alles Gute

Ihr

Worte der Anteilnahme zum Tode eines Geschäftsfreundes an dessen Ehefrau

Angaben des Absenders

Empfänger
Straße und Hausnummer

Postleitzahl und Ort

Datum

Sehr verehrte Frau Ramcke,

es gibt nicht viele Menschen, die ich im Laufe meines Geschäftslebens kennengelernt habe, die in einem so hohen Maße als Vorbild für Fairneß und Aufrichtigkeit gelten konnten wie Ihr lieber Gatte. Ich habe in ihm einen guten Freund verloren.

Viele Jahre haben wir zusammengearbeitet und oft hart um die Konditionen gefochten, nie aber hat es auch nur das kleinste Problem im Umgang miteinander gegeben. Geschäftsfreunde wie Ihr Gatte sind selten, und deshalb sind solche Tatsachen besonders erwähnenswert.

Wir haben uns im Laufe der Jahre einige Male getroffen. Die Abende mit Ihnen und Ihrem Gatten sind mir durch gute Gespräche in Erinnerung geblieben. Sie, sehr verehrte Frau Ramcke, erschienen mir immer als ein Mensch, der in der Lage ist, Realitäten zu akzeptieren, und der in schwierigen Situationen den Halt, den er benötigt, sucht und auch findet. Ich wünsche Ihnen nun die Kraft, das Leben so zu meistern, wie Ihr lieber Gatte es sich jetzt von Ihnen wünschen würde.

Sollten Sie Rat und Unterstützung benötigen, so stehe ich zu Ihrer Verfügung. Bitte scheuen Sie sich nicht, mich anzurufen, denn ich denke, daß Freundschaften nur dann wirklich gut sind, wenn sie sich in schwierigen Situationen bewähren.

Ich wünsche Ihnen alles Gute

Ihr

Worte der Anteilnahme – Unglücksfall eines Mitarbeiters

Angaben des Absenders

Empfänger
Straße und Hausnummer

Postleitzahl und Ort

Datum

Lieber Herr John,

als Herr Groth anrief und uns sagte, Sie seien bei einem Unfall verletzt worden und jetzt im Krankenhaus in ..., waren wir alle sehr bestürzt. Inzwischen wissen wir von Ihrer Frau, daß Sie noch einmal Glück im Unglück hatten, weil Sie trotz des Pkw-Totalschadens mit einem Beinbruch davongekommen sind. Ein gebrochenes Bein ist sicher sehr schmerzhaft, aber in der Regel doch wieder vollständig heilbar. Es hätte noch viel, viel schlimmer kommen können.

Die Kollegen und ich wünschen Ihnen jedenfalls, daß Sie im wahrsten Sinne des Wortes schnell wieder auf die Beine kommen und dann wieder gesund und munter bei uns durch die Tür spazieren können. Wir alle werden bis zu Ihrer Rückkehr Ihre Aufgaben so gut es geht übernehmen und versuchen aufzupassen, daß nichts „anbrennt". Sollten wir uns zu dumm anstellen, so müßten Sie halt später unsere Laienfehler wieder ausbügeln.

Lieber Herr John, nochmals recht gute Besserung und nicht zu viele Schmerzen! Kurieren Sie sich gut aus und übereilen Sie nichts; Gesundheit hat allemal Vorrang vor anderen Dingen.

Da wir Ihr Hobby kennen, war es für uns leicht, passende Literatur zu finden, deren Studium Ihnen sicher hilft, die Langeweile zu vertreiben.

Sollten Sie im Zusammenhang mit dem Unfall Hilfe benötigen, so geben Sie uns bitte Bescheid, unser Rechtsberater steht für Sie kostenlos zur Verfügung.

Alles, alles Gute und sehr herzliche Grüße

Worte der Anteilnahme – Krankheit eines Mitarbeiters

Angaben des Absenders

Empfänger
Straße und Hausnummer

Postleitzahl und Ort

Datum

Liebe Frau Grenz,

drei Wochen sind nun vergangen, seit Sie ins Krankenhaus gehen mußten, und wie Frau Dietz uns jetzt erzählte, müssen Sie dort noch etwas länger ausharren.

Wir alle hatten gehofft, Sie nach einigen Tagen wieder bei uns zu haben, und nun läßt der Doktor Sie nicht ziehen. Ihre Arbeit erledigen wir bis zu Ihrer Rückkehr, wenn auch mit etwas mangelnder Sachkenntnis. Wenn Sie wieder bei uns sind, dürfen Sie sich über unsere „Unfähigkeit" beschweren und netterweise die Fehler bei unseren Geschäftsfreunden wieder „ausbügeln". Doch vergessen Sie bitte vorerst unseren Laden und planen Sie nach dem Krankenhaus eine ausreichende Zeitspanne für die vollständige Erholung ein. Sie helfen uns mit Ihrer Gesundheit!

Viele von uns würden Sie gerne im Krankenhaus besuchen, um ein Schwätzchen mit Ihnen zu halten. Sagen Sie uns jedoch bitte ehrlich, wenn Sie das Gefühl haben, noch Ruhe zu benötigen. Einverstanden?

Sehr herzliche Grüße und recht gute Besserung

Ihr

P.S. Soeben rief Herr Naumann von Becker & Söhne an. Er läßt Sie schön grüßen und hofft, daß er bald wieder einen „vernünftigen" Gesprächspartner in unserer Firma findet. Unglaublich!

KAPITEL 11 Briefe im Personalbereich

Briefe im Personalbereich

Briefe an Bewerber und Mitarbeiter

Briefe im Personalbereich sind Geschäftsbriefe – besonderer Art. Manche Mitarbeiter im Personalwesen meinen, die besondere Art bestehe darin: Da die Briefe weder an Kunden noch Könige gingen, sondern „nur“ an eigene Mitarbeiter, brauche man sich dabei nicht im selben Maße wie bei sonstiger Korrespondenz zu bemühen. So war beispielsweise einmal zu lesen:

– „... gewähren wir Ihnen den Ihnen zustehenden Mutterschaftsurlaub“

Was gibt es hier zu „gewähren“? Der Schreiber sagt doch selbst, daß der Urlaub zusteht!

In diesem Sinne sollten „Briefe besonderer Art“ nicht verstanden werden. Nein, eher im Gegenteil! Stellen Sie sich vor, einer der besten Verkäufer des Unternehmens bekommt von seiner Personalabteilung einen Brief, über dessen Verschrobenheit und dessen Ton er sich sehr ärgert. Was passiert? Wird der nicht in den nächsten vierzehn Tagen mit gebremster Motivation herumlaufen? Der Schaden kann größer sein, als wenn aufgrund eines unglücklich formulierten Briefes ein zweitklassiger Kunde verloren wird.

Halten wir fest: Was für die Korrespondenz mit guten Kunden zutrifft, das gilt auch für die Korrespondenz mit den Mitarbeiterinnen und Mitarbeitern. (Ab jetzt sagen wir immer „Mitarbeiter“ und fassen den Ausdruck als neutrale Form für „Mitarbeiterinnen und Mitarbeiter“ auf.)

Das im vorigen Absatz Gesagte kann nun auch auf Bewerber (Bewerberinnen und Bewerber) angewandt werden. Wer seine Bewerber brieflich schlecht betreut, handelt für sein Unternehmen vielleicht mit der Zeit eine sehr teure Negativauslese ein. Also? – Im folgenden typische Briefbeispiele zu wichtigen Anlässen:

Briefe an Bewerber – Einladung zum Vorstellungsgespräch

Angaben des Absenders

Frau
Vorname und Zuname
Straße und Postfach

Postleitzahl und Ort

Datum

Unsere Personalanzeige im ...
Ihre Bewerbung vom ...

Sehr geehrte Frau Dreher,

Sie haben sich auf unsere Anzeige „Nachwuchssekretärin gesucht" beworben, und wir haben Ihre Bewerbung in die engere Wahl gezogen. Glückwunsch! – Das sagen wir nicht einfach so dahin, nein, Ihre frische und doch angemessene Art, uns anzusprechen, hat uns wirklich „angesprochen". Wenn das Vorstellungsgespräch hält, was Ihr Brief und Ihre Unterlagen versprochen haben, hoffen wir auf eine Zusammenarbeit.

Wie geht's nun weiter? Wir schlagen Ihnen vor, daß Sie sich am ... um ... bei unserem Pförtner melden, der Sie dann bei uns ankündigen wird. Wir holen Sie ab. – Noch ein paar Einzelheiten:

An Reise- und Übernachtungskosten erstatten wir Ihnen: ...

Das Gespräch wird ungefähr drei Stunden dauern. Es wird Ihnen also möglich sein, am selben Tag noch nach Haus zurückzufahren.

Es wäre gut, wenn Sie uns am ... anrufen könnten, um uns unsere „Verabredung" zu bestätigen. Falls es Ihnen nicht möglich sein sollte, den vorgeschlagenen Termin wahrzunehmen, einigen wir uns bei diesem Telefongespräch auf einen neuen Termin. Hören wir nicht noch vorher etwas von Ihnen, nehmen wir an, Sie sind mit unserem Vorschlag einverstanden. Bis dahin wünschen wir Ihnen eine gute Zeit.

Mit freundlichen Grüßen

Anlage
Firmenbroschüre

Die Einladung zum Vorstellungsgespräch wurde als vollständiger Brief abgebildet. Um auf dem zur Verfügung stehenden Platz etwas mehr Information unterbringen zu können, sind die folgenden Briefe nur in ihrem Kern dargestellt: von der Anrede bis zum Gruß.

Briefe an Bewerber – Zwischenbescheid auf Bewerbung

Sehr geehrter Herr ...,

auf unsere Anzeige haben wir zahlreiche Bewerbungen erhalten, die jetzt sorgfältig zu bearbeiten sind.

In ungefähr vierzehn Tagen werden wir alle erhaltenen Unterlagen genau geprüft haben und über die engere Auswahl entscheiden können. Bitte haben Sie noch bis dahin Geduld. Um Ihnen schon jetzt Gelegenheit zu geben, unser Werk ein wenig besser kennenzulernen, fügen wir unsere Firmenbroschüre „..." bei.

Mit freundlichem Gruß

Anlage

Briefe an Bewerber – Absage auf Bewerbung

Sehr geehrter Herr ...,

Ihr Interesse an unserem Unternehmen hat uns gefreut, und wir danken Ihnen dafür.

Dieser Einleitung werden Sie schon entnommen haben, daß es diesmal für Sie nicht geklappt hat. Die Zahl der Bewerber war groß; also müssen wir auch einigen „nein" sagen, deren Unterlagen uns durchaus angesprochen haben.

Für Ihren weiteren Berufsweg wünschen wir Ihnen Erfolg. Was heute in diesem Fall nicht gelungen ist, kann morgen in einem anderen gelingen.

Freundliche Grüße

Briefe an Bewerber – Einstellung

Sehr geehrte Frau ...,

Sie wußten , nach dem Vorstellungsgespräch sah es für Sie recht gut aus. Und das tut es immer noch.

Wenn Ihr Eindruck von uns so wie unserer von Ihnen ist, können wir uns in Kürze treffen, um alles Notwendige zu besprechen und festzulegen.

Mit diesem Brief erhalten Sie einen Vertragsentwurf. Bitte lesen Sie ihn sorgfältig, damit wir bei unserem Treffen dann schnell zum Ziel kommen können. Unsere Zusage haben Sie jedenfalls.

Wir freuen uns auf eine neue ausgezeichnete Mitarbeiterin.

Freundliche Grüße   Anlage

Statt eines Briefes dieser Art kann man auch gleich einen Vertragsentwurf mit der Bitte um Unterzeichnung und Rücksendung schicken. Das ist stets dann der bessere Weg, wenn man jemanden sehr gern haben möchte und zugleich befürchtet, er könne noch „abspringen".

Dem steht allerdings wiederum des öfteren gegenüber, daß sich beim Vorstellungsgespräch Fragen ergeben haben, die sich nicht sofort klären ließen, also noch der Erörterung harren.

Ein Patentrezept für die richtige Vorgehensweise gibt es nicht. Was richtig ist, darüber entscheidet in jedem Fall der Erfolg – diese Entscheidung fällt also hinterher.

Der wichtigste Grundsatz ist jedoch: Sprechen Sie die Dinge offen an, und schaffen Sie sofort eine Vertrauensatmosphäre, egal ob sie später gebraucht wird – Einstellung – oder ob sie nicht gebraucht wird – Nichteinstellung. Denken Sie auch daran: Der Nichteingestellte kann, wie der Eingestellte, zu einem Werbe- oder zu einem Antiwerbeträger für Ihr Unternehmen werden.

Briefe an Mitarbeiter – Probezeitbeendigung

Sehr geehrter Herr ...,

daß Sie ein guter technischer Übersetzer sind, wußten wir; ob Sie sich schnell und sicher auch in eine ganz neue Materie würden einarbeiten können, wußten wir nicht. Jetzt wissen wir auch das.

Ihr Einverständnis vorausgesetzt, werden Sie am ... in ein unbefristetes Arbeitsverhältnis übernommen. Wir freuen uns darüber und gratulieren Ihnen zu Ihrem Erfolg.

Ihr Gehalt wird vom ... an ... DM betragen. Im übrigen gelten die vereinbarten Konditionen. Wenn Sie dem zustimmen, schicken Sie uns bitte den beigefügten Durchschlag unterschrieben zurück.

Alles Gute! Wir hoffen auf eine lange Zusammenarbeit.

Freundliche Grüße

Anlage

Briefe an Mitarbeiter – Probezeitverlängerung

Sehr geehrte Frau ...,

wie schon besprochen, ist Ihre Einarbeitung als ... noch nicht abgeschlossen. Die Aufgaben waren umfangreicher, als Sie gedacht hatten; dazu kamen drei Wochen Ausfall durch Krankheit, in denen wir Ihre Entwicklung nicht beurteilen konnten.

Zum Ablauf Ihrer Probezeit am ... bieten wir Ihnen eine Probezeitverlängerung um weitere drei Monate an. Bitte bestätigen Sie uns Ihre Zustimmung, indem Sie die beigefügte Kopie dieses Briefes unterschrieben an uns zurücksenden.

Viel Glück und Erfolg zunächst einmal für die nahe Zukunft!

Mit freundlichen Grüßen

Anlage

Briefe an Mitarbeiter – Beförderung

Sehr geehrte Frau ...,

Sie haben die schwierige Aufgabe übernommen, einen organisierten Schreibdienst aufzubauen, und Sie haben diese Aufgabe hervorragend gelöst.

Vom ... an werden Sie diesen Bereich als Abteilungsleiterin übernehmen. Alles, was sich dadurch in Ihren Konditionen verbessert, ist in dem beigefügten Vertragsentwurf genau behandelt. Bitte schicken Sie uns diesen Entwurf unterschrieben zurück, damit er zum Vertrag wird.

Wir freuen uns auf eine ganz sicher erfolgreiche Zusammenarbeit.

Freundliche Grüße   Anlage

Briefe an Mitarbeiter – Versetzung

Sehr geehrter Herr ...,

auf Ihren Wunsch versetzten wir Sie mit Wirkung vom ... aus der Abteilung „Email-Werbung" in die Abteilung „Öffentlichkeitsarbeit".

Für die neue Aufgabe gilt eine erneute Probezeit von drei Monaten. In dieser Zeit können beide Seiten die Versetzung rückgängig machen; Ihren alten Arbeitsplatz halten wir Ihnen bis zur Entscheidung frei.

Mit freundlichen Grüßen

Briefe an Mitarbeiter – Gehaltserhöhung

Sehr geehrte Frau ...,

aufgrund der neuen Lohn- und Gehaltstarifverträge erhöhen wir mit Wirkung vom ... Ihr Gehalt auf ... DM brutto.

Unser anerkennendes „Danke!" gilt Ihrer Leistung im Jahr ... Wir freuen uns auf eine weitere gute Zusammenarbeit.

Mit freundlichem Gruß

Briefe an Mitarbeiter – Abmahnung

Sehr geehrter Herr ...,

Sie haben bei Ihren Waren-Auslieferungsfahrten in der letzten Zeit wiederholt schlecht gearbeitet. Kunden haben sich über verspätete Lieferung oder Nichteinhaltung der vereinbarten Termine beschwert. Die einzelnen Fälle hat Ihr Vorgesetzter ausführlich mit Ihnen besprochen.

Es ist sicherlich auch Ihnen klar, daß wir Ihr Verhalten auf Dauer nicht dulden können. Da es sich ohnehin bereits um Wiederholungen handelte, erhalten Sie heute diese Abmahnung.

Wenn Sie Ihr Arbeitsverhalten nicht sofort normalisieren, indem Sie zu Ihrer früheren Zuverlässigkeit zurückkehren, werden wir Disziplinarmaßnahmen ergreifen. Bitte vermeiden Sie eine solche Entwicklung.

Mit freundlichem Gruß

Briefe an Mitarbeiter – Kündigung

Sehr geehrter Herr ..,

nachdem Ihre Gespräche mit Ihrem Vorgesetzten im Zusammenhang mit der zweijährigen schriftlichen Leistungsbeurteilung auch in der Folgezeit keine Änderung Ihres Arbeitsverhaltens bewirkt hatte, blieb uns nichts weiter übrig, als eine Kündigung mit dem Betriebsrat zu diskutieren. Das ist geschehen.

Aufgrund dieses Sachverhalts kündigen wir Ihren Arbeitsvertrag fristgerecht zum ... Den Betriebsrat haben wir informiert.

In der Zeit vom ... bis zum ... werden Sie in der Gruppe ... arbeiten, eine Maßnahme, die sicherlich auch in Ihrem Interesse sein wird. In dieser Zeit nehmen Sie bitte Ihren restlichen Jahresurlaub.

Bei Ihrem Ausscheiden geben Sie bitte alle Unterlagen und sonstigen Gegenstände, die dem Werk gehören und in Ihrem Besitz sind, in der Personalabteilung ab. Zugleich werden Sie dort Ihre Papiere und auch Ihr Zeugnis erhalten.

Mit freundlichem Gruß

Briefe an Mitarbeiter
Erklärung zu Zeugnissen

Wir unterscheiden „einfache Zeugnisse“ und „qualifizierte Zeugnisse“. Auf das einfache Zeugnis hat jeder Arbeitnehmer bei seinem Ausscheiden einen Anspruch. Erhält er ein solches Zeugnis, will aber unbedingt ein qualifiziertes Zeugnis haben, besteht auch darauf ein Anspruch; aus dem einfachen Zeugnis muß ein qualifiziertes gemacht werden.

Nun aber die Unterscheidung.

Ein einfaches Zeugnis kann man wie eine Arbeitsbescheinigung auffassen. Es berichtet in Kurzform über das Arbeitsverhältnis, enthält also nur die wichtigsten Fakten. Eine Bewertung findet nicht statt.

Das qualifizierte Zeugnis muß natürlich alle relevanten Fakten ebenfalls aufweisen. Die Darstellung ist jedoch in der Regel sehr viel ausführlicher. Außerdem – das Wichtigste: Die Tatsachen werden bewertet.

Das einfache Zeugnis gibt oft Arbeitsverhältnisse wieder, die nur kurze Zeit bestanden haben. Manchmal werden sie aber auch aus anderen Gründen ausgestellt: um Unangenehmes ungesagt lassen zu können.

Wäre es nicht möglich, Unangenehmes auch in einem qualifizierten Zeugnis einfach wegzulassen? Möglich schon, aber zugleich gefährlich. Der entscheidende Grundsatz heißt nämlich, daß ein Zeugnis wahr und wohlwollend sein soll. Problem: Wie kann man wohlwollend schildern, daß der Zeugnisempfänger die Portokasse geklaut hat oder mehrfach unerlaubt nicht zur Arbeit erschien. Wer derart wichtige Fakten mit dem Gedanken „Nach mir die Sintflut“ einfach wegläßt, um jeglichen Scherereien aus dem Wege zu gehen, mag dennoch in Scherereien geraten; denn er kann haftbar gemacht werden, falls nämlich beim neuen Arbeitgeber wiederum Unregelmäßigkeiten vorkommen. Der Wahrheitsbeschöniger hat ihm ja gar nicht die Chance gegeben, über das Risiko nachzudenken und es in seine Einstellungsentscheidung einzubeziehen.

Man hilft sich gern, so ist überall zu hören, mit dem „Zeugniskode“. Das heißt, es werden Standardformulierungen benutzt, die etwas anderes sagen, als sie bedeuten. Ein solcher Kode ist verboten. Deshalb und weil die Vorstellungen darüber, was nun was bedeutet, weit auseinandergehen, ist das Verschlüsseln ein gefährliches Spiel.

Bevor der Arbeitnehmer sein Zeugnis bekommt, kann er ein Zwischenzeugnis verlangen. Ein Grund dafür kann sein, daß er sich bei einem anderen Unternehmen bewerben will und „der Neue“ natürlich besonders stark daran interessiert ist, zu erfahren, was er gerade in der letzten Vorphase einer möglichen Einstellung leistet und wie er sich verhält.

Ein anderer Grund mag sein: Jemand verliert den Chef, der ihn aus 15jähriger Tätigkeit kennt. Wie soll, vielleicht drei Jahre später, der Nachfolger die 15 Jahre vor seiner Zeit auch nur halbwegs zutreffend beurteilen können?

Das Zwischenzeugnis ist zurückzugeben, wenn das endgültige Zeugnis ausgehändigt wird.

Briefe an Mitarbeiter – Einfaches Zeugnis

Zeugnis

Herr Franz Wohlfahrt, geboren am ... in ..., ist vom ... bis zum ... als Lkw-Fahrer in unserem Unternehmen tätig gewesen.

Er hat vor allem den erweiterten Stadtbereich befahren. Die Ware bestand in erster Linie aus Teppichen.

Herr ... verläßt uns am ... auf eigenen Wunsch.

(Name des Unternehmens)

handschriftliche Unterschriften

maschinenschriftliche Wiederholung

Briefe an Mitarbeiter – Qualifiziertes Zeugnis

Zeugnis

Frau ..., geboren am ... in ..., war vom ... bis zum ... als Redakteurin und Werbegestalterin bei uns tätig. Ihr Arbeitsbereich umfaßte im wesentlichen:

– Gestaltung von Anzeigen und Werbebriefen zur Inserenten- und Abonnentenwerbung für eine Apotheken-Kundenzeitschrift;

– inhaltliche und typographische Mitgestaltung einer psychologisch-pädagogisch ausgerichteten Zeitschrift; Werbung für diese Zeitschrift;

– Gestaltung von Anzeigen, Werbebriefen und Prospektunterlagen für einen allgemeinbildenden Fernkurs; Überarbeitung des Kursmaterials; Kursleiterinnen-Tätigkeit.

Frau ... hat die ihr übertragenen Aufgaben mit viel Geschick gelöst. Ihr Reichtum an guten, verwertbaren Ideen, ihr sicheres Sprachgefühl und ihre Fähigkeit, sich in die Situation des Umworbenen hineinzudenken, ermöglichen es ihr, jede werbliche Aufgabe erfolgreich zu bearbeiten. Bei der schriftstellerischen Gestaltung auch schwieriger Stoffe zeigt sie umfassendes Wissen und ausgeprägtes Einfühlungsvermögen. Ihr Stil ist sauber, klar und von feinem psychologischen Empfinden beherrscht.

Wir können Frau ... bestätigen, daß sie mit großem Fleiß an die Probleme herangeht und ihre Arbeiten stets termingerecht und zu unserer größten Zufriedenheit fertiggestellt hat. Zu allen Mitarbeitern hat sie guten Kontakt. Ihre Führung innerhalb und außerhalb des Betriebes ist vorbildlich.

Infolge einer Umorganisation unseres Hauses werden einige der genannten Aufgaben wesentlich eingeschränkt, so daß Frau ... auf die Dauer nicht mehr ausgelastet wäre. Sie hat sich deshalb mit unserem Einverständnis um eine neue Stelle bemüht und scheidet mit dem heutigen Tage bei uns aus.

Wir danken Frau ... für ihre Leistung und die angenehme Zusammenarbeit und wünschen ihr, daß sie in einem neuen Wirkungskreis weitere Entwicklungsmöglichkeiten und eine ihren Fähigkeiten entsprechende Lebensaufgabe findet.

KAPITEL 12 Briefe an Behörden, Versicherungen, Geldinstitute

Briefe an das Finanzamt – Geschäftsjahr verlegen

Angaben des Absenders

Finanzamt
Empfänger im Finanzamt
Straße oder Postfach

Postleitzahl und Ort

Datum

Steuer-Nr. ...
Verlegung des Geschäftsjahres

Sehr geehrte Damen und Herren,

für die Steuerberechnung meines Unternehmens wurde bislang das Kalenderjahr zugrunde gelegt.

In den letzten ... Jahren haben wir unseren Betrieb um Produkte erweitert, die sich nur gegen Jahresende verkaufen lassen. Dadurch konnten wir die abschließende Bilanz zum Jahreswechsel nur mit Aushilfskräften und einem enormen Aufwand an zusätzlichen Arbeitsstunden bewältigen.

Zum Ende dieses Jahres müssen wir auf zwei unserer bisherigen Aushilfskräfte verzichten. Bisher ist es ungewiß, ob wir mit neuen qualifizierten Aushilfskräften zum Jahreswechsel rechnen können.

Um die bisherigen Belastungen beim Abschluß der Bilanz vermeiden zu können, bitte ich Sie um Ihre Zustimmung für eine zukünftige Verlegung des Geschäftsjahres. Als Stichtag schlage ich den ... (Datum einsetzen) vor.

Freundliche Grüße

Unterschrift

Briefe an das Finanzamt – Einspruch gegen Steuerbescheid

Angaben des Absenders

Finanzamt
Empfänger im Finanzamt
Straße oder Postfach

Postleitzahl und Ort

Datum

Steuer-Nr. ...
Einkommensteuerbescheid 19.. vom ... (Datum)

Sehr geehrte Damen und Herren,

gegen Ihren Steuerbescheid lege ich

Einspruch

ein.

Begründung:

Bei der Berechnung dieses Steuerbescheids haben Sie nicht die beantragten Sonderausgaben nach der Einkommensteuererklärung 19.. zugrunde gelegt, sondern nur den Sonderausgabenpauschbetrag von ... DM.

Tatsächlich sind als Sonderausgaben aber folgende Beiträge zu berücksichtigen:

1. Beiträge an politische Parteien	... DM	
2. Spenden für gemeinnützige Zwecke	... DM	
3. gezahlte Kirchensteuer		
Kirchensteuer-Vorauszahlung I/19..	... DM	
Kirchensteuer-Nachzahlung am ...	... DM	
Kirchensteuer-Nachzahlung am ...	... DM	... DM
Sonderausgaben 19..		... DM
		========

Bitte berichtigen Sie den Einkommensteuerbescheid 19.. Danke.

Freundliche Grüße

Unterschrift

Briefe an das Finanzamt – Bitte um Fristverlängerung

Angaben des Abs enders

Finanzamt
Empfänger im Finanzamt
Straße oder Postfach

Postleitzahl und Ort

Datum

Steuer-Nr. ...
Einkommensteuer

Beispiel 1:

Sehr geehrte Damen und Herren,

vor ... Wochen haben wir unsere Buchhaltung auf ein neues Datenverarbeitungssystem umgestellt. Wegen der damit verbundenen zeitlichen Verzögerungen bin ich in diesem Jahr leider nicht in der Lage, meinen Einkommensteuerbescheid fristgerecht vorzulegen. Deshalb bitte ich Sie um eine Fristverlängerung bis zum ... (Datum).

Mit freundlichen Grüßen

Unterschrift

Beispiel 2:

Sehr geehrte Damen und Herren,

es ist mir nicht möglich, die Einkommensteuererklärung in diesem Jahr fristgerecht bis zum ... (Datum) abzugeben.

Durch einen Wasserschaden in unseren Büroräumen wurden in der letzten Woche etliche Unterlagen, die für die Steuererklärung wichtig sind, vernichtet. Ich benötige etwa sechs Wochen Zeit, um einen Überblick über den Schaden zu bekommen.

Deshalb meine Bitte: Verlängern Sie den Abgabetermin für meine Steuererklärung bis zum ... (Datum).

Für Ihr Verständnis wäre ich Ihnen sehr dankbar.

Freundliche Grüße

Unterschrift

Briefe an das Finanzamt – Aussetzung der Vollziehung

Angaben des Absenders

Finanzamt
Empfänger im Finanzamt
Straße oder Postfach

Postleitzahl und Ort

Datum

Steuer-Nr. ...
Einkommensteuerbescheid

Sehr geehrte Damen und Herren,

gegen den Steuerbescheid vom ... (Datum) habe ich am ... (Datum) Einspruch erhoben. Bisher habe ich noch keine Entscheidung über meinen Rechtsbehelf erhalten, und der Zahlungstermin steht kurz bevor.

Zur Zeit ist es mir leider wegen saisonbedingter schleppender Zahlungseingänge nicht möglich, den noch ausstehenden Betrag aufzubringen. Auch meine finanziellen Möglichkeiten bei der Bank sind ausgeschöpft.

Diese gegenwärtige geschäftliche Situation bringt mich dazu, Sie um Aussetzung der Vollziehung bis zur endgültigen Entscheidung über meinen Einspruch zu bitten.

Für Ihr Verständnis wäre ich Ihnen sehr dankbar.

Mit freundliche Grüßen

Unterschrift

Briefe an das Finanzamt– Stundung der Lohnsteuernachzahlung beantragen

Angaben des Absenders

Finanzamt
Empfänger im Finanzamt
Straße oder Postfach

Postleitzahl und Ort

Datum

Steuer-Nr. ...
Lohnsteuer

Sehr geehrte Damen und Herren,

Ihre Einkommensteuerprüfung vom ... (Datum) hat ergeben, daß ich Steuer von ... DM nachzahlen muß; dies teilten Sie mir am ... (Datum) mit.

Mit dieser Steuerforderung habe ich nicht gerechnet und bin deshalb leider auch nicht in der Lage, den Gesamtbetrag sofort zu zahlen. Bitte gewähren Sie mir Ratenzahlung, wie im folgenden aufgeführt:

... DM fällig am ... (Datum)
... DM fällig am ... (Datum)
... DM fällig am ... (Datum)

Begründung:

Zur Zeit bin ich in meinen finanziellen Möglichkeiten sehr eingeschränkt, da meine Außenstände aufgrund der allgemeinen wirtschaftlichen Lage nur sehr zögernd eingehen.

Mein Antrag auf Stundung wird wegen einer Ausnahmesituation nötig. Bitte bestehen Sie deshalb auch nicht auf einer Sicherheitsleistung, denn bisher habe ich Ihnen meine Steuern immer pünktlich gezahlt.

Ihr Verständnis würde mir sehr helfen.

Freundliche Grüße

Unterschrift

Briefe an das Finanzamt – Stundung der fälligen Steuer beantragen

Angaben des Absenders

Finanzamt
Empfänger im Finanzamt
Straße oder Postfach

Postleitzahl und Ort

Datum

Steuer-Nr. ...
Stundung der Einkommensteuervorauszahlung

Sehr geehrte Damen und Herren,

am ... (Datum) wird meine Einkommensteuervorauszahlung fällig. Ich beantrage, einen Teil des Betrages zu stunden.

Begründung: Mit an Sicherheit grenzender Wahrscheinlichkeit erhalte ich aus der Umsatzsteuervoranmeldung vom ... eine Vorsteuererstattung von ... DM. Deshalb bitte ich Sie, den entsprechenden Teil von der Einkommensteuervorauszahlung zu stunden.

Mit freundlichen Grüßen

Unterschrift

Briefe an das Gericht – Erklärungen zur sofortigen Beschwerde

Gegen die Entscheidung eines Vollstreckungsgerichtes kann jeder, der von der Entscheidung betroffen ist, sofortige Beschwerde einlegen (§ 793 Zivilprozeßordnung). Wichtig an dieser Regelung: Nicht nur der/die Beklagte kann eine sofortige Beschwerde einreichen, sondern auch eine Person, die von der Entscheidung betroffen ist, gegen die die sofortige Beschwerde eingelegt wird.

Eine sofortige Beschwerde muß begründet werden; dabei können neue Tatsachen und Beweise angeführt werden.

Die sofortige Beschwerde muß an das Gericht geschickt werden, von dem die Entscheidung erlassen wurde. Sie kann auch – in dringenden Fällen – beim Beschwerdegericht eingelegt werden.

Sie kann schriftlich formuliert werden oder aber mündlich zu Protokoll der Geschäftsstelle gegeben werden. Ein Muster für den Aufbau der sofortigen Beschwerde in schriftlicher Form finden Sie auf der nächsten Seite.

Mit der Zustellung der Entscheidung beginnt die Frist, innerhalb der die sofortige Beschwerde eingelegt werden muß; diese Frist beträgt zwei Wochen.

Briefe an das Gericht – Sofortige Beschwerde

Angaben des Absenders

Amts- oder Beschwerdegericht
Straße oder Postfach

Postleitzahl und Ort

Datum

Sofortige Beschwerde

In Sachen

... (Name und Anschrift des Schuldners) Schuldner

gegen

... (Name und Anschrift des Gläubigers) Gläubiger.

Entscheidung des ...-Gerichtes vom ... (Datum) über die Erinnerung vom ... (Datum).

Sehr geehrte Damen und Herren,

gegen die Entscheidung lege ich sofortige Beschwerde ein.

Begründung:

Beweise: ...

Unterschrift

Anlagen
...

Briefe an das Gericht – Erklärungen zur Vollstreckungsabwehrklage

Eine Vollstreckungsabwehrklage erhebt man, wenn das Gericht schon entschieden hat, daß zum Beispiel gepfändet werden soll, nach dem Gerichtsurteil jedoch Veränderungen eingetreten sind, die nicht mehr dazu berechtigen, die Vollstreckungsklage auszuführen. Das kann beispielsweise der Fall sein, wenn Gläubiger und Schuldner ihre gegenseitigen Forderungen aufgerechnet haben; der Schuldner kann seine Einwendungen gegen die Vollstreckung der Klage dann auf dem Klageweg geltend machen.

Das Gericht kann eine Zwangsvollstreckung bis zum Urteil über die Klage einstellen. Ein Muster für einen entsprechenden Antrag finden Sie auf der nächsten Seite.

Die Vollstreckungsabwehrklage muß bei dem Gericht erhoben werden, bei dem auch der Prozeß geführt worden ist.

Eine Klage ist nur dann möglich, wenn die Gründe, die der Schuldner geltend macht, erst nach Abschluß der mündlichen Verhandlung entstanden sind.

Briefe an das Gericht – Vollstreckungsabwehrklage

Angaben des Absenders

Gericht (des Vorprozesses)
Straße oder Postfach

Postleitzahl und Ort

Datum

Vollstreckungsabwehrklage

... (Name des Klägers) Kläger

gegen

... (Name des Beklagten) Beklagter.

Ich beantrage,

1. die Zwangsvollstreckung aus dem Urteil vom ... (Datum) für ungültig zu erklären,
2. dem Beklagten die Kosten des Verfahrens aufzuerlegen und die Zwangsvollstreckung einstweilen einzustellen.

Begründung: ...

Beweis: ...

Unterschrift

Anlagen...

Briefe an das Gericht – Erklärungen zur Widerspruchsklage

Die Widerspruchsklage dient der Eigentumssicherung Dritter vor der Pfändung. So kann es zum Beispiel passieren, daß der Gerichtsvollzieher Gegenstände pfändet, die sich zwar in der Wohnung oder in den Räumen des Schuldners befinden, die ihm aber nicht gehören.

Sonderregelungen sieht die Zivilprozeßordnung für Nacherben (§ 773 ZPO) und Ehegatten (§ 774 ZPO) vor.

Die Widerspruchsklage muß bei dem Gericht erhoben werden, in dessen Bezirk die Zwangsvollstreckung erfolgt.

Aufgrund der Widerspruchsklage kann das Gericht die Vollstreckung einstweilen einstellen. Eine endgültige Entscheidung über die Widerspruchsklage erfolgt erst nach mündlicher Verhandlung. Die Pfändung wird durch Urteil für ungültig erklärt, wenn der Kläger nachweisen kann, daß er der Eigentümer des gepfändeten Gegenstandes ist.

Unter dem Stichwort „Begründung“ führt der Kläger an, daß er Eigentümer des gepfändeten Gegenstandes ist. Eine Kopie des Pfändungsprotokolls sollte der Widerspruchsklage beigefügt werden, ebenso Quittungen oder Rechnungskopien, aus denen hervorgeht, daß der Kläger Eigentümer des gepfändeten Gegenstandes ist.

Briefe an das Gericht – Widerspruchsklage

Angaben des Absenders

Gericht
Straße oder Postfach

Postleitzahl und Ort

Datum

Widerspruchsklage

des ... (Name des Klägers) Kläger

gegen

... (Name des Beklagten) Beklagter

wegen unzulässiger Zwangsvollstreckung.

Ich erhebe Widerspruchsklage gegen den Beklagten und beantrage

1. die Pfändung im Auftrag des Beklagten bei ... (Name und Anschrift des Schuldners, bei dem gepfändet worden ist) durch Gerichtsvollzieher ... (Name) für unzulässig zu erklären und

2. die Zwangsvollstreckung einstweilen einzustellen.

Begründung: ...

Unterschrift

Anlagen
...

Versicherung – Schadensmeldung

Angaben des Absenders

Versicherungsgesellschaft
Versicherungsart
Straße oder Postfach

Postleitzahl und Ort

Datum

Schadensmeldung
Versicherungsscheinnummer ...

Sehr geehrte Damen und Herren,

der zuständige Außendienstmitarbeiter, Herr/Frau ..., war nicht erreichbar. Deshalb melde ich Ihnen den Haftpflichtschaden direkt.

Angaben zur geschädigten Person
Vorname, Zuname:
Straße, Hausnummer:
Postleitzahl, Wohnort:
Telefonnummer:

(Bei Personenschäden:)
Angaben zur Art der Verletzung:
Behandelnder Arzt oder Krankenhaus:

(Bei Sachschäden:)
Angaben zur Art der beschädigten Sachen:
Art der Beschädigung:
Anschaffungspreis der Sachen:

Der Schaden ereignete sich wie folgt: ... (Es wird empfohlen, den Schadenshergang so genau wie möglich zu schildern, wenn nötig ist eine Skizze anzufertigen.)

Angaben zu den Zeugen
Vorname, Zuname:
Straße, Hausnummer:
Postleitzahl, Ort:

Die/Der Geschädigte hat Schadenersatzansprüche in folgender Höhe erhoben: ...

Zwischen der/dem Geschädigten und mir besteht kein Verwandtschaftsverhältnis. (Oder): Die/Der Geschädigte ist meine/mein ... Ich habe den Schaden bisher weder ganz noch teilweise anerkannt oder beglichen.

Mit freundlichen Grüßen

Unterschrift

Versicherung – Beschwerde über Außendienstmitarbeiter

Angaben des Absenders

Versicherungsgesellschaft
Straße oder Postfach

Postleitzahl und Ort

Datum

Sehr geehrte Damen und Herren,

in den letzten Monaten wurde ich mehrere Male von Ihrer Mitarbeiterin, Frau .../ Ihrem Mitarbeiter, Herrn ..., angerufen, obwohl ich von Anfang an unmißverständlich erklärt habe, daß ich zur Zeit nicht die Absicht habe, irgendeinen Vertrag abzuschließen.

Natürlich kann ich verstehen, wenn Ihre Leute aktiv sind und versuchen, den Kundenkreis zu erweitern. Ich empfinde jedoch die ständigen Anrufe Ihrer Mitarbeiterin/Ihres Mitarbeiters als Belästigung und bitte Sie, dafür zu sorgen, daß ich in Zukunft von weiteren Werbeversuchen verschont bleibe.

Mit freundlichen Grüßen

Unterschrift

Versicherung – Widerspruch wegen Agentenwechsels

Angaben des Absenders

Versicherungsgesellschaft
Geschäftsleitung
Straße und Postfach

Postleitzahl und Ort

Datum

Ihr Schreiben vom: ...
Meine Versicherungs-Nummer: ...

Sehr geehrte Damen und Herren,

Ihre Entscheidung, im Gebiet ... einen anderen Versicherungsagenten einzusetzen und ihn mit der Wahrnehmung meiner Interessen zu betrauen, lehne ich ab. Ihre internen Organisationsprobleme sind für mich uninteressant.

Seit 15 Jahren werde ich von Ihrer Agentur, der Firma Ramcke in Hamburg, bestens betreut, und somit bestehe ich darauf, daß diese Firma auch weiter für mich tätig sein kann.

Bitte teilen Sie mir bis spätestens ... mit, ob Sie sich in meinem Sinne umentschieden haben und alles beim alten bleibt. Andernfalls werde ich meine sämtlichen Versicherungen zum frühestmöglichen Termin bei Ihnen kündigen.

Mit freundlichen Grüßen

Unterschrift

Versicherung – Aufforderung zum Angebot

Angaben des Absenders

Versicherungsgesellschaft
Versicherungsart
Straße oder Postfach

Postleitzahl und Ort

Datum

Sehr geehrte Damen und Herren,

ich bitte Sie um ein Angebot über eine private Altersversicherung.

Erstellen Sie mir bitte eine kostenlose Rentenberechnung mit anschließendem bedarfsgerechten Angebot zur privaten Rentenversicherung/Lebensversicherung.

Zu diesem Zweck bin ich bereit, mit einem Mitarbeiter Ihres Hauses einen Gesprächstermin zu vereinbaren. Bitte rufen Sie mich werktags zwischen ... Uhr und ... Uhr zur Terminvereinbarung an.

Mit freundlichen Grüßen

Versicherung – Mitteilung eines Pkw-Verkaufs

Angaben des Absenders

Versicherungsgesellschaft
Kfz-Versicherung
Straße oder Postfach

Postleitzahl und Ort

Datum

Versicherungsscheinnummer ...

Sehr geehrte Damen und Herren,

wir melden Ihnen den Verkauf eines bei Ihnen versicherten Pkw:

Kfz-Hersteller: ...
Fahrzeugtyp: ...
Amtliches Kennzeichen: ...
Datum des Verkaufs: ...
Uhrzeit: ...

Angaben zum Käufer
Vorname und Name: ...
Straße oder Postfach: ...
Postleitzahl und Ort: ...

Bitte heben Sie den Versicherungsvertrag rückwirkend zum Verkaufstermin auf, und verrechnen Sie die überzahlte Prämie bei der nächsten Fälligkeit des Versicherungsscheines Nummer ...

(Oder:)

Bitte heben Sie den Versicherungsvertrag rückwirkend zum Verkaufstermin auf, und überweisen Sie die überzahlte Prämie auf das Konto ... (Bankverbindung, Bankleitzahl).

Mit freundlichen Grüßen

Unterschrift

Geldinstitut – Reklamation im Zahlungsverkehr

Angaben des Absenders

...-Bank
Straße oder Postfach

Postleitzahl und Ort

Datum

Girokonto Nummer ...

Sehr geehrte Damen und Herren,

zum wiederholten Male ist es jetzt vorgekommen, daß Bareinzahlungen auf unser Privatkonto erst am nächsten Arbeitstag gutgeschrieben wurden.

Sie wissen, daß dies rechtswidrig ist – ich erinnere an das Urteil des Bundesgerichtshofes 1989 im Fall der Bezirkssparkasse Heidelberg (Aktenzeichen XI ZR 54/88 vom 17.01.89). In den ersten Monaten nach diesem Urteil funktionierte die Wertstellung bei Ihnen stets rechtskonform, jetzt scheint man in Ihrem Haus allmählich wieder zum alten Verfahren zurückzukehren.

Deshalb möchte ich Ihnen heute in aller Deutlichkeit sagen, daß ich die Gutschrift meiner Bareinzahlung noch am selben Tag erwarte.

Ich bitte um Ihre schriftliche Bestätigung.

Vielen Dank.

Mit freundlichen Grüßen

Geldinstitut – Anfrage nach Kreditkonditionen

Angaben des Absenders

…-Bank
Straße oder Postfach

Postleitzahl

Datum

Bitte um Konditionen für Darlehen

Sehr geehrte Damen und Herren,

für den Kauf eines selbstgenutzten Wohnhauses beabsichtigen wir, eine Hypothek von … DM aufzunehmen.

Bitte nennen Sie uns Ihre Konditionen, und legen Sie bei Ihren Berechnungen eine Laufzeit von … Jahren zugrunde. Der Zinssatz sollte … Jahre festliegen, die Tilgung jährlich … % betragen. Wir wünschen eine Auszahlung von … Prozent.

Teilen Sie bitte in Ihrem Angebot auch alle Nebenkosten und die Bereitstellungskonditionen mit.

Wenn uns Ihr Angebot gefällt, werden wir uns wieder mit Ihnen in Verbindung setzen.

Vielen Dank im voraus und freundliche Grüße

Geldinstitut – Stundungsantrag

Angaben des Absenders

...-Bank
Straße oder Postfach

Postleitzahl und Ort

Datum

Ratenkredit Nr. ...

Sehr geehrte Damen und Herren,

es fällt mir sehr schwer, diese Bitte an Sie auszusprechen. Dennoch sehe ich keinen anderen Weg.

Ich bitte Sie zu prüfen, ob eine Stundung der laufenden monatlichen Ratenzahlungen bis zum ... möglich ist, da ich unverschuldet durch Krankheit und andere unvorhersehbare Zwischenfälle in ernste finanzielle Schwierigkeiten geraten bin. Mit dem monatlichen Einkommen kann ich vorerst nur den Lebensunterhalt der Familie sichern, weitergehende Verpflichtungen gegenüber Dritten werde ich in diesem Jahr nicht erfüllen können.

Teilen Sie mir bitte mit, wie sich eine solche Stundung auf den Tilgungsplan auswirken würde und welche Mehrkosten auf mich zukämen.

Im voraus vielen Dank für Ihr Verständnis.

Mit freundlichen Grüßen

KAPITEL 13 Rhetorik

Rhetorik

Wie formuliere ich eine Rede? Stoffsammlung

Einleitungsmöglichkeiten

Von den Aufsätzen, die Sie in der Schule schreiben mußten, kennen Sie sicherlich noch die Einteilung:

Einleitung

Hauptteil

Schluß

Übernehmen Sie diese Gliederung für Ihre Rede. Einleitung und Schluß sollten zusammen nicht mehr als 1/5 oder 1/4 Ihrer Rede ausmachen.

Mit den ersten Sätzen Ihrer Rede sollten Sie Ihre Zuhörer gewinnen. Probieren Sie es mit einer der folgenden Möglichkeiten:

1. Erzählen Sie ein persönliches Erlebnis, was in Verbindung zum Anlaß steht.
   Als ich vor 25 Jahren zur Freiwilligen Feuerwehr kam, mußte ich drei Fragen beantworten: ... (Rede zum Jubiläum der Feuerwehr)
2. Gehen Sie auf die Stimmung der Zuhörer ein.
   Für die meisten von Ihnen wird es ganz ungewohnt sein, wieder die Schulbank zu drücken. (Eröffnungsrede für ein Seminar)
3. Beginnen Sie mit einem Rückblick.
   Vor ungefähr fünfzehn Jahren saßen wir Herrn Klose zum ersten Mal gegenüber. (Abschiedsrede für einen Mitarbeiter)
4. Beziehen Sie sich auf die Situation.
   Wie sehr wir um den Erweiterungsbau unserer Firma kämpfen mußten, hat Herr Paulsen uns grad deutlich gemacht. (Einweihungsrede für eine neue Fabrikhalle)
5. Beginnen Sie mit einem Zitat oder einer Anekdote.
   „Liebe und Kunst umarmen nicht, was schön ist, sondern was eben dadurch schön wird." (Karl Kraus)

Bitte beachten Sie beim Formulieren Ihrer Einleitung: Besonders die ersten Sätze sollten klar und gut verständlich sein. Dazu bieten sich kurze bis kürzere Sätze an.

Testen Sie Ihre Einleitung, indem Sie sie jemandem vorlesen, der von Ihrer Rede überhaupt nichts weiß. Fragen Sie anschließend, wie die Einleitung auf sie oder ihn gewirkt hat.

Redehauptteil

Es gibt Leute, die setzen sich an die Maschine und schreiben einfach drauf los: Das sind die professionellen Redenschreiber oder die Furchtlosen – manche nennen sie auch „Naturtalente" oder „die Überzeugten". Wenn Sie dazu gehören, bleiben Sie bei dieser Arbeitsweise.

Aber Sie, die Sie jetzt diesen Satz lesen, Sie glauben sicherlich, daß Sie nicht zu dieser Sorte Mensch gehören, sonst hätten Sie jetzt nicht dieses Buch in der Hand.

Also, wie Sie Ihre Rede schreiben – dafür gibt es kein Patentrezept. Aber:

Es gibt mehrere Wege, um zum Ziel zu kommen.

Ich zeige Ihnen ein paar Möglichkeiten. Welche für Sie die beste ist, das entscheiden Sie!

1. Möglichkeit – Wollen Sie wirklich immer noch eine Rede halten?

„Klar doch!" – werden Sie sagen. Aber wissen Sie, was das bedeutet? Hören wir mal, was der Philosoph Kant dazu zu sagen hat:

„Die Rede will keine Kenntnisse vermitteln, sondern in persönlichem Ton eine unmittelbare Verbindung von Mensch zu Mensch herstellen ... Er, (der Redner) muß selbst vom Gegenstand seiner Rede innerlich bewegt sein, wenn er seine Zuhörer ergreifen will, sonst wirken seine Worte nüchtern und hohl.

Gute Reden haben einen bestimmten, von echtem Ton getragenen Stimmungston ... Auch Reden müssen wir sorgfältig vorbereiten. Vorrangig ist es, sich in die Hörerschaft einzufühlen und der Rede einen Gehalt zu geben; erst in zweiter Linie gilt es, Stoff zu sammeln."

Und da haben wir schon die erste Methode, eine Rede zu schreiben; sie steckt in Kants Worten. Wenn Sie also wirklich getrieben sind und Ihren Zuhörern eine „Message rüberbringen" wollen, wenn Sie also etwas zu sagen haben, dann formulieren Sie dieses Etwas. Bringen Sie Ihre Botschaft, den Höhepunkt oder das Ziel Ihrer Rede in Satzform.

2. Schritt: Das Ergebnis Ihrer Formulierarbeit schreiben Sie nun bitte auf den oberen Teil eines Blatt Papiers. Überlegen Sie sich dann bitte, über welche Gedankenstufen Sie die Zuhörer zu Ihrem Zielsatz führen wollen. Wenn Ihnen die Gedanken dabei durcheinanderpurzeln, halten Sie sie erst einmal in Form von Stichwörtern auf dem Papier fest. Dann bringen Sie das Ganze in eine sinnvolle Reihenfolge und – fertig ist Ihr Stichwortkonzept, das Sie jetzt nur noch ausformulieren müssen.

2. Möglichkeit: Stürmen Sie Ihr Gehirn!

Für alle, die eine Ahnung vom Ziel ihrer Rede haben, es aber nicht auf Anhieb formulieren können, kann ein sogenanntes Brainstorming – zu Deutsch: Geistesblitz – hilfreich sein.

Bei diesem Verfahren schreiben Sie all Ihre spontanen Einfälle zum Thema Ihrer Rede auf ein Stück Papier. Bitte überlegen Sie dabei nicht, ob das, was Sie aufschreiben, auch sinnvoll ist. Zuerst einmal ist nur wichtig, daß Sie wirklich *alles* niederschreiben.

Sie werden sehen, wie viele Ideen in Ihrem Kopf stecken! Und aus diesen Ideen entsteht dann Ihre Rede. Wenn Ihnen dieses Verfahren keine Mühe macht, wird es Ihnen helfen, aus Ihrer Ahnung eine Gewißheit über den Gehalt Ihrer Rede entstehen zu lassen.

Schreiben Sie nun den Anlaß Ihrer Rede in die Mitte eines Blattes. Also zum Beispiel: Nehmen wir einmal an, Sie sind auserwählt, zum Abschied Ihres Abteilungsleiters – nennen wir ihn Herrn Kranz – eine Rede zu halten.

„Abschied von Herrn Kranz"

Von diesem Zentrum ausgehend, reihen Sie jetzt einen Gedanken an den nächsten – wie Perlen auf eine Schnur. So entsteht eine Gedankenkette. Wird Ihr Ideenfluß unterbrochen, hängen Sie Ihren neuen Einfall wieder an den Ausgangspunkt – also: Abschied von Herrn Kranz – Ihres Brainstormings. Das, was entsteht, könnte dann so aussehen:

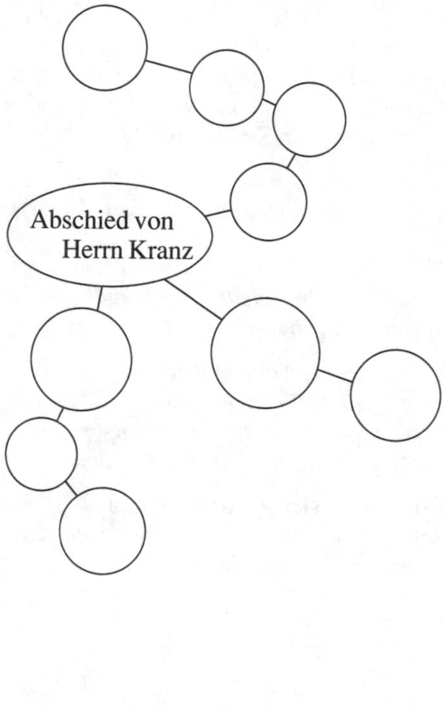

Natürlich sollen die leeren Gedankenblasen nach dem Brainstorming mit Ihren Ideen angereichert sein.

Fertig? – Dann schauen Sie sich Ihr Werk an; es enthält eine Ordnung, die Sie bei näherem Betrachten entdecken werden. Vielleicht stört Sie der eine oder andere Gedanke, dann streichen Sie ihn fort. Möglich auch, daß Sie eine Verbindung zwischen einzelnen Gedankenketten entdecken. Nutzen Sie diese Entdeckungen, um die Reihenfolge Ihrer Ideen festzulegen. Auf diese Art und Weise entsteht das inhaltliche Konzept Ihrer Rede, die Sie jetzt nur noch ausformulieren müssen.

Vielleicht sind Sie beim Aufschreiben Ihrer Ideen schon ins Schreiben des Redetextes gekommen – um so besser! Schreiben Sie nur weiter, bis Ihre Rede fertig ist.

3. Möglichkeit: Beantworten Sie sich ein paar Fragen.

Wem also partout nichts einfällt, der kann versuchen, seinen Redestoff durch die Beantwortung folgender Fragen zu finden:

1. Was fällt Ihnen zum Anlaß Ihrer Rede ein?
2. Was sollte angesprochen werden?
3. Wer sind Ihre Zuhörer? Was könnte sie interessieren?
4. Wie ist Ihre persönliche Meinung zum Anlaß/zur Person? – Was wollen Sie in den Mittelpunkt Ihrer Rede stellen?

4. Möglichkeit: Was sagen andere zu meinem Thema?

Ein Gang in die nächste Bibliothek wird Ihnen die Beantwortung dieser Frage erleichtern. Falls Sie zum Beispiel zum Thema „Taufe" sprechen müssen, schlagen Sie dieses Wort in einem Lexikon nach. Oder schauen Sie, welche Bücher Sie zu diesem Thema im Stichwortkatalog finden.

Weitere Anregungen können Sie auch aus Zitatensammlungen bekommen. Vielleicht finden Sie einen Ausspruch, der Ihnen besonders treffend erscheint und den Sie deshalb zum Mittelpunkt Ihrer Rede machen möchten.

5. Möglichkeit: Einfach drauflosschreiben.

Die Gesetzmäßigkeiten dieser Arbeitsweise lassen sich nur schwer beschreiben, und zwar deshalb, weil sie vielleicht in der Umgehung jeder Gesetzmäßigkeit liegen. Was bedeutet das nun für die Anwendung dieser Methode? Einzige Empfehlung: Setzen Sie sich und schreiben Sie. Dabei werden Sie Ihre Gesetzmäßigkeiten entwickeln.

Vielleicht noch so viel: Leute, die nach diesem Muster arbeiten, sind entweder von einer Idee getrieben, die sie niederschreiben wollen; oder sie sitzen vor dem Papier, ihnen kommt ein netter Anfangssatz, eine zentrale Idee, ein Bild vielleicht, sie denken an eine bestimmte Person oder an ein Erlebnis, und davon lassen sie sich treiben: eine Idee gebiert die nächste. Und so entsteht die Rede.

Wichtig auch hier: Der Ideenfluß sollte nicht durch Überarbeiten einzelner Sätze unterbrochen werden. Das hat Zeit!

Das Schöne an dieser Arbeitsweise: Aus dem Ideenfluß bildet sich eine eigene Gestalt, die wie natürlich Anfang, Höhepunkt und Ende in sich trägt. Versiegt der Ideenfluß, sollte man sich nicht bemühen, ihn mit Anstrengung fortzusetzen; denn Schluß ist, wenn Schluß ist!

Alles, was nach dem Niederschreiben der Ideen passiert, nenne ich das Polieren. Darunter verstehe ich die Arbeit an der Form und den Sätzen meines Textes. So kann es zum Beispiel sein, daß mein Anfang besser an das Ende paßt; häufig gibt es zu viele Wiederholungen einzelner Wörter; manchmal stimmt auch die Satzstellung nicht, und in der Eile des Niederschreibens habe ich so manches Komma vergessen. – Im großen und ganzen aber steht nach dem Drauflosschreiben der Kern, aus ihm geht hervor, was und wie der Text überarbeitet werden muß.

Schlußmöglichkeiten

Eben weil der letzte Eindruck haften bleibt, sollte man sich ein wenig Zeit für den Schluß nehmen. Bei Gelegenheitsreden geht es meistens darum, eine Feierlichkeit zu eröffnen, einen Menschen zu würdigen oder ein Ereignis zu feiern. Als Schluß bieten sich dazu folgende Möglichkeiten an:

1. **Schließen Sie mit einem Wunsch:**

   Allen Gästen und Freunden eine gute Stimmung und viel Vergnügen auf unserem Sommerball.

   Wir haben viel von Ihnen gelernt und wünschen uns alle, daß wir durch unser Tun Ihren guten Geist in unserm Haus bewahren können. (Abschiedsrede für einen Mitarbeiter)

2. **Schließen Sie mit einem Bekenntnis:**

   „Frau Müller war das Vorbild in meiner beruflichen Entwicklung!" (Dankesrede)

   „Ich habe Max Marquard geliebt!" (Grabrede)

   „Solange wir nicht unser Leben beschreiben, alle Schwachheiten aufzeichnen, von denen des Ehrgeizes bis zum geheimsten Laster, so werden wir einander nie lieben lernen." (Georg Christoph Lichtenberg)

3. **Sprechen Sie eine Hoffnung aus:**

   Wir hoffen sehr, daß wir auch das nächste Firmenjubiläum in diesem netten Kreise feiern können.

4. **Schließen Sie mit ein paar Worten über die Zukunft:**

   In den nächsten Jahren wird es vor allem wichtig sein, den Menschen in dieser Gegend zu zeigen, woran wir arbeiten. Ganz sicher werden wir ihr Interesse für uns gewinnen können.

Gibt es Vorschriften für die Anrede?

Eigentlich nur bei der Bundeswehr und beim diplomatischen Corps. Für den Fall, daß man sich auch auf kirchlichem oder adeligem Parkett sicher bewegen will, empfehlen sich „Anredenbücher". Schauen Sie mal beim Buchhändler nach.

Sollten Sie jedoch in die Lage kommen, mehrere Anwesende mit Namen anreden zu wollen, stellt sich die Frage, in welcher Reihenfolge dies geschehen kann. Im öffentlichen Leben redet man die Ehrengäste zum Beispiel entsprechend der Rangreihenfolge an, also von oben nach unten.

Es ist aber genauso gut möglich, zuerst die Ehrengäste, die Damen oder die Hauptfiguren des Ereignisses, denen die Rede gilt, anzureden.

Wenn Sie sich der Begrüßung nach Rangreihenfolge entziehen wollen – schließlich leben wir in einer Demokratie, und so mancher könnte fragen: „Warum werde ich eigentlich nicht mit Namen angeredet?" –, sprechen Sie nur einen Vertreter des öffentlichen Lebens mit Namen an. Sozusagen stellvertretend für alle anderen. Zum Beispiel:

„Stellvertretend für alle Personen des öffentlichen Lebens begrüße ich Herrn Landrat von Mohl."

„Unter unseren Gästen befinden sich besonders viele Ärzte. Ihnen allen ein herzliches Willkommen!"

Das Redemanuskript ablesegerecht gestalten

„Den Blickkontakt mit dem Publikum halten!" – Wohl kaum ein Rhetoriklehrgang kommt ohne diesen Ratschlag aus. Das Anschauen der Menschen, zu denen man spricht, gäbe Sicherheit – vorausgesetzt, man sucht sich wohlmeinende Augen. Außerdem, leben wir nicht alle auch immer wieder davon, ein Echo zu bekommen? Dieses Echo können Sie in den Augen Ihrer Zuhörer erkennen. Und wenn Sie wollen, können Sie in Ihrer Rede darauf eingehen.

Wie aber schafft man es, während man seine Rede abliest, auch noch das Publikum anzusehen? Besteht nicht die Gefahr, daß man beim Hochschauen die Anschlußstelle im Manuskript verliert – und dann plötzlich nicht weiter weiß, suchen muß, unangenehme Lücken entstehen, der Kopf rot wird und, und, und.

Ja, die Gefahr besteht! – Man kann ihr entgehen, wenn man das Redemanuskript so gestaltet, daß es den Blick zum Zuhörer ermöglicht.

Haben Sie einmal an sich selbst beobachtet, wie Ihr Auge wahrnimmt? Setzt es die Buchstaben zusammen, bildet daraus Silben, dann Wörter? Oder nimmt es ganze Wörter, vielleicht sogar Sätze wahr?

Das Auge nimmt beim Lesen einen bestimmten Ausschnitt auf dem Papier wahr, stoppt dann auf dem Blatt und erkennt in dem Gesehenen Sinneinheiten; dann hüpft das Auge weiter, um die nächste Portion Sinn zu erkennen. In diesem Prozeß des Sehens und Verstehens können Sie Ihr Publikum anschauen, wenn das Auge nach der Wahrnehmung eines Zeilenausschnitts Halt macht.

Nun werden Sie berechtigterweise einwenden: „Wo es mir schon nicht gelingt zu beschreiben, wie denn mein Auge wahrnimmt, weil das alles so schnell passiert, wie soll ich denn die Stopps ausfindig machen?“

Da man herausgefunden hat, wie groß die Portionen sind, die das Auge wahrnimmt, gestaltet man das Manuskript entsprechend dieser Wahrnehmungsmenge. Sie brauchen sich dann beim Ablesen überhaupt keine Gedanken über die „Stopps“ zu machen.

Auf einen Blick nimmt das Auge etwa einen Zeilenblock von 10-15 Silben wahr. Dieser Zeilenblock muß einen Sinn ergeben. Für die Gestaltung des Redemanuskripts bedeutet das, Sie müßten die Reden „augengerecht“ umschreiben, also z.B. sollte dann keine Zeile länger als 15 Silben sein.

Beginnen Sie mit jedem Satzanfang am linken Rand Ihres Manuskripts. Alle übrigen Zeilenanfänge beginnen ein Stück rechts eingerückt. Zwischen den einzelnen Sätzen lassen Sie viel Luft.

Wählen Sie zusätzlich unterschiedliche Zeilenabstände und -längen, damit Sie keine Hilfsmittel brauchen, um zu erkennen, an welcher Textstelle Sie sich gerade befinden.

Schwierige Wörter – das können Namen oder auch Fremdwörter sein – heben Sie besonders deutlich hervor, z.B. durch Großbuchstaben. Überhaupt empfiehlt sich, für die Gestaltung des ganzen Manuskripts große Schrifttypen zu wählen.

So wie Sie in eine Zeile nicht mehr als 15 Silben schreiben sollten, empfiehlt sich, die A4-Seite nur mit maximal 20 Zeilen zu füllen.

Wie halte ich eine Rede? Moderne Rhetorik

Dieses Kapitel kann und will keine Rhetorikschule ersetzen und auch kein Ersatz für viele gute Lehrbücher sein. Aber die Tips zu diesem Thema auf den folgenden Seiten werden Ihnen Appetit machen auf weitere Informationen: In guten Buchhandlungen bekommen Sie alles, was Sie für Ihr Selbststudium benötigen.

Zunächst etwas Grundlegendes zum Begriff „Rhetorik“: Man versteht heute darunter alles, was die Grundlagen und Techniken des Redens betrifft. In speziellen Rhetorik-Schulen und -Seminaren kann man insbesondere die Techniken erlernen. Dazu zählt der Gebrauch der Sprache nach Aussprache, Inhalt und Wirkung und die Körpersprache. In der Antike umfaßte die Rhetorik mehr: Die schöne Rede, die Ästhetik des Ausdrucks waren wesentliche Inhalte der klassischen Rednerschulen.

Eng in Verbindung zur Rhetorik steht ein häufig benutzter Begriff: „Kommunikation“ – also die Beziehung eines Menschen zu einem anderen Menschen. Sie entsteht immer, ob mit Sprache oder ohne, ob gewollt oder ungewollt, wenn Menschen einander wahrnehmen, und ist daher der Oberbegriff von Rhetorik. Das besonders Vertrackte an Kommunikation, und damit auch der Rhetorik, ist, daß immer verschiedene Dinge gleichzeitig laufen. Zur besseren Übersicht hat man sie in vier Hauptaspekte zusammengefaßt. Es sind dies

1. das Thema selbst
2. der Appell
3. die Selbstoffenbarung
4. die Beziehung

Diese vier Seiten einer Nachricht finden sich in der Fachliteratur in allen möglichen Varianten, mal wird der Appell „Aufforderung“ genannt, mal die Selbstoffenbarung „Selbstdarstellung“. Statt über die Bezeichnungen der Aspekte nachzudenken, wollen wir uns an einem fast schon klassischen Beispiel ihre Auswirkungen im Alltag ansehen.

Sie fahren mit einem Kollegen im Auto. Vor der nächsten Kreuzung sagen Sie: „Da vorn ist Rot“. Ihr Kollege reagiert heftig: „Fahren Sie doch mit Ihrem eigenen Auto!“

Was ist passiert? Er hat nur auf einen Teil Ihres Satzes reagiert, auf den Beziehungsteil, die anderen Aspekte Ihrer Aussage hat er nicht gehört oder bemerkt:

1. das Thema, der sachliche Inhalt Ihrer Aussage: Die Ampel ist rot. Aber wollten Sie wirklich nicht mehr damit sagen? Wahrscheinlich war der Appell in Ihrem Satz das Wichtige:

2. der Appell: „Passen Sie bitte auf, bremsen Sie rechtzeitig.“ Wenn man das so liest, drängt sich der Verdacht auf, daß Sie nicht nur vor der Ampel warnen wollen, sondern gleichzeitig zeigen, wie wichtig Sie sind, daß Sie ein umsichtiger Autofahrer sind. Damit hätten wir den nächsten Aspekt,

3. den Selbstdarstellungsdrang: „Ich kenne mich im Straßenverkehr aus, ohne meine Hilfe läuft hier nichts, ich bin einfach unverzichtbar.“ Und da schwingt eine gehörige Portion „Beziehungskiste“ mit, man spürt deutlich, daß es zwischen Ihnen und Ihrem Kollegen brodelt:

4. die Beziehung: „Ich hab's ja immer gesagt, Sie sind zu nichts nutze, sogar beim Autofahren muß man Ihnen helfen, total blind.“

Dies ist nun endlich der Aspekt, auf den unser Fahrer so heftig reagiert hat. Zurück zur Rhetorik, wo wir mit genau den gleichen Problemen zu tun haben. Auch bei der Rede kommt viel mehr im Zuhörerkreis an, als wir für möglich halten. Ideale Kommunikation hätten wir, wenn alle vier Aspekte genau so bei den Zuhörern ankommen, wie wir sie meinen.

Was kann man tun? Als erstes sollte das Redemanuskript auf Schwachstellen durchgesehen werden: Gibt es Formulierungen, die jemand vielleicht „in den falschen Hals“ bekommen könnte? Gibt es Stellen in der Rede, in denen Sie sich unabsichtlich zu sehr selbstdarstellen? Checken Sie Ihre Rede auch darauf ab, ob alles, was rein sachlich aufgenommen werden soll, auch weitgehend sachlich ausgedrückt ist – ohne Unterton.

Wie halte ich eine Rede? Stimme

Die Stimme gehört zu den ersten Eindrücken, die die Zuhörer von dem Redner bekommen und die sich zum vielgenannten „ersten Eindruck“ zusammensetzen. Was bemerken wir an einer Stimme? Die Tonlage, den Wechsel von Hoch und Tief, die Aussprache, die Nebengeräusche (Atmen, Heiserkeit), die Dynamik, die Resonanz im Körper. Aus diesen Mosaiksteinen entsteht ein unverwechselbares Klangbild, das es uns möglich macht, Stimmen wiederzuerkennen.

Denken Sie nur an bekannte Synchronstimmen in Filmen und an Sängerinnen und Sänger. Je mehr typische Eigenschaften die Stimme hat, desto charakteristischer ist sie. Deshalb wäre es falsch, durch Üben alle Eigenarten wegzutrainieren, denn am Ende hätte man eine Stimme ohne Ecken und Kanten, perfekt, aber langweilig.

Die meisten bekannten Personen aus Film oder Prominenz haben einen ausgeprägten „Fehler“ in der Stimme oder sogar einen richtigen Sprachfehler: einer lispelt wie Karl Dall, eine ist immer heiser wie die Knef, einer spricht viel zu tief wie die deutsche Stimme von John Wayne, ein anderer abgehackt wie Heinz Rühmann. Achten Sie mal drauf.

Stellen Sie sich das Atmen wie einen Kreis vor: Unten geht es los mit dem Einatmen. Am höchsten Punkt ist ein Moment der Ruhe, dann atmen wir aus, gelangen wieder zu einem Ruhepunkt, und der Kreis beginnt von vorn.

Die meisten Menschen atmen nur mit dem Brustkorb. Dabei füllt sich die Lunge nur halb, die Folge ist, daß auch nur die Hälfte der eigentlich verfügbaren Luft beim Reden bereitsteht. Wendet man dagegen zusätzlich die Zwerchfellatmung an, bei der sich die Bauchdecke hebt und senkt, hat man mehr Volumen zur Verfügung.

Wie halte ich eine Rede? Körpersprache

Zuerst eine kleine Quizfrage: Ab welchem Zeitpunkt wird ein Redner beobachtet?

Antwortmöglichkeiten:

a) Wenn er am Pult steht und das erste Wort sagt.
b) Wenn er sich hinter das Rednerpult stellt und das Manuskript aufschlägt.
c) Sobald er von seinem Sitz aufsteht, um nach vorn zu gehen.

Richtig ist Antwort c). Aber warum benehmen sich die meisten Redner so, als würden sie erst beim ersten Wort wahrgenommen? Sie hüsteln und räuspern sich aus dem Sessel, richten den Schlips auf dem Weg zum Pult, dort angekommen fahren sie sich nochmals übers Haar, fummeln hier und da, und irgendwann beginnt auch die Rede.

Der gelungene Anfang ist die halbe Miete! Der geschickte Redner nutzt schon die Zeit im Sessel zur Konzentration, atmet auf dem Weg zum Pult ruhig durch, blickt im Gang die Zuschauer an und ist – wenn er das Pult erreicht hat – gelassen und gesammelt. Dann blickt er nochmal in aller Ruhe in die Runde, liest den Anfang des ersten Satzes, hebt die Augen und beginnt dann die Rede.

Lesen Sie die folgenden Tips bitte als hilfreiche Faustregeln, nicht als immer richtige Patentrezepte.

- Kreisende, runde Armbewegungen wirken ruhiger, sie ergänzen erklärende Textstellen vortrefflich.
- Gerade, zeigende Armbewegungen wirken bestimmender, besonders, wenn sie von oben nach unten ausgeführt werden. Man kennt sie von Politikern meist bei Sätzen wie „... all jene aber, die glauben, sie können ..." oder „... werden wir nicht zulassen, sondern mit allem Nachdruck ..."
- Hände tiefer als die Gürtellinie wirkt eher negativ.
- Hände in Brusthöhe wirkt eher positiv.
- Verschränkte Arme: Der Sprecher wirkt verschlossen.
- Hände auf dem Rücken: möglichst nicht über längere Zeit, den Zuschauern „fehlt" sonst der gewohnte Anblick der Hände.
- Blick zur Decke oder aus dem Fenster kann auf Dauer überheblich wirken, für kurze Momente signalisiert er Nachdenklichkeit.
- Sitzen oder Stehen? Im kleinen Kreis, bei einer Besprechung am runden Tisch zum Beispiel, wirkt Sitzen weniger dominant. Der Sprecher oder Besprechungsleiter ist auf einer Ebene mit den übrigen Teilnehmern.
- Gehen: In kleinen Wegen am Pult: Ja. Hin- und Herlaufen: Nein.
- Bewegte Gestik muß „stimmen", sonst wirkt sie nicht dynamisch, sondern nur unruhig. Ein eher bedächtiger Deutscher ist halt kein quirliger Franzose, ein beherrschter Brite kein feuriger Italiener.
- Bewegen kann sich nur, wer frei steht. Deshalb: ein halber Meter Abstand vom Pult!

Wie halte ich eine Rede? Das Publikum

„Man darf über alles reden, nur nicht über eine halbe Stunde." Eine Rednerweisheit, an der gewiß viel Wahres ist. Glücklicherweise bestätigen auch hier Ausnahmen die Regel. Das Publikum erträgt durchaus auch längere Reden – wenn es gepackt ist!

Behalten Sie deshalb Ihr Publikum stets im Auge. Die beste Methode ist der unter dem Abschnitt Atemtechnik besprochene Wechsel von Lesen und Sprechen. So hält man Blickkontakt und weiß jederzeit, wie die Zuhörer den Vortrag aufnehmen. Wie sitzen die Zuhörer? Interessiert zuhörend oder zurückgelehnt, kurz vor dem Einnicken? Entdecken Sie einen, der auf die Uhr schaut, machen Sie sich nichts draus. Sehen Sie fünf, wird's ernst.

Zur Auflockerung gibt es eine Reihe technischer Hilfsmittel, die den Vortrag unterstützen und abrunden.

Wandtafel:

1. „White Board": Wird mit einem Spezialstift beschrieben, ist trocken abzuwischen.
2. Tafel: Wird mit Kreide beschriftet, erinnert an Schule.

Flip-Chart

Große Papierblöcke auf Ständern, werden mit Filzstiften beschriftet. Achten Sie darauf, daß Sie konsequent für Überschriften stets die gleiche Farbe und Dicke verwenden, sonst könnte das Publikum verwirrt sein. Es gibt auch Flip Charts mit eingebautem Fotokopierer, der sofort das Tafelbild als kleine Kopie für die Zuschauer auswirft.

Pin-Wände

Zum Anheften von erarbeiteten oder vorbereiteten Flip-Chart-Blättern und Kärtchen. Sehr flexibel, eignen sich auch zur Raumgestaltung (abgetrennte Arbeitsgruppen).

Magnettafel

Zum Anheften von Flip-Chart-Blättern, Schaubildern, Fotos, Diagrammen, Grafiken usw.

Folien

Werden mit dem Overheadprojektor an die Wand geworfen. Eignen sich für vorbereitete Darstellungen und Texte, aber auch für schnelle schriftliche Erläuterungen. Denken Sie daran, daß man die Schrift auch von der letzten Reihe noch lesen will. Tip: Legen Sie sich eine Ersatzbirne bereit, meist gibt die Birne ihren Geist auf, wenn man sie am nötigsten braucht.

Video

Läßt sich umfassend einsetzen, sei es zur Veranschaulichung des Redeinhaltes, zur Dokumentation oder sogar – mit Kamera – zu Trainingszwecken.

Scheuen Sie sich nicht, sie einzusetzen, aber machen Sie sich unbedingt mit dem professionellen Umgang vertraut, es gibt dafür spezielle Seminare „Präsentationstechniken".

Reden im Privatleben Taufe (Rede eines Freundes der Familie)

Liebe Eltern und Geschwister,
liebe Gäste,

unsere kleine Gudrun, um die es heute geht, versteht zwar noch kein Wort, und doch versteht sie schon sehr viel. Sie schreit nicht nur, wenn ihr das Taufwasser unangenehm ist, sie brüllt auch, wenn sie Hunger hat, die Windeln naß sind oder wenn sie die Wärme der Mutter spüren möchte.

Bekommt sie all diese Zuwendung, wird damit der Grundstein für ein zufriedenes Leben gelegt. Die Psychologen sprechen hier von der Entstehung des Urvertrautseins.

Die Art und Weise, wie wir mit ihr umgehen, wie wir mit ihr sprechen, und die Stimmungen und Gefühle, die wir ihr entgegenbringen, sind bestimmend für ihr weiteres Leben.

So wird die Kleine denn auch heute verstehen, daß wir zusammengekommen sind, weil wir uns über ihr Dasein freuen und ihr eine schöne Zukunft wünschen.

Wir möchten, daß sie wächst und gedeiht, daß sie einen kräftigen eigenen Willen bekommt, daß sie andere Menschen verstehen wird, daß sie mit sich selbst gut fertig wird, daß sie nie bereut, in diese Welt gekommen zu sein.

Mit der Taufe begrüßen wir Gudrun in der Welt der Gläubigen. Wir heißen sie in unserer Gemeinschaft willkommen, wir vertrauen sie Gott an und werden ihr helfen, ihm zu vertrauen.

Die Eltern und Paten bitte ich, Gudrun behutsam zu helfen, ihren Weg zu Gott zu finden. Sie soll wissen: In guten und schlechten Zeiten wird er für sie da sein.

Die beste Grundlage geben Sie ihr, indem Sie ihr erlauben und ihr ermöglichen, Ihnen zu vertrauen; denn Menschenvertrauen ist Gottvertrauen.

Reden im Privatleben
Taufe (Rede des Paten)

Liebe Evi,
lieber Günter,
verehrte Gäste,

im Märchen sind es die guten Feen, die an die Wiege treten, ihre Hände schützend über das kleine Lebewesen halten und dafür sorgen, daß ihm auf seinem Lebensweg kein Leid geschieht.

Nun, wir alle wissen, daß gute Feen in der Realität eine „Seltenheit" sind und daß wir uns besser auf uns selbst oder echte Freunde verlassen sollten.

Für einen kleinen Täufling suchen die Eltern also nach einem Paten, der sich seiner Patenpflichten bewußt ist, wenn der Notfall, der hoffentlich nie eintreten wird, Hilfe und Unterstützung für das Patenkind erfordert.

Eltern wünschen sich einen Paten, der im christlichen Glauben lebt und der sich, wenn nötig, auf seine Christenpflicht besinnt.

Ich habe, als Evi und Günter mich fragten, ob ich die Patenschaft für den kleinen Dieter übernehmen möchte, lange darüber nachgedacht, ob ich einer solchen Aufgabe auch tatsächlich gewachsen bin. Letztlich kam ich zu dem Schluß, daß ich um etwas sehr Schönes gebeten wurde und daß Evis und Günters Bitte an mich von großem Vertrauen in eine echte Freundschaft zeugt.

Die Patenschaft nehme ich deshalb mit Freude an und werde, wann immer Not am Mann ist, versuchen, die guten Feen würdig zu ersetzen.

Heute kann ich unserem Täufling Gesundheit, Glück und Zufriedenheit für seinen hoffentlich sehr langen Lebensweg wünschen; in der Zukunft kann ich versuchen, ein wenig mitzuhelfen, daß meine heutigen guten Wünsche Realität werden.

Trinken wir einen Schluck auf unseren kleinen Dieter!

Reden im Privatleben
Kommunion (Rede des Vaters)

Lieber Martin,

für Dich ist dies heute die erste große Feier, Dir zu Ehren, an der Du bewußt teilnimmst, denn bei Deiner Tauffeier, das muß ich Dir sagen, zeigtest Du keinerlei Interessen, sondern schliefst die ganze Zeit. Allerdings waren wir, wenn ich mich zurückbesinne, sehr dankbar dafür, denn Deine Mutter und ich hatten schreckliche Angst, daß Du während der Taufe aus vollem Halse schreien würdest. Aber, wie gesagt, die ganze Zeremonie interessierte Dich gar nicht. Während Du schlummertest, wurden eine Menge Reden gehalten. Alle wünschten Dir Glück und sprachen die Hoffnung aus, daß Du ein schönes und erfolgreiches Leben haben mögest.

Heute ist vielleicht der Anlaß, eine erste Bilanz zu ziehen. Du bist zum ersten Mal zur Heiligen Kommunion gegangen und damit zu einem vollen Mitglied der christlichen Gemeinschaft geworden. Ich möchte hier nicht die Worte von Pfarrer Krüger wiederholen, so gut wie er kann ich gar nicht sprechen, aber ein paar Sätze mußt Du mir noch erlauben, bevor Du Deine Geschenke auspacken kannst.

Deine Mutter und ich haben vor Deiner Geburt nicht lange überlegt, ob wir Dich taufen lassen sollten oder nicht. Wir sind beide katholisch erzogen worden und haben auch aus Überzeugung kirchlich geheiratet. Wir sind katholische Christen und wollen auch Dich, unseren Sohn, im Glauben der römisch-katholischen Kirche erziehen.

Dazu gehört es auch, immer wieder zu zeigen, daß Christentum nicht bedeutet, einmal in der Woche eine Kirche zu besuchen. Wir leben in einer christlichen Kultur, und unsere heutigen Staatengebilde entstammen einer langen christlichen Tradition. Von der Zeitrechnung bis heute bestimmen diese christlichen Traditionen unser Leben, obwohl wir uns dessen oft gar nicht mehr bewußt sind. Deshalb möchte ich Herrn Pfarrer Krüger an dieser Stelle noch einmal ganz herzlich danken dafür, daß er Euch im Kommunionsunterricht auch auf diese Dinge aufmerksam gemacht hat. Bestimmt täte es uns allen gut, wenn wir unseren Glauben noch mehr in das Alltagsleben einbeziehen würden.

Heute ist Dein Ehrentag, Martin, aber auch für Deine Mutter und mich bedeutet dieser Tag sehr viel. Wir haben in den vergangenen Jahren eine Menge durch Dich und von Dir gelernt.

Dadurch, daß Du in den letzten Wochen und Monaten immer wieder mit Fragen zu uns kamst, haben auch wir wieder über einige Dinge nachgedacht, die im täglichen Trott etwas untergegangen waren. Dafür wollen wir heute danken. Ich hoffe, daß wir jetzt auf dem Weg sind, unsere Vorstellungen von einer christlichen Familie gemeinsam mit Dir zu gestalten.

Ich sehe, daß Du schon auf Deinem Stuhl herumrutschst, und merke daran, daß ich mich doch nicht an mein Versprechen gehalten habe, nur „ein paar Worte" zu sagen. Verzeih' Deinem redseligen Vater noch einmal und genieße nun diesen Tag, ohne Dich von uns Erwachsenen weiter langweilen zu lassen. Auf Dein Wohl und Deine Zukunft, lieber Martin!

Reden im Privatleben Verlobung (Rede des Vaters)

Liebes Brautpaar, liebe Gäste,

wir haben uns heute in diesem kleinen Kreis zusammengefunden, um die Verlobung von Lisa und Holger zu feiern. Die Verlobung ist vielleicht ein bißchen „aus der Mode" gekommen, viele Paare heiraten direkt.

Ihr habt mir erklärt, warum Ihr dem alten Brauch folgen wollt, und ich finde Eure Gründe sehr vernünftig.

Ihr wollt deutlich Eure Zusammengehörigkeit, Euren Vorsatz, die Ehe einzugehen, zeigen, aber Ihr wollt zuvor Eure Ausbildung beenden und erste Erfahrungen im Berufsleben sammeln. Ich freue mich, daß Ihr Euch zu diesem Schritt entschlossen habt, denn so habe ich noch ein wenig Zeit, mich daran zu gewöhnen, daß mein Lieschen nun einem anderen Mann gehört. Ihr lacht, aber habt bitte ein wenig Verständnis für einen Vater. Warte nur ab, lieber Holger, solltest Du selbst einmal eine Tochter haben, wirst Du sehr schnell merken, daß es nicht einfach ist, erleben zu müssen, wie sie „flügge" wird. Da schleicht sich immer ein wenig Eifersucht ein. Ich glaube, der Vater akzeptiert es immer als letzter, daß seine Tochter erwachsen ist. Mütter bemerken das früher, ich weiß auch nicht, warum.

Du schmunzelst, liebe Marie-Luise. Laß Dir heute noch einmal ganz herzlich dafür danken, daß Du unserer Tochter vor mehr als zwanzig Jahren das Leben geschenkt hast. Sie ist Dir sehr ähnlich. Du hast sie zu dem liebenswerten, fröhlichen Menschen gemacht, als den wir sie kennen und lieben.

Wir geben sie nicht gerne her, aber Dir, lieber Holger, können wir sie getrost anvertrauen. Seit zwei Jahren kennen wir Dich nun. So manchen Abend haben wir zwei im Gespräch verbracht. Du hast von Deinen Zukunftsvorstellungen gesprochen und mich auch manchmal um Rat gefragt. Unsere politischen Diskussionen gestalten sich immer recht kontrovers, aber ich glaube, wir haben beide unseren Spaß daran. Zur Familie gehörst Du eigentlich schon seit langem. Nun haben wir das Recht, Dich auch als unseren Sohn zu betrachten. Deine Eltern werden uns sicher gern ein wenig von ihren Rechten abtreten.

Wir haben Euch, Klaus und Hildegard, erst vor kurzem kennengelernt, Ihr seid uns sofort sympathisch gewesen, aber wie könnte es auch anders sein, bei den Eltern von Holger. Ich hoffe, daß aus der gegenseitigen Sympathie bald Freundschaft wird. Einen Grund zum gemeinsamen Feiern werden die Kinder uns bestimmt noch mehrfach geben. Aber ich möchte nicht vorgreifen.

Erheben wir unsere Gläser auf das Brautpaar und seine glückliche Zukunft.

Reden im Privatleben
Hochzeit (Rede des Trauzeugen)

Sehr geehrte Gäste, liebes Brautpaar,

ich freue mich, als langjähriger Freund, und nun auch als Euer Trauzeuge, heute zu Euch sprechen zu können. Normalerweise sprechen die Väter von Braut und Bräutigam feierliche Worte über den neuen Lebensabschnitt, der nun beginnt. Sie weisen darauf hin, daß nun der eine des anderen Last zu tragen habe und daß das gemeinsame Leben eine Herausforderung darstellt. Frei nach Schiller wird gerne zitiert: „Der Mann muß hinaus ins Kalte, und drinnen waltet die Alte." Verzeihung, es heißt natürlich: „Und drinnen waltet die züchtige Hausfrau."

Auf Euch treffen die gängigen Klischees eines jungvermählten Paares, das sich anschickt, gemeinsam die erste Wohnung zu beziehen, und dem die ersten Schwierigkeiten in Form von mangelnden Kochkünsten der jungen Hausfrau bevorstehen, ganz und gar nicht zu. Ich bin froh darüber, denn ich hätte nicht gewußt, was ich hätte raten sollen. Ihr lebt schon seit vielen Jahren zusammen, eben seit unserer gemeinsamen Studienzeit. Gerne bin ich immer zu Euch gekommen, als Ihr noch ohne Trauschein zusammenlebtet. Eine „züchtige Hausfrau" warst Du nie, Ingrid, Du hast das gleiche Pensum zu bewältigen gehabt wie Knut, und den Haushalt habt Ihr gemeinsam erledigt. Jetzt seid Ihr eingespannt im Berufsleben, und, das muß der Neid Euch lassen, Ihr seid beide sehr erfolgreich.

Ohne Probleme ging es in den vergangenen Jahren nicht, so manchen Krach habe ich miterlebt. Aber immer habe ich bewundert, wie Ihr Euch wieder „zusammenrauftet" und eigentlich gestärkt in Eurem Zusammengehörigkeitsgefühl aus den Schwierigkeiten hervorgegangen seid. Ich denke, Ihr habt in all den Jahren Eurer bisherigen Lebensgemeinschaft eine gute „Ehe" geführt.

Nun erwartet Ihr ein Kind. Es ist ein Wunschkind, das weiß ich. Das Bewußtsein der Verantwortung für dieses noch ungeborene Kind hat Euch veranlaßt zu heiraten. Und so wird sich in Eurem Leben doch eine Menge verändern, das kann ich aus Erfahrung, ich möchte fast sagen „androhen". Aber, und das kann ich Euch versprechen, Ihr werdet auch viel Freude finden und Eure Gemeinschaft noch intensiver erleben als bisher.

Ingrid wird ihre Berufstätigkeit nicht aufgeben, wie sie schon gesagt hat, aber sie wird vielleicht etwas zurückstecken, was ihre Karrierevorstellungen betrifft. Und sie hat die Möglichkeit, ihre Eltern und Schwiegereltern, die schon ganz begierig auf den neuen Erdenbürger (vielleicht wird es auch eine Erdenbürgerin) warten, um Hilfe zu bitten.

Liebe Ingrid und lieber Knut, ich wünsche Euch eine frohe und glückliche Zukunft. Der Trauschein wird Eure Beziehung sicherlich nicht negativ verändern. Zum Wohl!

Reden im Privatleben
Promotion (Rede des Vaters)

Liebe Petra,
verehrte Anwesende,

Dein Doktor-Vater, Herr Professor Stadler, hat soeben Deine fachlichen Leistungen hervorgehoben und uns die Bedeutung Deiner Forschungsergebnisse, die Du in der Dissertation zusammengefaßt hast, vor Augen geführt. Ich bin beeindruckt und stolz, eine solche Tochter zu haben. Deine Mutter und ich haben nicht die Möglichkeit gehabt, eine höhere Schule zu besuchen, geschweige denn zu studieren. Wir mußten hart arbeiten, um das Lebensnotwendige zu beschaffen, und haben erst jetzt im Alter einen bescheidenen Wohlstand erlangt. Du weißt, Petra, daß es uns nicht immer leicht gefallen ist, Dir finanzielle Unterstützung zukommen zu lassen. Oft hast Du gesagt, wir sollten nicht für Dich sparen; Du hast neben dem Studium gearbeitet, um uns zu entlasten. Nach dem Diplom hast Du aufgrund Deiner überdurchschnittlichen Leistungen ein Stipendium erhalten. Natürlich waren wir sehr stolz darauf, daß Deine Leistungen honoriert wurden!

Dein Flüggewerden hat uns aber auch ein wenig bedauern lassen, daß Du uns nicht mehr so viel brauchst wie früher. Kannst Du das verstehen? Das kleine Mädchen konnten wir lehren, wie man läuft, wie man Fahrrad fährt. Wir konnten Dir bei den Schulaufgaben helfen, Dir mit unserem Wissen und unseren Erfahrungen beistehen. Schon bald reichte unser Wissen nicht mehr aus, um Dir zu helfen. Du gingst zum Studium in eine andere Stadt, und an allem, was Du erzähltest, merkten wir: Du warst in eine andere Welt gegangen. Kannst Du Dir vorstellen, daß es für uns schön war, noch für Dich sorgen zu können? Es hat uns eine tiefe Befriedigung gegeben, Dir das Studium zu ermöglichen. In praktischen Dingen konnten wir Dir noch helfen, im beruflichen Bereich traten andere an unsere Stelle.

Ihnen, Herr Professor Stadler, möchte ich deshalb ganz besonders dafür danken, daß Sie unserer Tochter als Doktor-Vater mit fachlicher Unterstützung und Förderung zur Seite standen. Und Sie haben auch noch für die Zukunft gesorgt, indem Sie Petra für die Stelle empfohlen haben, die sie in wenigen Wochen antreten wird. Ich hoffe, daß Petra dort so aufgeschlossene und hilfsbereite Kollegen und Vorgesetzte finden wird wie in Ihrem Institut.

Ich weiß, liebe Petra, daß Du die Universität nicht gerne verläßt. Schon jetzt schaust Du fast wehmütig auf die vergangenen Jahre zurück, denkst an Freunde und Kollegen, die Du zurücklassen mußt, um Dir in einer fremden Stadt all das, was Dir hier lieb und teuer ist, neu zu schaffen. Du bist etwas beklommen, wenn Du an Deinen „Einstieg in die Wirtschaft" denkst. Ich weiß aber auch, daß Dich Deine neue Aufgabe sehr reizt und daß Du das, was Du bisher theoretisch erforscht hast, nun praktisch erproben möchtest.

Ich wünsche Dir für Deine neue Aufgabe viel Erfolg. Du wirst ihn haben, da bin ich sicher, denn Du behältst Dein Ziel immer vor Augen und gibst bei Problemen nicht leicht auf. Nur so ist es Dir gelungen zu promovieren. Deine Mutter und ich sind stolz auf Dich! Ich erhebe das Glas auf Dich, Fräulein Doktor, auf alles, was Du schon geleistet hast, und auf das, was Du noch erreichen wirst. Viel Glück!

Reden im Privatleben
Hauseinweihung
(Rede der Dame des Hauses)

Liebe Gäste,

zur Einweihung unseres Hauses heiße ich Sie alle ganz herzlich willkommen. Wie aufreibend das Leben eines Bauherrn ist, können Sie daran erkennen, daß mein Mann mir heute das Wort überläßt. Das tut er gewöhnlich nur sehr widerwillig. Heute hat er mich sogar darum gebeten und mir vorgehalten, es sei meine Pflicht, als Dame des Hauses einige Worte an unsere Gäste zu richten. Nun, ich nehme diese Pflicht gern auf mich. Leider findet diese Einweihungsparty über ein halbes Jahr später statt als erwartet. Wir schätzen uns aber glücklich, das möchte ich an dieser Stelle betonen, daß die Verzögerung sich nur über knapp sieben Monate erstreckte. Viele von Euch, meine lieben Freunde, hatten uns mit weitaus schlimmeren Prophezeiungen erschreckt.

Wir haben viel gelernt in unserem Dasein als „Baufamilie“, denn wir konnten Erfahrungen sammeln, von denen wir glaubten, sie seien nur gegen ungeheure Summen Geldes im Dschungel zu machen. Genaugenommen stimmt das allerdings doch, da wir uns zeitweilig wie im Dschungel vorkamen. Bisher unbekannte Pflanzen und Lebewesen stellten sich uns im Behördendschungel und im Feuchtbiotop Bauplatz entgegen. Eine hochinteressante Gattung möchte ich aber kurz anführen. Wo immer wir sie bisher erwähnten, nickte jeder mitleidig und sagte: „Ja, das kenn' ich.“ – Ich meine den „Handwerker“.

Der Handwerker, dieses geheimnisvolle Wesen, das einzeln oder auch in Gruppen auftreten kann, ist ein sehr scheues Lebewesen. Bei Tage ist es selten anzutreffen, auch ist es nie dort, wo man es vermutet. Hege, Pflege und Aufzucht gestalten sich sehr schwierig und aufwendig. Ein altes Kinderlied fragt: „Wer will fleißige Handwerker sehen?“ Ich frage Sie: „Wer will das nicht?“

Herr Klaaßen, unser Architekt, schaut mich böse an. Ich habe übertrieben und entschuldige mich hiermit bei allen, die sich angesprochen fühlten. Aber, nicht wahr, Herr Klaaßen, Sie kennen mich mittlerweile gut genug, um zu wissen, daß ich nicht im Ernst gesprochen habe. Ich danke vielmehr Ihnen und allen an der Bauausführung Beteiligten ganz herzlich. Sie haben mit Geduld und Umsicht unsere Änderungswünsche verwirklicht und uns von manchen Katastrophen erst erzählt, als der Schaden schon behoben war.

Auch unseren Freunden danke ich sehr. Sie haben uns mit Rat und Tat beigestanden; sie haben uns aufgemuntert und mit Erzählungen ihres eigenen Leidensweges zum Eigenheim erheitert. Erheben wir unsere Gläser, um uns zu stärken, bevor wir zur Besichtigung schreiten!

Reden im Privatleben
60. Geburtstag der Mutter
(Rede des Sohnes)

Liebe Mutter,

Du feierst heute mit uns Deinen 60. Geburtstag. Ich weiß, daß man bei Ansprachen das Alter der zu ehrenden Dame nicht erwähnen soll, aber einsehen kann ich den Grund nicht ganz. Es wäre doch etwas unpassend vorzugeben, Du seist jünger, denn schließlich bin ich selbst schon vierzig Jahre alt. Außerdem weiß ich, daß Du selbst immer sagst: „Jeder Mensch ist so alt, wie er sich fühlt.“ Bedenke ich Deine Energie und Deinen Unternehmungsgeist, so mußt Du jünger sein als ich.

Du und Deine Generation, Ihr hattet es nicht leicht. Ihr habt Eure Jugend in Angst und Not zugebracht. Für mich ist Dein Leben in dieser Zeit kaum vorstellbar, obwohl ich die Fakten kenne.

Der Krieg und die Folgen der Zerstörung zwangen Dich zum Verzicht auf eine Ausbildung als Kinderkrankenschwester. Du hast Vater kennengelernt, und gemeinsam habt Ihr all das aufgebaut, wovon wir nun profitieren. Für uns Kinder hast Du auch später auf eine Berufstätigkeit verzichtet. Du warst immer da, um uns zu helfen, zu trösten und zu umsorgen. Ich weiß, Du hast es nicht gern, aber laß Dir heute einmal danken für all die Zeit, die Du für uns geopfert hast.

Seit einigen Jahren hast Du nun, da wir alle vier „aus dem Haus“ sind, etwas mehr Zeit für Dich. Du hast sie mit sportlichen und kulturellen Aktivitäten ausgefüllt. Jetzt stehen schon wieder Kinder vor Deiner Tür, unsere Kinder, Deine Enkel. Du beteuerst immer, sie würden Dir nicht zur Last fallen. Ich muß Dir glauben, aber so ganz überzeugt bin ich nicht. Mir fallen die Quälgeister oftmals auf die Nerven. Um so dankbarer sind wir Dir natürlich, daß Du Dich so oft um sie kümmerst und uns dadurch Gelegenheit gibst, von Zeit zu Zeit einen Abend mit Freunden zu verbringen oder ins Theater zu gehen.

Bleib weiterhin so gesund und lebenslustig wie bisher. Darauf wollen wir anstoßen!

Reden im Privatleben
Geburtstag einer älteren Dame
(Rede eines Bekannten)

Liebe Frau Endres,

wie alt Sie heute werden, ist völlig uninteressant. Nicht, weil Sie eine Frau sind, bei der es der Anstand verbietet, nach dem Alter zu fragen. Auch nicht, weil wir diskret sind und meinen, Ihr Alter verschweigen zu müssen.

Nein, der Grund für die Weigerung, über Ihr tatsächliches Alter zu sprechen, ist: Wir finden es absolut überflüssig!

Warum? – Über das Alter macht man sich Gedanken, wenn man das Zipperlein bekommt, der Rücken weh tut, das Knie Schwierigkeiten macht und, und, und ...

Über die Alten schimpft man, wenn sie anfangen zu keifen, ungenießbar werden und alles beneiden, was jünger und schöner ist als sie selbst. Der Grund für ihre Wandlung liegt oft in der Erkenntnis, das eigene Leben verpaßt zu haben.

Alle diese Anlässe, um über das Alter zu sprechen, gibt es bei Ihnen, liebe Frau Endres, nicht!

Denn Sie haben das Leben ganz bestimmt nicht verpaßt und werden es auch – die Prognosen stehen äußerst günstig – ganz sicher in Zukunft nicht verpassen. Diese Fähigkeit, sich in jedem Alter Anstrengung und Genuß zu verschaffen, das, glaube ich, ist es, was Sie so ewig jung macht!

Das Schöne an dieser Fähigkeit: Sie ist ansteckend und wirksam gegen so manches bequeme Jammern. Ihre Freunde wissen das sehr zu schätzen und suchen auch deshalb so gern Ihre Nähe.

Durch die Freundschaft mit Ihnen ist wohl das Leben einiger von uns reicher und bunter geworden. Denken Sie nur an unsere kleine Lektüregruppe oder an die Wanderungen letztes Jahr in der Holsteinischen Schweiz.

Bleiben Sie so gesund und frisch, wie wir Sie alle kennen, und stecken Sie uns noch lange mit Ihrem Übermut an.

Herzlichen Glückwunsch!

Reden im Privatleben
Silberne Hochzeit
(Rede des Ehemannes)

Verehrte Gäste,

vor 25 Jahren haben Edeltraut und ich geheiratet. Wir wollten zuerst dieses Jubiläum im kleinen Kreise mit den Kindern begehen, aber die hatten schon alles arrangiert. Der Frechdachs Rainer sagte: „Da wir bei Eurer richtigen Hochzeit nicht eingeladen waren, haben wir die Organisation diesmal selbst übernommen.“ Nun sehen wir uns als Gäste auf der eigenen Silberhochzeit. Liebe Kinder, herzlichen Dank!

Ganz besonders freue ich mich, unseren Trauzeugen Rudolph und seine Frau Ellen begrüßen zu dürfen. Ihr lebt nun fast 800 Kilometer entfernt, und wir haben uns seit mehreren Jahren nicht gesehen. Ihr habt Euch heimlich mit unserem ältesten Sohn in Verbindung gesetzt und Euer Kommen mit ihm besprochen. Typisch Rudolph! Die Überraschung ist Euch gelungen. Nochmals herzlich willkommen!

Liebe Edeltraut, wir können nun auf 25 Ehejahre zurückblicken. Ungetrübt von Sorgen waren diese Jahre nicht, so manche Schwierigkeit hatten wir gemeinsam zu bewältigen. Wir haben es geschafft. Liebevoll und stark hast Du mir zur Seite gestanden. Für meine beruflichen Sorgen hast Du immer Verständnis aufgebracht und Dich mit meinen Problemen auseinandergesetzt. Durch Deine konstruktive Kritik ist es mir so manches Mal gelungen, meine Position sachlicher einzuschätzen und zu verbessern.

Natürlich hat es auch Meinungsverschiedenheiten und Krach gegeben. Ich bin etwas jähzornig, wie Ihr alle wißt. Aber, Edeltraut, das muß ich Dir sagen, Du kannst auch ein ganz schöner Besen sein. Ich glaube, wir steh'n einander darin nicht nach. Wir sind uns auch insofern ähnlich, als wir nicht nachtragend sind. Ein ordentliches Gewitter reinigt die Luft.

Drei Kinder hast Du mir geschenkt. Oft lag die Verantwortung für die Erziehung bei Dir allein, denn ich war aus beruflichen Gründen häufig nicht zu Hause. Ich denke, die drei sind, obwohl etwas vorlaut, recht gut gelungen. In zwei Jahren wird auch unser Küken Conny das Haus verlassen, dann sind wir wieder allein, wie zu Beginn unserer Ehe. Wie schnell die Zeit vergangen ist! Im Trott des Alltags bemerkt man gar nicht, wie Jahr um Jahr verstreicht.

Ich denke, wir werden unsere wiedergewonnene Zweisamkeit mehr genießen können als in den ersten Jahren unseres Beisammenseins. Wir haben viel erreicht und uns in den gemeinsamen Jahren einen gewissen Wohlstand geschaffen. Wir werden reisen können und vieles mehr, wozu wir Lust haben.

Liebe Edeltraut, ich danke Dir für die Jahre, die ich mit Dir verbringen durfte, und für all das, was Du für mich und die Kinder getan hast. Wir sind jung und gesund, deshalb erhebe ich mein Glas auf Dich und die nächsten 25 Jahre.

Reden im Privatleben
Weihnachtsfeier im Kindergarten
(Rede einer Mutter)

Liebe Kinder,
liebe Eltern und Erzieherinnen,

in vier Tagen ist Weihnachten, und ich freue mich ganz besonders, Sie alle heute zu einer kleinen vorweihnachtlichen Feier begrüßen zu dürfen. Für die Kinder bedeutet das Fest eine große Aufregung und die Adventszeit eine lange, manchmal schon fast qualvolle Zeit der Vorfreude. Jeden Tag wird am Adventskalender ein Türchen mehr aufgemacht und manchmal auch zwei oder mehr, wie ich feststellen mußte. Dann wird die Tür wieder ganz vorsichtig zugedrückt, so daß der Schwund fast nicht zu entdecken ist. Die Schokolade hinter den dünnen Papptürchen ist aber auch zu verlockend. Ich nehme an, daß die meisten von Ihnen diese kleinen Tricks kennen, sie sogar selbst als Kind praktiziert haben.

Aber wir sind hier nicht zusammengekommen, um diese dunklen Geheimnisse der Vorweihnachtszeit aufzudecken, sondern um miteinander zu singen, zu spielen und Bratäpfel zu essen. Und natürlich wollen wir die von den Kindern gebackenen Plätzchen probieren und gemeinsam basteln.

Die meisten von uns Müttern und Vätern sind berufstätig. Wir schaffen es einfach nicht mehr, neben Beruf und Haushalt unseren Kindern die Vorweihnachtszeit so zu gestalten, wie wir selbst es als Kinder vielleicht noch erleben durften.

Deshalb danke ich Ihnen, Frau Fuchs, Ihnen und Ihren Mitarbeiterinnen, ganz herzlich, daß Sie unseren Kindern eine so schöne Adventszeit bereitet haben. Ich freue mich sehr, daß wir heute Gelegenheit haben, mit Ihnen und den Kindern diesen Abend zu verbringen, die Hektik des Alltags abzustreifen und uns ein wenig auf das Weihnachtsfest einzustimmen.

Ich wünsche allen Anwesenden einen vergnüglichen und besinnlichen Abend und ein frohes Weihnachtsfest!

Reden im Berufsleben
Lehrlingsfreisprechung
(Rede des Lehrlingssprechers)

Sehr geehrte Damen und Herren,
liebe Leidensgenossen,

die Ausbildungszeit ist vorüber. Wir haben alle erfolgreich unsere Gesellenprüfung abgelegt. Herr Mahlmann, unser Meister, sprach vorhin sehr wohlwollend über unseren Fleiß und unsere Ausdauer, dafür danke ich ihm ganz herzlich. Aber, ehrlich gesagt, er war es doch, der die meiste Ausdauer bewies. Er ließ sich durch unsere Ungeschicklichkeiten selten aus der Ruhe bringen, und, zugegeben, wir haben uns manchmal verdammt dumm angestellt. Ungeduld scheint ihm fremd zu sein.

Vor allem vor der Prüfung haben wir gelernt, seine väterliche Art zu schätzen. Ich will es ruhig zugeben, manch einer von uns war so nervös, daß er den eignen Namen kaum schreiben konnte. Sie, Herr Mahlmann, sagten uns, wir sollten die Prüfung als Möglichkeit betrachten, einmal zu zeigen, was wir in den Jahren der Ausbildung gelernt haben. Sie haben uns Mut gemacht.

Auch den Kolleginnen und Kollegen, die uns jederzeit mit Rat und Hilfe unterstützten, danke ich sehr. Durch sie haben wir erfahren, daß man mit dem Ende der Ausbildungszeit nicht ausgelernt hat. Wir werden in den kommenden Jahren noch viel dazulernen müssen, aber hier haben wir das Handwerkszeug erhalten, um uns die Dinge selbst erarbeiten zu können.

Der Arbeitsmarkt stellt heute hohe Anforderungen an den Einzelnen. Wer bestehen will, muß sich ständig weiterbilden. In keinem anderen Lebensbereich gilt das Wort „Wer rastet, der rostet“ mehr als in der Arbeitswelt. Einige von uns werden sich jetzt notgedrungen für ... Jahre aus dem Beruf zurückziehen müssen. Die Einberufung zur Bundeswehr oder der Beginn des Zivildienstes stehen bevor. Drei Jahre lang haben wir gemeinsam gelernt, jetzt trennen sich unsere Wege.

Liebe Kollegen, ich wünsche Euch allen viel Glück und Erfolg für die Zukunft und Ihnen, Herr Mahlmann, nochmals herzlichen Dank, alles Gute und in der Zukunft so fleißige, ruhige, hilfsbereite, kurz: problemlose „Stifte“, wie wir es waren.

Ich danke Ihnen!

Reden im Berufsleben Gesellenprüfung (Rede des Meisters)

Verehrte Damen und Herren,
liebe frischgebackene Goldschmiede,

nach dreieinhalb Jahren gemeinsamer Ausbildungszeit steht Ihr nun als Goldschmiedegesellen vor uns. Die neidvollen Blicke Eurer Kolleginnen und Kollegen, die noch ein Jahr ihrer Ausbildung vor sich haben, begleiten Euch. Vor einem Jahr noch habt Ihr selbst so geschaut, dann begann die Hektik der Prüfungsvorbereitungen, die Arbeiten am Gesellenstück, und plötzlich war die Zeit zu kurz. War die Prüfung Euch zuvor in weiter Ferne erschienen, sehntet Ihr den Zeitpunkt herbei, an dem Ihr endlich zeigen konntet, was Ihr gelernt hattet, so befiel doch manch einen eine leise Verzagtheit und Furcht. Fast hättet Ihr mich mit Eurer Nervosität angesteckt, denn auch für mich, Euren Meister, war es eine Prüfung. Oft habe ich Euch Arbeiten wiederholen lassen und Euch Werkstücke zurückgegeben, weil ich nicht ganz zufrieden war.

Ich weiß, einige von Euch fühlten sich zu Beginn der Ausbildungszeit zum Künstler berufen und waren etwas geschockt, als sie die Werkstatt ausfegen sollten. Aber Kunst kommt nun mal von Können, und auch Fegen will gelernt sein. Ja, ja, ich weiß auch, daß Ihr mich manches Mal wegen meiner „Pingeligkeit“ verflucht habt. Die anwesenden Eltern werden sich wohl an manchen Ärger am Abendbrottisch erinnern. Ihr braucht gar nicht zu schmunzeln, solche Dinge gehören einfach dazu. Aber ich glaube doch, daß wir uns in den vergangenen Jahren recht gut vertragen haben. Vor allem die letzten Wochen vor der Prüfung haben mir gezeigt, wieviel Vertrauen Ihr mir entgegenbringt. Dafür möchte ich Euch an dieser Stelle einmal danken. Ihr seid mit Euren Sorgen und Ängsten zu mir gekommen, und ich hoffe, daß ich Euch nicht enttäuscht habe.

So, nun aber genug der Rückblicke auf die Ausbildungszeit! Ihr habt alle Eure Gesellenprüfung bestanden, und ich bin stolz darauf, sogar die beiden Prüfungsbesten des Bezirks unter Euch zu finden. Ihr werdet jetzt recht unterschiedliche Wege einschlagen. In der Praxis wird sich nun bewähren müssen, was Ihr gelernt habt. Neben der Vervollkommnung der handwerklichen Fertigkeiten werdet Ihr Sicherheit im Stil erlangen, einen eigenen Stil entwickeln müssen.

Ich habe vorhin scherzhaft das alte Wort „Kunst kommt von Können“ auf das Fegen angewandt, jetzt möchte ich es noch einmal aufgreifen, diesmal im Ernst.

Natürlich bin ich voreingenommen, aber ich bin überzeugt, daß kaum ein Beruf so viele Möglichkeiten bietet, wie der des Goldschmiedes. Er stellt sehr hohe Anforderungen an das handwerkliche Geschick und verlangt ständig die Aneignung neuer Techniken. Aber welcher Beruf bietet so viel Freiraum, ermöglicht so viel Kreativität, immer in Verbindung mit handwerklichem Können?

Und noch ein Aspekt darf in der heutigen Zeit wohl nicht vernachlässigt werden: Berufschancen und Arbeitslosigkeit. Wie groß die Anzahl der beruflichen Möglichkeiten ist, wißt Ihr alle, die Ihr jetzt vor der Entscheidung steht, wie es weitergehen soll. Und ich freue mich, daß Ihr alle bereits an eine Weiterqualifizierung denkt. Die Schrecken der Arbeitslosigkeit, von denen so viele Menschen heute betroffen sind, braucht Ihr nicht zu fürchten. Nimmt die industrielle Herstellung von Schmuck auch zu, so wird der Goldschmied doch immer sein Auskommen finden können.

Ich denke, das ist eine der ersten Lehren der Ausbildungszeit, daß der vollendetste Entwurf nichts taugt, wenn er an der handwerklichen Umsetzbarkeit scheitert. Eure Gesellenstücke zeigen, daß Ihr Euch dieses Spannungsfeldes sehr wohl bewußt seid. Neben handwerklicher Geschicklichkeit zeigen Sie ein hohes Maß gestalterischer Fähigkeiten. Diese beiden Bereiche unseres Berufes zu vervollkommnen wird nun Euer Ziel in den nächsten Jahren sein.

Ich wünsche Euch viel Erfolg und hoffe, in einigen Jahren darauf verweisen zu können, daß dieser oder jener Preisträger eines Wettbewerbs einmal mein Schüler war.

Rede im Berufsleben Meisterprüfung (Rede des Ausbilders)

Liebe Anwesende,

ich möchte Sie alle ganz herzlich beglückwünschen zu der heute von Ihnen bestandenen Meisterprüfung.

Endlich, nach langen Mühen, ist es so weit, und ich glaube, jeder einzelne von Ihnen weiß, wie stolz er darauf sein kann, dieses Ziel erreicht zu haben. Zunächst einmal möchte ich von den hervorragenden fachlichen Leistungen sprechen, die zu beurteilen wir heute die Freude hatten. Ich meine das ganz ernst, denn, glauben Sie mir, nicht immer bietet eine Gruppe ein so homogenes und erfreuliches Leistungsbild. Wie schwierig es ist, neben dem Beruf für die Weiterqualifizierung zu arbeiten, können wir daraus ersehen, daß von 48 Herren, die sich zum Meisterkurs angemeldet hatten, heute noch 14 vor mir sitzen, die bis zum Ende durchgehalten haben und die Prüfung mit Erfolg ablegen konnten.

Ich weiß, daß Ihre Familien und auch Ihr Freundeskreis während der Dauer des Kurses starken Belastungen ausgesetzt waren. Die Unterstützung und Ermutigung dieser Menschen hat sicherlich nicht geringen Anteil an Ihrem Erfolg, meine Herren, Sie werden das Ausmaß selbst am besten beurteilen können.

Eine weitere Schwierigkeit besteht sicherlich darin, daß Sie als „gestandene Männer“, die sich seit Jahren im Berufsleben bewährt haben, plötzlich wieder die Schulbank drücken mußten. Die Umstellung von der Praxis auf die Theorie ist vielen von Ihnen recht schwer gefallen. All die Tätigkeiten, die in Fleisch und Blut übergegangen sind, mußten von neuem theoretisch fundiert werden. Aber es waren ja nicht nur die fachlichen Kenntnisse; diese aufzufrischen und zu vertiefen, fiel Ihnen wohl am leichtesten. Sie haben sich mit bisher unbekannten kaufmännischen und rechtlichen Fragen auseinandersetzen, einen neuen Bereich erarbeiten müssen, was eine nicht geringe Herausforderung darstellte. Ich kann es verstehen, daß manch einer zwischenzeitlich fast aufgegeben hätte.

Aber Sie haben sich alle aus konkreten Gründen zu diesem Schritt entschlossen. Ich weiß, daß einige von Ihnen sich mit dem Gedanken tragen, ein eigenes Geschäft zu gründen. Wieder andere betrachten den Meisterrang als Notwendigkeit für einen Aufstieg innerhalb des Unternehmens, in dem sie beschäftigt sind. Sicher ist, daß Sie alle durch den Erwerb des Meistertitels eine weitere Sprosse des beruflichen Aufstieges erklommen haben.

Leicht gefallen ist es wohl keinem, diese lange Zeit der Doppelbelastung durchzustehen. Um so mehr wird Sie der Erfolg nun befriedigen. Ich wünsche Ihnen für die Zukunft alles Gute und weiterhin so viel Entschlossenheit und Durchstehvermögen, wie Sie es hier bewiesen haben.

Reden im Berufsleben Beförderung (Rede des Betriebsleiters)

Liebe Mitarbeiterinnen,
liebe Mitarbeiter,
lieber Herr Behrends,

wir feiern einen besonderen Tag: den Tag, ab dem Sie, geschätzter Herr Behrends, die ...-Abteilung leiten. Ich bin sehr froh, daß die Unternehmensführung sich für Sie entschieden hat. Denn Sie sind genau der richtige Mann, der über das notwendige Know-how verfügt sowie über vortreffliche Führungsqualitäten.

Daß Sie ein wahres Organisationstalent sind, das ist in unserem Unternehmen hinlänglich bekannt. Kurz und gut: Ich freue mich auf die Zusammenarbeit mit Ihnen.

Und wie man hört, sind auch Ihre Mitarbeiter mit Ihrer Wahl zum Abteilungsleiter äußerst zufrieden.

Nun brauchen Sie nur noch das kleine Quentchen Glück, auf das man immer angewiesen ist, um neue Herausforderungen erfolgreich zu bestehen. Ich wünsche es Ihnen ganz besonders.

Falls Sie irgendwann einmal einen Rat oder Hilfe brauchen – Sie wissen ja, meiner Unterstützung können Sie sicher sein.

Doch genug in den Alltag von morgen geschaut. Heute wollen wir Ihre Beförderung angemessen feiern.

Trinken wir auf ein schönes Ziel, das Sie nun erreicht haben. Meine besten Wünsche begleiten Sie in die Zukunft!

Reden im Berufsleben Beförderung (Rede des Amtsleiters)

Liebe Frau Stein,
liebe Mitarbeiterinnen und Mitarbeiter,

Sie wissen natürlich alle, warum wir uns heute zu einer kleinen Feier getroffen haben. Es gilt, einer langjährigen Mitarbeiterin zu gratulieren, ihr zu danken, sie zu verabschieden und vor allem ihr für den neuen Weg Glück zu wünschen.

Liebe Frau Stein, das ist eine ganze Menge für ein paar Stunden unserer Feier. Doch Ihnen gebührt alles:

Die Gratulation zur Beförderung.

Der Dank für die fabelhafte Arbeit, die Sie in unserem Team geleistet haben. Wir wissen nicht, wie wir Ihre Energie ersetzen könnten.

Unser Leben-Sie-Wohl – auch in Ihrem neuen Wirkungskreis. Auf daß Ihre Erwartungen erfüllt werden.

Und unsere Hoffnung, daß Ihnen die Zukunft das Glück beschert, das Sie sich wünschen.

Zur Erinnerung an Ihre „alte" Abteilung überreiche ich Ihnen dieses Andenken. Es soll Ihnen stets vor Augen halten, daß Sie bei uns sehr viel bewirkt haben. Daraus können Sie vielleicht Mut schöpfen, wenn Sie auf Hindernisse stoßen.

Liebe Frau Stein, wir freuen uns mit Ihnen über Ihren beachtlichen Erfolg.

Reden im Berufsleben 50. Geburtstag (Rede eines jüngeren Kollegen)

Lieber Herr Michel,

als wir uns in der Abteilung zusammengesetzt haben, um für Sie eine Rede zu schreiben, war uns allen bewußt, daß so etwas nicht in Ihrem Sinne ist. Sie lieben keine großen Worte und schon gar nicht in der Öffentlichkeit.

In einem Punkt haben wir Rücksicht genommen: Die „Öffentlichkeit" besteht heute nur aus unserer Abteilung. Verkauf und Personalabteilung wollten auch ihre Vertreter schicken; aus Rücksicht auf Sie haben wir die Kollegen aber gebremst. Sie werden im Laufe des Tages einzeln bei Ihnen vorsprechen.

Wenn man 50 wird, beginnt man vermutlich, Rückblick zu halten. Die Kinder sind aus dem Haus, beruflich sitzt man auf 'nem starken Ast, die midlife-crisis ist einigermaßen sicher überstanden. Oder kommt sie erst noch? Jetzt gilt es vielleicht nur noch, im Büro mit den Jungs, die noch grün hinter den Ohren sind – wie Sie zu sagen belieben – fertig zu werden.

Damit Sie sich die letzten Jahre damit nicht unnötig anstrengen müssen, hier ein paar Tips für den Umgang mit uns: Lassen Sie uns alle Freiheiten, die man zum kreativen Arbeiten braucht. Wir diskutieren dann gerne unsere Ergebnisse mit Ihnen. Gut so?

Wir versichern Ihnen, wie sehr wir Ihre Meinung schätzen und wünschen; denn sie hilft uns, den eigenen Standort klarer auszuloten und zu fundieren. Ihre bisherigen Ratschläge und Kritiken haben uns weit gebracht. Dafür unseren allerherzlichsten Dank!

Bleiben Sie weiterhin so anregend, streitbar und stark – sich an Ihnen zu wetzen, macht Profil!

Herzlichen Glückwunsch zum Geburtstag!

Reden im Berufsleben Geburtstag der Sekretärin (Rede des Vorgesetzten)

Liebe Frau König,

die Drehscheibe unserer Abteilung sind Sie – und wie gut diese Drehscheibe funktioniert, zeigen die vielen Blumen, die man Ihnen heute zu Ihrem Geburtstag gebracht hat.

Wir möchten nicht nachstehen mit unseren guten Wünschen für einen schönen Tag und ein fröhliches neues Lebensjahr.

Lassen Sie uns aber auch danken für die entspannte Atmosphäre, die Sie – auch wenn es hektisch zugeht – in unserer Abteilung verbreiten. Zu Ihnen kommt man gerne, weil man sich Ihrer Hilfe und Ihres Ratschlags gewiß ist.

Sie vertrösten schon mal einen Kunden, den wir vergessen haben. Das Schwierige für Sie ist sicher sehr oft, im richtigen Moment „nein" zu sagen, wollen Sie nicht bald die Fehler der ganzen Abteilung ausbügeln.

Auch für das neue Jahr wünschen wir Ihnen genügend Kraft, um diesem heftigen Ansturm standzuhalten. Allen Kollegen möchte ich zurufen: „Vergessen Sie bitte nicht, Frau König ist unsere Sekretärin und nicht unsere Kummerkastentante!" Wer ihr in angespannten Situationen ein Nein übelnimmt, tut ihr wahrlich unrecht!

Alle Mitarbeiter freuen sich, mit Ihnen zusammen arbeiten zu dürfen, und als Dank für Ihre liebenswürdige Art hier dieses kleine Geschenk.

Alles Gute zum Geburtstag!

Reden im Berufsleben Geburtstag eines leitenden Mitarbeiters (Rede des Chefs)

Lieber Herr Kunze,

Sie feiern heute Ihren 45. Geburtstag und begehen damit auch so etwas wie ein Jubiläum.

Sie waren um die zwanzig, als Sie als Lehrling zu uns in die Firma kamen.

Ihre berufliche Laufbahn hier im Werk ist beachtlich: Als Lehrling der kaufmännischen Abteilung haben Sie sich bis in die Chefetagen hinaufgearbeitet.

Was Ihnen diesen großen Erfolg gebracht hat? Nun, es ist das, wofür Sie im ganzen Haus bekannt sind: hervorragendes Fachwissen, gepaart mit der Fähigkeit, mit anderen Menschen auf eine sehr angenehme Art umzugehen. Sie verstehen es immer, unterschiedliche Meinungen auf einen Nenner zu bringen und so auch schwierigste Probleme zur Zufriedenheit aller Beteiligten zu lösen.

Bei aller Fähigkeit zum Kompromiß können Sie aber Ihren Standpunkt auch stark verfechten, wenn Sie der Ansicht sind, daß Ihre Ansicht zum Wohl der Firma durchgesetzt werden sollte.

Wenn man sich anschaut, wo Sie heute stehen und wie Sie dort hingekommen sind, könnte man denken, Sie haben alle Startchancen gehabt, und zwar die besten, um Ihren Weg zu machen.

Aber dem ist nicht so: Nach Ihrer Lehre bei uns finanzierten Sie sich Ihr Studium als Werkstudent; die Dissertation gelang mit Hilfe eines Stipendiums von der XYZ-Stiftung. Ihr dreijähriges Forschungsstipendium an der ABC-Universität in den Vereinigten Staaten machte Sie mit den Forschungsarbeiten auf dem Gebiet der Elektrotechnik vertraut.

Mit all diesen Erfahrungen kamen sie 19.. in unsere Firma zurück. Vermutlich war der Neueinstieg als Leiter der Abteilung Elektrotechnik damals nicht ganz einfach. Menschen, mit denen Sie gemeinsam gelernt hatten, waren nun an Ihre Weisungen gebunden. Aber Sie nahmen diese Hürde mit Bravour. Wer Ihnen noch zurückhaltend gegenüberstand, wird spätestens durch die Verkaufserfolge Ihrer Abteilung überzeugt worden sein.

Für die bereichernde Zusammenarbeit mit Ihnen unseren Dank verbunden mit den besten Wünschen zum Geburtstag!

Reden im Berufsleben Jubiläum (Rede des Chefs)

Sehr verehrter Herr Weber,
sehr geehrte Damen und Herren,

vor fast 30 Jahren haben wir dieses Unternehmen gegründet, und heute feiert ein von mir sehr geschätzter Mitarbeiter sein 25. Jubiläum: Herr Weber. Er hat seit den Gründerjahren die Entwicklung der ABC GmbH miterlebt und mitgestaltet.

Für diese treue Anteilnahme an den Geschicken unseres Hauses danke ich Ihnen, lieber Herr Weber, von Herzen. Sie waren mir stets eine große Hilfe.

Ich weiß, Sie mögen solche Worte nicht, doch an Ihrem Jubiläumstag müssen Sie diese Würdigung ertragen. Schließlich geht es morgen wieder an die Arbeit, und dann bleibt wieder nur Zeit für die Sachlichkeit.

Darum lassen Sie sich sagen, wie unentbehrlich Sie auch in Zukunft für unser Unternehmen sind und wie sehr ich Ihre Einsatzbereitschaft und Ihre Kenntnisse der ... (Fach) schätze.

Trinken wir auf Ihr Wohl und darauf, daß Ihnen die Arbeit in unserem Unternehmen noch viele Jahre Freude macht!

Ich jedenfalls freue mich darauf, auch die kommenden Aufgaben mit Ihnen gemeinsam bewältigen zu dürfen.

Reden im Berufsleben Jubiläum (Rede des Vertreters der Geschäftsleitung)

Lieber Herr Burgholz,
liebe Mitarbeiterinnen,
liebe Mitarbeiter,

es war einmal vor 25 Jahren, da klopfte ein Mann an die Tür der ABC GmbH und verlangte nicht nur, er wolle hereinkommen. Er wollte auch sein Auskommen. Man gewährte ihm beides und erklärte ihm, er möge sich an ein Zeichenbrett stellen und brav das zu Papier bringen, was sich andere ausgedacht hatten. Die Zeiten waren damals so.

Unser Mann freilich wollte sich damit nicht begnügen. Also machte er sich nebenbei an eine ganz andere Arbeit als die, die ihm angewiesen war. Er dachte sich selber etwas aus. Das aber war ganz anders, als man es in der Firma kannte. Und deshalb mußte er schwer um die gebührende Anerkennung ringen.

Bis eines Tages – die Zeiten hatten sich gewandelt – alle Welt nach neuen ... (Produkten) rief. Da plötzlich schlug die große Stunde unseres Mannes. Er hatte längst erdacht, was man jetzt am dringendsten brauchte.

Nun fand er offene Türen und Ohren. Er begann, alle Aufmerksamkeit auf sich zu ziehen. Was er machte und dachte, wurde erfolgreich. Wohin ihn dieser Erfolg führte?

Liebe Mitarbeiterinnen und Mitarbeiter, unsere Geschichte ist längst nicht am Ende. Unser Mann, Wilhelm Burgholz, hat nämlich noch einiges vor in der ABC GmbH. Wie das ausgeht, darauf dürfen wir alle gespannt sein.

Lieber Wilhelm Burgholz, ich danke Ihnen für die Bewegung, die Sie in die ABC GmbH gebracht haben. Und ich danke Ihnen ganz besonders für Ihren unschätzbaren Beitrag am Erfolg dieses Unternehmens.

Bleiben Sie auch in Zukunft ein so liebenswerter Mitarbeiter wie bisher und verwöhnen und verwirren Sie uns weiterhin mit Ihren außergewöhnlichen Ideen.

Ich trinke auf die letzten 25 Jahre! Ich trinke auf Ihr Wohl, Wilhelm Burgholz!

Reden im Berufsleben Dienstjubiläum (Dank des Jubilars)

Sehr geehrter Herr Laumann (Vorgesetzter),
liebe Kollegen
und liebe Ehefrau,
die Du in dieser für mich so bedeutenden Stunde an meiner Seite weilst,

vielen herzlichen Dank für Ihre launigen Worte, Herr Laumann.

Seit 25 Jahren bin ich nun in unserer Firma tätig, und wenn es mir nicht überwiegend gut gefallen hätte, hier zu arbeiten, dann stünde ich jetzt sicher nicht hier. Es war also eine gute Zeit, und ich bin all denen dankbar, die mir geholfen und die mich gefördert haben.

Ich danke meinen Kollegen für die gute Zusammenarbeit und für manche schöne, ja auch lustige Stunde, die wir miteinander verlebt haben. Ich danke aber auch für die Langmut, die einige von Ihnen im Umgang mit mir bewiesen haben, denn einem „Ondit“ zufolge soll ich ja manchmal ein etwas schwieriger „Kamerad“ sein.

Meiner Frau danke ich an dieser Stelle, daß sie immer akzeptiert hat, wenn ich sagte: „Geschäft geht vor Mädchen“, und daß sie mir stets zu Hause den Rücken freigehalten hat, wenn ich mich auf geschäftliche Dinge konzentrieren mußte.

Ich stehe hier, freue mich, daß Sie alle zum Gratulieren gekommen sind, und schaue auf die wunderschönen Blumen und vielen Geschenke. Sparen tue ich mir jetzt ein „Hätte aber doch gar nicht nötig getan“. Es hätte auch nicht, aber ich bin wirklich ganz gerührt und danke Ihnen dafür von ganzem Herzen.

Nun, meine Lippen werden trocken, und Ihr Kommen sollte mit einem guten Schluck belohnt werden. Darf ich bitte ein Glas haben, damit ich mit Ihnen auf eine gute und sorgenfreie Zukunft für uns alle anstoßen kann.

Vielen Dank und alles Gute!

Reden im Berufsleben Pensionierung (Rede des Vertreters der Geschäftsleitung)

Lieber Herr Meyer,
meine Damen und Herren,

zu unserem kleinen Umtrunk heiße ich Sie im Namen der Geschäftsleitung herzlich willkommen. Wir haben uns heute hier zusammengefunden – nicht in unserer alltäglichen Arbeitskluft, nein, schon unserer Erscheinung sieht man an, daß es hier und jetzt etwas zu feiern gibt.

Zu feiern? Sie, verehrter Herr Meyer, sind der Anlaß: Sie nehmen Abschied von der ABC GmbH, in der Sie als ... (Berufsbezeichnung) seit ... Jahren stets ein zuverlässiger Mitarbeiter an wichtiger Stelle waren.

Ich danke Ihnen sehr für die lange Zeit, in der Sie Ihr Wissen und Können in den Dienst der ABC GmbH gestellt haben.

Sie werden allen in unserer Firma fehlen. Was uns bleibt, ist die Hoffnung: Sie denken manchmal, wenn Sie Ihre Rosen pflegen, an uns. Und wir würden uns freuen, wenn Sie dabei auf möglichst viele gute Jahre bei der ABC GmbH zurückblicken.

Lieber Herr Meyer, ich wünsche Ihnen für die Zukunft alles erdenklich Gute, Gesundheit und Glück.

Trinken wir auf Ihren verdienten Ruhestand: Auf Ihr Wohl!

Reden im Berufsleben Pensionierung (Rede des Geschäftsführers)

Liebe Mitarbeiterinnen,
liebe Mitarbeiter,
lieber Herr Winter,

Ruhestand ist ein seltsames Wort. Heißt es: Etwas ist ruhig und steht? Oder steht etwa die Ruhe? Und wer oder was steht da eigentlich? Oder wer oder was ist da ruhig? Wie dem auch sei, der Begriff beschreibt etwas Statisches. Nichts bewegt sich, nichts ist laut und stört. Grauenvoll!

Mir scheint erst recht, wenn ich Sie, Herr Winter, anschaue, daß Ruhestand ein veraltetes Wort ist. Wie sollten Sie, ein engagierter und vielseitig interessierter Mensch, von heute auf morgen in die Lethargie des Ruhestandes verfallen. Kaum vorstellbar!

Nein, das paßt nicht zu Ihnen. In all den Jahren, die wir uns kennen, waren Sie immer voller Tatendrang, hatten Freude an neuen Entwicklungen und konnten auch noch die jüngeren Mitarbeiterinnen und Mitarbeiter motivieren. Was Sie geleistet haben, das verdient unsere hohe Anerkennung und unseren Dank.

Ich wünsche Ihnen von ganzem Herzen alles Gute, Glück, Gesundheit und vor allem eine bewegte Zukunft.

Zur Erinnerung an unsere Firma und als Dank für Ihr großes Engagement überreiche ich Ihnen dieses ... (Geschenk).

Reden im Berufsleben Pensionierung (Dank des Pensionärs)

Lieber Herr Bauer (Vorgesetzter),
liebe Kollegen,

wären nicht die schönen Reden von Ihnen gewesen, für die ich Ihnen sehr herzlich danke, ich käme glatt zu dem Schluß, die schönen Blumen und Geschenke wären ein Ausdruck der Freude, mich nun endlich loszuwerden.

Scherz beiseite, ich freue mich riesig über diese schöne Feier und werde sie sicher nicht vergessen.

Entschuldigen Sie bitte, wenn ich ab und zu einmal auf meinen kleinen Zettel sehen muß, aber einer, der pensionsreif ist, kann natürlich nicht mehr alles im Kopf behalten. Je öfter ich draufschaue, desto mehr gebe ich der Geschäftsleitung das Gefühl, richtig gehandelt zu haben.

Jüngere müssen ran, und das ist auch gut so. Wichtig ist, daß sie schön fleißig sind, denn meine Pension muß verdient werden. Wenn ich in der Zukunft werktags an einem schönen südlichen Gestade weile, werde ich mit tiefer Dankbarkeit an sie denken.

42 Jahre in einer Firma, das ist eine lange Zeit! Wenn die Zeit gut war, sind die Jahre im Fluge vergangen, und das kann ich mit Fug und Recht behaupten. Selten wurde es mir von Vorgesetzten und Kollegen schwer gemacht. Sollte ich jemandem in den vielen Jahren Unrecht getan haben, so entschuldige ich mich jetzt dafür und bitte um Verzeihung.

Meinem Nachfolger, Herrn Becker, wünsche ich viel Erfolg in seinem neuen Amt. Wie ich ihn in den letzten Wochen kennengelernt habe, wird er den Job spielend meistern. Es ist schön zu wissen, daß man einen guten Nachfolger hat!

Immer habe ich lange Reden gehaßt. Sie verderben vor dem Essen den Appetit und nachher stören sie die Verdauung. Ein guter Grund, jetzt Schluß zu machen, Ihnen allen für die Zukunft Gesundheit und wenig Sorgen zu wünschen und schnell ein Glas zu greifen, um darauf zu trinken.

Alles Gute!

Reden im Berufsleben Verabschiedung eines Mitarbeiters (Rede des Chefs)

Lieber Herr Ganz,

unsere Damen weinen alle, Ihre Kollegen machen traurige Gesichter, und ich bin heilfroh, daß ich für einen so beliebten Mitarbeiter, wie Sie es für uns alle gewesen sind, die Abschiedsrede halten darf.

In welches Dilemma hätten Sie mich gebracht, wären Sie unbeliebt, streitsüchtig, rechthaberisch, kleinlich, humorlos, ungerecht in Ihren Urteilen, aber vielleicht ansonsten ein untadeliger Mitarbeiter gewesen. Was hätte ich dann zu Ihrem Abschied sagen können? Schon die Anrede wäre anders geworden, vielleicht so:

„Hm, sehr verehrter Herr Ganz!“

Nach 15jähriger Tätigkeit bei der Firma Hinkelmann als Prokurist verlassen Sie heute unser Haus. In Ihrer Arbeit waren Sie vorbildlich und genau.

19.. begannen Sie Ihre Lehre, damals noch bei Meister Lange. Sie schnitten mit den besten Ergebnissen ab. Das war der Grund, warum man Sie im Hause behalten wolle. 19.. folgte Ihr Aufstieg zum stellvertretenden Abteilungsleiter, und dann zwei Jahre später erhielten Sie Prokura. Wahrlich, eine beachtliche Karriere!

Auf Ihr Urteil legte man Wert. In höchst produktiven Phasen unserer Mitarbeiter ging es bei Ihnen manchmal wie im Bienenhaus zu. Fast alle wollten ihre Ideen mit Ihnen besprechen. Wenn Sie dann gar nicht mehr ans Arbeiten kamen, hing für einige Tage ein Schild an Ihrer Tür, darauf stand:

Bienenhaus
zeitweilig zum Büro umfunktioniert!
Büro vorläufig geschlossen!

Dann wußten alle: Der Ganz will nicht gestört werden, und jeder akzeptierte das.

Ich weiß nicht, ob es einen Nachfolger für Sie geben wird – wir alle haben Sie sehr geschätzt und werden Ihre Wärme und direkte Offenheit sehr vermissen. Hoffentlich können wir erhalten, was Sie uns so überzeugend vorgelebt haben.

Wir werden Sie sehr vermissen! Fast sind wir ein bißchen böse darüber, daß Sie uns verlassen. – Trotzdem in alter Zuneigung und Verehrung: Für Sie die besten Wünsche, wenn Sie jetzt ins Ausland gehen!

Reden im Berufsleben Verabschiedung einer Mitarbeiterin (Rede des Chefs)

Liebe Frau Menge,

Sie waren immer für das Direkte, für das Kurz- und Schmerzlose. Nicht umsonst gehörte „Voran, nun langt's“ zu Ihren Lieblingsredewendungen.

Nach diesem Motto haben Sie auch gearbeitet. Es war immer wieder faszinierend zu sehen, wenn Sie sich von Besprechungen davonschlichen und dann zwei Tage später mit einem Entwurf oder einem fertigen Text auftauchten, in dem Sie genau das umgesetzt hatten, was Thema der jeweiligen Besprechung war. Im Tun fanden Sie Ihre Lösung – und damit haben Sie uns oft zum Staunen gebracht.

Zugegeben, es dauerte eine Weile, bis wir Ihre Art zu arbeiten nicht mehr als Kränkung verstanden. Nie hatte sich jemand zuvor ohne Erklärung von den Besprechungen zurückgezogen. Erst Ihre Arbeitsergebnisse überzeugten uns und machten uns allmählich deutlich, daß es Ihre Art von Rückzug war, die solche Ergebnisse möglich machte.

Durch Sie sind wir ein Stück toleranter geworden. Darauf können wir stolz – und Sie überzeugt sein!

Alles Gute für Ihre weitere Laufbahn!

Reden im Berufsleben Verabschiedung junger Mitarbeiter (Rede des Meisters)

Abschiedsrede für junge Mitarbeiter, die nach der Lehre nicht in den Betrieb übernommen werden

Liebe junge Kolleginnen und Kollegen,

vielleicht meinen einige von Euch, der Anlaß unseres Zusammenseins sei so traurig, daß ein Abschied ohne Ansprache angebrachter wäre! Für diese Einschätzung habe ich Verständnis, aber ich teile sie nicht.

Ich teile sie deshalb nicht, weil unser Zusammentreffen nicht nur traurig ist. Schließlich habt Ihr – wie man so schön sagt – ein gutes Stück Eurer Berufslaufbahn erfolgreich hinter Euch gebracht, und das ist ein Grund, froh zu sein.

Alle, die nicht übernommen werden konnten und sich jetzt eine neue Arbeitsstelle suchen werden, sind keine Gesellen zweiter Klasse. Das wißt Ihr selbst! Und wenn ich Euch das heute als Euer Meister noch einmal sage, so deshalb, um Euch auf Eurem weiteren Weg der Arbeitssuche zu bestärken. Ihr müßt Euch nicht verstecken, denn mit Eurer Ausbildung habt Ihr etwas vorzuzeigen. Mit Eurem Wissen habt Ihr gute Chancen, einen interessanten Arbeitsplatz zu finden.

Für Eure Suche wünsche ich Euch Glück und Erfolg. Für Euer Interesse und Engagement während der Ausbildung meinen herzlichsten Dank. Es war schön, mit Euch zusammenzuarbeiten.

Reden im Berufsleben Eröffnung neuer Filiale (Rede des Firmeninhabers)

Sehr geehrte Damen und Herren,
liebe Mitarbeiter,

heute eröffnen wir die dritte Filiale unserer Firma, und ich freue mich, so viele bekannte Gesichter zu sehen. Schön, daß Sie unseren Erfolg mit uns gemeinsam feiern. Ihnen allen ein herzliches Willkommen!

Üblicherweise unterscheidet sich eine Filiale nicht sonderlich von der Mutterfirma. Mit dieser Niederlassung, die mein Sohn Peter leiten wird, machen wir allerdings eine kleine Ausnahme.

Seien Sie gewiß: Sie werden mit allen Serviceleistungen rechnen können, die Sie bisher aus unserem Hause kennen. Hinzu kommt – auch auf Wunsch unserer Kunden – eine monatliche Gebrauchtwagenschau für Automobile der Luxusklasse.

Von dem, was Sie auf einer solchen Ausstellung alles erwartet, möchten wir Ihnen einen kleinen Vorgeschmack schon heute geben. Mein Sohn Peter erläutert Ihnen gern die Modelle, und beim anschließenden kalten Buffet werden wir die Ohren spitzen, wenn Sie uns Ihre Eindrücke mitteilen möchten.

Dir, lieber Peter, viel Erfolg bei der Leitung dieser Filiale! Und Deinen zukünftigen Kunden versichere ich: Hier sind Sie und Ihr Auto in fachmännischen Händen. Und falls Sie mal ein neues brauchen ...

Reden im Berufsleben Grundsteinlegung für Produktionshalle

Verehrte Gäste, liebe Mitarbeiter,

die Sonne scheint heute nach vielen Regentagen wieder einmal, und, ich will ehrlich sein, es hat nicht mit guter Planung von uns zu tun.

Der Himmel ist unerwartet freundlich zu uns und hilft uns dadurch, „in einem guten Licht zu erscheinen". Wir sind Petrus dankbar, denn wir können Sie, liebe Gäste, netter empfangen und Ihnen diese nüchterne Produktionshalle viel schöner präsentieren als bei strömendem Regen.

Wer eine Halle baut und seinen Betrieb vergrößert, steht ohne Frage besser da als einer, der Produktionsstätten abbauen muß. Für die Entwicklung bei uns müssen wir dankbar sein, und zwar in erster Linie unseren Geschäftsfreunden. Nur durch ihr Vertrauen und langjährige Treue zu unserem Unternehmen war es möglich, ständig zu wachsen. Wir werden auch in der Zukunft alles tun, um dieses Vertrauen zu rechtfertigen.

(Einschub von unternehmensspezifischen Informationen und Details über die Art der Produktion in der neuen Halle)

Unser Herr Rothenbaum wird Ihnen in wenige Minuten die neuartige Produktionsmethode in der Halle in allen Einzelheiten erläutern und erklären, welche Vorteile unsere Kunden durch das moderne System haben werden.

Vielen Dank, daß Sie zu uns gekommen sind. Wir freuen uns, daß Sie sich für unser Werk interessieren, und ich bitte Sie, wann immer Sie nähere Einzelheiten wissen möchten, unsere Mitarbeiter mit Fragen zu überschütten. Sollten wir mal ein Betriebsgeheimnis nicht ausplaudern wollen, so haben wir sicher eine kleine, gute Ausrede zur Hand.

Ich wünsche Ihnen noch einen schönen Tag bei und mit uns. Am Ende des Rundganges wartet ein kaltes Buffet darauf, von uns geleert zu werden. Wir werden dabei noch einige Stunden zusammen plauschen können.

Nochmals: Schön, daß Sie bei uns sind, und vielen Dank.

Reden im Berufsleben Jahreswechsel (Kurzansprache des Chefs)

Liebe Mitarbeiterinnen,
liebe Mitarbeiter,

bevor Sie sich von den großen Anstrengungen des Weihnachtsgeschäftes erholen, möchte ich Ihnen ein paar Worte der Hoffnung über die Zukunft dieses Unternehmens mit auf den Weg geben.

Sie wissen alle, wir haben eine umfassende Neustrukturierung hinter uns. Für jeden von Ihnen hat es Veränderungen gegeben, die nicht immer leicht gefallen sind, weil sie ein hohes Maß an Umstellung von Ihnen erforderten. Besonders für die älteren Mitarbeiter war dieser schwierige Weg nicht einfach. Vielen Dank, daß Sie trotzdem bei uns geblieben sind.

Haben sich die gewaltigen Veränderungen denn nun gelohnt? Ein deutliches Mehr an Anfragen zeigt, daß die ABC-Werke wieder zählen. Ganz eindeutig haben unsere großen Anstrengungen dazu geführt, auf dem Markt wieder konkurrenzfähig zu sein.

Die Auftragslage hat sich verbessert, und wir können heute vor Jahresschluß sagen, daß wir wieder die Sicherheit haben, unseren bisherigen Mitarbeiterstab, also Sie alle, weiterhin beschäftigen zu können. Darüber bin ich besonders froh!

Noch eins: In diesem Jahr haben uns mehrere Mitarbeiter verlassen, um in den Ruhestand zu gehen. Wir haben sie durch neue Leute ersetzt, die einen frischen Wind in die Firma gebracht haben. Manchem mag dieses veränderte Klima anfänglich nicht behagt haben, zusammen mit den Neustrukturierungen bedeutete auch diese Veränderung eine gewisse Unsicherheit und eine Zeit der Gewöhnung.

Wenn mich nicht alles täuscht und wenn die Nachrichten aus den einzelnen Abteilungen stimmen, haben Sie, die Alteingesessenen, unsere neuen Leute inzwischen akzeptiert, und auch die Newcomer fühlen sich bei uns ganz wohl. Bleiben Sie alle auf diesem Weg der Verständigung – er erleichtert die alltäglichen Berufs- und Arbeitsprobleme enorm.

Vielen Dank für Ihre erfolgreiche Mitarbeit, lassen Sie uns darauf anstoßen. Und dann gehen Sie guten Mutes in die Weihnachtsferien!

Reden im Berufsleben Jahreswechsel (Ansprache des Geschäftsführers)

Ansprache zum Jahreswechsel

Liebe Kolleginnen, liebe Kollegen,

seit vielen Jahren gehört es zur Tradition unserer Firma, über Weihnachten und Neujahr Büro- und Fabriktüren geschlossen zu lassen, damit Sie alle kräftig ausspannen und sich vom anstrengenden Weihnachtsstreß erholen können.

Bevor Sie Ihren wohlverdienten Urlaub antreten, hier die neuesten Zahlen: Im Vergleich zum Vorjahr ist der Verkauf unserer Produkte in diesem Jahr um 3,5% gestiegen.

Mit Ihrer großen Einsatzbereitschaft, auch für zusätzliche Sonderschichten, haben Sie diesen Erfolg möglich gemacht. Vielen Dank.

Wichtiger als mein Dankeschön wird für Sie aber die Höhe der zusätzlichen Weihnachtsprämie in diesem Jahr sein. Soll ich Sie vielleicht noch ein wenig auf die Folter spannen und Ihnen die Weihnachtsgeschichte erzählen?

Na gut, lüften wir den Schleier: Pro Kopf und Nase gibt es in diesem Jahr ... DM. – Ich hoffe, Sie sind mit diesem Ergebnis zufrieden.

Für die Weihnachtsfeiertage die besten Wünsche, kommen Sie gut ins neue Jahr. Ich freue mich, Sie alle gesund und munter wiederzusehen. Auf Wiedersehen 19..!

Reden im Berufsleben Feuerwehr – 75 Jahre (Rede des Leiters)

Liebe Gäste, liebe Mitbürger, liebe Freunde,

75 Jahre sind ein Grund, zurückzublicken und ein wenig darüber zu erzählen, was in dieser langen Zeit bei unserer Feuerwehr passiert ist.

Mit ... (Anzahl) Mann ging alles im Jahre 19.. los. ... (Name) leitete die erste Feuerwehrtruppe. Übrigens, sein Urenkel ist heute bei unserer Jugendfeuerwehr.

Die erste große Krise kam für unsere Feuerwehrleute mit dem ersten Weltkrieg; die meisten Freiwilligen wurden eingezogen. Was übrig blieb, kam mit den Mannen der Nachbarfeuerwehr zusammen. All dies in der Hoffnung, einsatzfähig zu bleiben.

Aber der Zusammenschluß rettete nur sehr kurz über die Krise hinweg. 19.. mußte die Freiwillige Feuerwehr durch eine Pflichtwehr ersetzt werden. Anderenfalls wäre der Brandschutz nicht mehr möglich gewesen.

Nach Kriegsende konnte es dann mit 15 Freiwilligen wieder losgehen; die Pflichtwehr wurde aufgelöst, und die Freiwilligen traten ihren Dienst an.

Zahllose Übungen und Versammlungen, aber auch gesellige Feste für den ganzen Ort standen in den nächsten Jahren auf dem Programm der Feuerwehrleute.

Für hervorragende Leistungen während der Löscharbeiten beim Brand in Wahlstedt – mehrere Menschenleben wurden gerettet – bekamen die Männer 19.. eine Auszeichnung. Zu dieser Zeit stiegen auch die Mitgliederzahlen

Zum Ereignis des Jahres 19.. wurde das große Verbandsfeuerwehrfest, an dem sich die Bevölkerung rege beteiligte. Man munkelt, daß sich bei diesem Fest drei Paare gefunden hätten.

1930 dann fand die erste Ausbildung an der Motorspritze statt.

Von der freiwilligen Arbeit profitierten die Nazis. 1935 beschlossen sie, die Freiwillige

Feuerwehr in „Feuerlöschpolizei“ umzutaufen. Außerdem mußte der bisherige Aufgabenbereich erweitert werden. Für den Luftschutz zum Beispiel war jetzt auch die Feuerlöschpolizei verantwortlich. Wer weiß, was diese Leute alles zu verbergen hatten, auf jeden Fall fehlt seit 1936 jede Eintragung ins Protokollbuch der Feuerwehr.

Erst von 1946 an gibt es wieder Aufzeichnungen. Ein neuer Leiter, ... (Name), wird gewählt. Mit viel Sorgfalt tut er das, was alle nach dem Krieg in der jungen Republik taten: wiederaufbauen.

Das erste große Ereignis unserer Feuerwehr nach dem Krieg: 1950 wird ein Feuerwehrauto angeschafft.

Elf Jahre später hat ... (Name des Ortes oder Löschbezirks) eine Jugendfeuerwehr. Die 10- bis 14jährigen erhalten ihren Unterricht von ... (Name). Ohne ihn würden sie vermutlich mehr Unsinn treiben, als sie es ohnehin schon tun.

1965 weiht ... (Name) das neue Gerätehaus ein. Wieder ist die Bevölkerung am Feiern beteiligt. Überhaupt ist „Geselligkeit“ das zweite große Betätigungsfeld für unsere Feuerwehr geworden. Denken Sie nur an die Ausrichtung der Weihnachtsfeier für unsere Senioren!

Große Einsätze gab es 19.. bei der Gasexplosion in ... (Name des Ortes) und beim Flugzeugabsturz ein Jahr später.

Auch in Zukunft werden wir weiter freiwillig unseren Dienst verrichten, gemäß unserem Motto

„Gott zur Ehr, dem Nächsten zur Wehr.“

Reden im Berufsleben
Seminareröffnung
(Rede des Ausbildungsleiters)

Sehr geehrte Damen und Herren,

für die meisten von Ihnen ist es ganz ungewohnt, nach so langer Pause wieder die Schulbank zu drücken. Vielleicht haben Sie, liebe Kollegen und Kolleginnen, heute morgen bei sich leichte Anzeichen von Nervosität und Magenkribbeln festgestellt? Jemand anders mag sich gefragt haben, ob sie oder er wohl alles richtig machen wird. Na ja, und dann sind sicher auch ein paar dabei, die früher mit ihren Lehrern Probleme hatten. Sie werden unseren Referenten, Herrn Koslowsky, schon insgeheim begutachtet haben. Ich hoffe sehr für Sie und auch für ihn, daß Sie keine Ähnlichkeiten festgestellt haben!

Falls aber doch, seien Sie sicher, diese Ähnlichkeiten sind nur äußerer Natur. Mit Ihrem vielleicht bösen Lehrer hat Herr Koslowsky überhaupt nichts gemein.

Ich sage Ihnen das aus meiner Erfahrung als Seminarteilnehmer bei ihm. Wenn Sie wüßten, wie ich im ersten Seminar versuchte, ihn aus der Fassung zu bringen: Zu jedem Vorschlag von Herrn Koslowsky wußte ich einen besseren. Auf das Thema – es ging damals um „Berichte“, glaube ich – konnte ich mich überhaupt nicht konzentrieren. Und dann stellte ich Fragen! Aber wissen Sie was? Die Antworten interessierten mich überhaupt nicht. Außerdem waren es so viele, daß ich mir keine einzige davon merken konnte.

Und als wir, also die Seminarteilnehmer, dann den ersten Bericht schreiben sollten – Herr Koslowsky hatte uns genau gezeigt, wie das geht – saß ich da, wie'n Ochs vorm Berg und kriegte kein Wort aufs Papier.

Mein Gott, war mir das damals peinlich! Ich versuchte, mich an das zu erinnern, was uns Herr Koslowsky erzählt hatte. Blackbox! Nichts, aber auch gar nichts wollte mir einfallen. Je auswegloser die ganze Angelegenheit schien, um so ängstlicher und hilfloser wurde ich.

Das konnte doch nicht mit rechten Dingen zugehen! So kannte ich mich gar nicht. Eigentlich, so hatte ich jedenfalls bislang von mir gedacht, kam ich doch gut mit allen möglichen Situationen zurecht. Und nun saß ich da wie ein Schulbub in Erwartung einer gerechtfertigten Strafe. Warum auf einmal diese plötzliche Veränderung?

Ich malte auf dem weißen Blatt Linie um Linie, Sie wissen schon, wie man das beim Telefonieren manchmal tut. Und plötzlich landete ich mit meinen Gedanken bei Meier. Ja, der Name „Meier“ fiel mir ein. Ich sah sein Gesicht, seine großporige Nase vor mir, hörte seinen ostpreußischen Akzent, sah den Rohrstock in seiner Hand.

Dann sah ich mich – in Lederhosen, auf dem Boden kriechend, angetrieben vom Rohrstock meines alten Lehrers Meier. Wir hatten damals noch eine Tafel, die auf Böcken stand. Immer wenn jemand etwas ausgefressen hatte – ich gestehe, es mußte schon von größerem Kaliber sein – mußten wir, je nach Unsinn, den wir angerichtet hatten, zwischen zehn- und fuffzigmal unter den Böcken unserer Schultafel hin- und herkriechen.

Und wehe, es ging nicht schnell genug! Dann schlug Meier mit dem Rohrstock auf die nackten Beine des Übeltäters und keifte dabei: „Schneller, schneller!“ Die ganze Klasse mußte sich anhören, was man ausgefressen hatte, und an Spott fehlte es auch nicht.

Ich muß Ihnen nicht sagen, wie demütigend und entwürdigend diese Art von Strafe war!

Als ich aus meinen Gedanken aufwachte, lasen die ersten bereits ihre Berichte vor. Mein Blatt war voller wirrer Linien – aber ohne Bericht. Dann bat mich Herr Koslowsky, meinen Bericht vorzulesen, und ich konnte ihm nur sagen: „Ich bin in meiner Schulzeit gelandet, dort hängengeblieben und erst jetzt wieder zurückgekommen. Einen Bericht habe ich bei der Aufregung nicht schreiben können.“ Daraufhin antwortete Koslowsky: „Das war aber eine schnelle Reise! Ich freue mich sehr, daß Sie zurückgekommen sind. Auf gute Zusammenarbeit!“

Und so war es dann auch. Vielleicht war ich nicht der beste, aber ganz sicher der aufmerksamste und interessierteste Teilnehmer in diesem Seminar. Durch die einfühlsame Art von Herrn Koslowsky und meine Reise in die Vergangenheit wurde es mir möglich, wieder von und mit anderen zu lernen.

Ich wünsche Ihnen viel Spaß bei diesem Seminar, Mut zum Fragen und Ausprobieren.

Und sollte Ihnen eine ähnliche Klippe wie mir seinerzeit begegnen, denken Sie bitte dran: Heute haben Sie alle Möglichkeiten eines Erwachsenen; die Ohnmacht des Schulkindes ist eine Erinnerung, die der Vergangenheit angehört.

Reden im Berufsleben
Seminareröffnung
(Rede des Trainers)

Ganz zu Anfang eine Bitte, meine Damen und Herren: Alles, was ich Ihnen heute zeige, was Sie selber ausprobieren und prüfen können, verlangt Zeit. Nehmen Sie sich diese Zeit für unser heutiges Beisammensein!

Warum gerade diese Bitte? – Im Alltag sind Sie häufig gezwungen, schnell zu arbeiten. Immer gibt es zuviel Arbeit und zuwenig Zeit. Da ist unsereins froh, wenn die Arbeit abends vom Tisch ist; über das „Wie“ bleibt kaum Zeit nachzudenken.

Warum auch? Solange alles läuft, besteht doch keine Notwendigkeit, die eigene Arbeitsweise unter die Lupe zu nehmen! Es könnte ja vielleicht zum Vorschein kommen, daß es auch anders geht – vielleicht sogar besser.

Solche Überlegungen, genauer noch: Entdeckungen, verlangen Zeit und Ruhe und die Bereitschaft zur Veränderung.

Wie oft habe ich schon erlebt, daß Seminarteilnehmer auf halbem Wege umgekehrt sind. Sie sind dabei zu entdecken, wie sie Ihre bisherige Arbeit erfolgreicher, ja sogar schneller machen können. Dann fällt der Griffel, und es heißt: „Das dauert so lange! Das kriegen wir nie hin! Und bei unserer täglichen Arbeit – wo sollen wir die viele Zeit hernehmen? Das ist einfach illusorisch!“

Jetzt nur nicht schwach werden, meine Damen und Herren!

Durchhalten und nicht auf halbem Wege umkehren!

Gerade, weil gut Ding Weile braucht, entdecken Sie auch im hektischen Alltagsgeschehen so selten Neuerungen.

Aber heute haben wir die Zeit, und Sie können sich den Luxus leisten, ohne Arbeitsdruck, Telefonklingeln und den anderen zigtausend Ablenkungen einmal bei einer Sache zu bleiben.

Nutzen Sie diese Chance, denn:

In Ihrer Ruhe liegt die Kraft!

Reden im Berufsleben Ladengeschäftseröffnung (Rede eines Freundes)

Lieber Hajo, liebe Gäste,

nach vielen Versuchen, im Berufsleben für Dich einen Platz zu finden, der Dich ausfüllt und befriedigt, bist Du heute hier gelandet. Mitten im Zentrum von Frankfurt wird es also bald Deine Adresse als eine der ersten am Platze geben. Wer wissen will, was es an Neuigkeiten auf dem exklusiven Möbelmarkt gibt, wird sich in Deinem Hause – oder wäre Dir „Laden" lieber? – blicken lassen müssen.

Ich wünsche Dir von ganzem Herzen, daß die Leute nicht nur gucken, sondern auch Gefallen an Deinen Möbeln finden und zudem das nötige Kleingeld haben, um auch kräftig bei Dir kaufen zu können.

Besonders aber wünsche ich Dir, daß das Einkaufen und Verkaufen, die Gespräche mit den Kunden, Besichtigung von Ausstellungen und Messen, daß all diese Tätigkeiten von der Art und Befriedigung sind, die Deinen Vorstellungen entsprechen.

Gutes Gelingen und viel Erfolg für Deinen Neuanfang.

Reden im Berufsleben Kneipenjubiläum (Dankesworte des Wirts an die Gäste)

Liebe Freunde und Nachtschwärmer!

Mit Tina und den Caprifischern segeln wir heute mit Volldampf in unser drittes Jahr. Daß wir uns diese rauschende Nacht leisten können, liegt eindeutig an Eurer Treue! Und das in einer Zeit, in der man den Menschen nachsagt, sie könnten nicht mehr treu sein!

Seit unserem ersten Eröffnungstag ist unser Laden Abend für Abend voll, über Gästemangel hatten wir nie zu klagen. Ihr wart gute Esser und Trinker, habt die Nachbarschaft nur einmal durch Ruhestörung belästigt, Mobiliar ging nicht zu Bruch – und unsere Damen und Herren vom Service sind auch mit Euch zufrieden.

Fazit: Liebe Freunde, Ihr seid es wert, gefeiert zu werden! Vielen Dank für Eure Treue. Laßt uns auf die nächsten zwei Jahre anstoßen!

Reden im Vereinsleben Jubiläum im Verein (Rede des Vereinsvorsitzenden)

Liebe Vereinskameraden,

wir haben uns heute zu einem besonders erfreulichen Ereignis zusammengefunden. Ich freue mich, auch einen Vertreter des Stadtsportamtes begrüßen zu dürfen. Sehr oft erweisen Sie uns diese Ehre nicht, Herr Wilden. Aber Ehre, wem Ehre gebührt. Dir, lieber Egon Müller, gebührt sie ganz bestimmt.

Seit 50 Jahren bis Du nun aktives Mitglied unseres Vereins. Wie aktiv Du immer noch bist, das wissen wir alle. Gestatte mir einige Worte zu den Verdiensten, die Du Dir in diesem halben Jahrhundert in unserem Verein erworben hast.

Als junger Mann bist Du der Fußball-Abteilung des TuS Eberhausen beigetreten.

Deine sportlichen Leistungen sollen, wie man hört, nicht zu verachten gewesen sein. Ich kann mir vorstellen, daß die Position des Stürmers Deinem Temperament entsprochen hat. Die Vereinsarbeit wurde durch den Krieg unterbrochen; aber nach Deiner Rückkehr aus der Gefangenschaft hast Du voller Energie am Wiederaufbau mitgearbeitet. Ich weiß nicht, was aus unserem Verein ohne Dein rastloses Bemühen und Dein Organisationstalent geworden wäre. Unter Deiner Führung wurden viele neue Abteilungen aufgebaut. Wenn wir jetzt auf die stolze Zahl von fast 900 Mitgliedern blicken können, so ist dies nicht zuletzt Dein Verdienst.

Dein Hauptaugenmerk und Deine Liebe gelten allerdings damals wie heute der Jugendarbeit. Immer wieder hast Du darauf hingewiesen, wie wichtig es ist, die Jugend zu fördern und zu unterstützen. Andere Vereine leiden unter Nachwuchsmangel. Damit haben wir keine Probleme, und das verdanken wir Dir. Du erfreust Dich großer Beliebtheit bei unseren jungen Leuten. Sie wenden sich mit ihren Sorgen an Dich, weil sie wissen, daß Du ein offenes Ohr für sie hast.

In den letzten Jahren hast Du unseren Verein vor allem auf Verbandsebene vertreten. Im Bezirks- und im Landesverband hast Du Dich für unsere Interessen eingesetzt und so manches Mal dafür gesorgt, daß unsere Sportler nicht vergessen werden.

Lieber Egon, im Namen des Vorstandes und aller Mitglieder danke ich Dir für Deinen selbstlosen Einsatz in den vergangenen 50 Jahren. Als Zeichen der Anerkennung darf ich Dir nun die Vereinsehrennadel in Gold überreichen.

Verehrte Anwesende, laßt uns die Gläser erheben auf das Wohl unseres Vereinskameraden. Ich hoffe, daß er unserem Verein noch viele Jahre erhalten bleibt.

Reden im Vereinsleben
Turniereröffnung (Begrüßungsrede)

Liebe Sportlerinnen und liebe Sportler,

im Namen der Stadt Bebenhausen und des TSV begrüße ich Sie zu unserem großen Pfingstturnier. Wir können in diesem Jahr auf eine besonders große Anzahl von teilnehmenden Mannschaften blicken. Ganz besonders freue ich mich über die Anwesenheit zweier Mannschaften aus unserer französischen Partnerstadt Villard.

Sollte es Ihnen bisher nicht bewußt gewesen sein, die Menge der Meldungen machte eine Verlängerung des Turniers erforderlich. Heute werden die Ausscheidungsspiele stattfinden, und am morgigen Tag werden die Endspiele ausgetragen.

Für die Unterbringung unserer auswärtigen Gäste wurde durch die Hilfsbereitschaft unserer Vereinsmitglieder gesorgt, und ich bin sicher, daß auch das leibliche Wohl nicht zu kurz kommen wird.

Ich hoffe, daß sich das Wetter so hält wie bisher und der Regen noch etwas ausbleibt. Neben guten sportlichen Leistungen, die aufgrund der teilnehmenden Mannschaften eigentlich schon vorprogrammiert sind, erhoffen wir uns ein besseres gegenseitiges Kennenlernen der einzelnen Sportler. Das gesellige Beisammensein am heutigen Abend wird sicherlich dazu beitragen.

Ich wünsche allen Teilnehmern einen fairen Wettkampf und viel Erfolg!

Reden im Vereinsleben
Vereinsfest (Begrüßung der Gäste)

Sehr verehrte Gäste,
liebe Vereinskameraden,

ich begrüße alle Anwesenden auf das herzlichste zu unserem jährlichen „Tanz in den Mai“. Lassen Sie mich nur wenige Sätze sprechen, bevor ich das Fest für eröffnet erkläre.

Im Laufe des vergangenen Jahres hat sich in unserem Verein viel ereignet. Durch die tatkräftige Unterstützung unserer Mitglieder und die vielen Spenden war es möglich, noch vor Weihnachten unser neues Vereinsheim fertigzustellen. Wir besitzen nun angemessene Räumlichkeiten für unsere Sitzungen und geselligen Zusammenkünfte.

Meinen besonderen Dank möchte ich den Ehefrauen und Freundinnen unserer Vereinsmitglieder aussprechen. Sie haben oft auf ihre Männer verzichten müssen und dennoch immer wieder ihre Hilfe angeboten, wenn es um unser leibliches Wohl bei Veranstaltungen ging. Durch Ihren Einsatz und Ihr Verständnis, meine Damen, haben Sie sich einen Ehrenplatz in der Vereinsgeschichte erworben.

Bevor ich nun Otto Krasser und seiner Bigband die Bühne überlasse, möchte ich Sie noch auf unsere Tombola hinweisen. Der Erlös der Tombola soll den Ferienfahrten unserer Jugendmannschaften zugute kommen. Kaufen Sie also viele Lose und versuchen Sie, sich einige der schönen Gewinne zu sichern. Ich wünsche jedenfalls viel Glück.

Meine Damen und Herren, ich wünsche uns einen vergnüglichen Abend und erkläre das Fest für eröffnet.

Reden im Vereinsleben Straßenfest (Rede des Nachbarn)

Liebe Nachbarn,
verehrte Gäste,

willkommen zu unserem Straßenfest! Zum ersten Mal veranstalten wir nun gemeinsam ein Sommerfest in der Blumenstraße. Entstanden ist die Idee dazu beim Hundeausführen. Wenn man abends mit seinem Hund einen letzten Spaziergang unternimmt, trifft man immer auf andere Hundebesitzer. Man kommt ins Gespräch über Gott und die Welt, hauptsächlich über die Hunde natürlich.

Bei einem dieser abendlichen Zufallstreffen stellten Herr Wilke und ich mit Bedauern fest, daß wir eigentlich nur sehr wenige unserer Nachbarn kannten, vornehmlich die Hundebesitzer. Nun gibt es auf der Welt und in unserer Straße ja auch noch andere Menschen, nur treiben sie sich selten nachts auf den Straßen herum.

In einer Neubausiedlung wie der unsrigen ist es gar nicht so einfach, Bekanntschaften zu schließen. Zunächst einmal sind alle mit ihren eigenen Angelegenheiten beschäftigt. Jeder von uns hat eine gewisse Scheu davor, ohne ein konkretes Anliegen fremde Menschen anzusprechen. Das ist verständlich, aber auch sehr schade.

Im vergangenen Jahr haben Rainer Wilke und ich zum ersten Mal ein Grillfest organisiert, zu dem wir sämtliche Anwohner einluden. Die Resonanz war so groß, daß unser Garten kaum ausreichte, all die Menschen zu fassen. Jeder zeigte sich begeistert. Viele Leute haben sich auf diesem Fest kennengelernt und Freundschaft geschlossen. Während des Beisammenseins kam die Idee auf, von nun an jedes Jahr ein gemeinsames Fest zu veranstalten. Es wurden viele Vorschläge zur Gestaltung gemacht. Jeder Anwohner erklärte sich sofort bereit, eine Aufgabe zu übernehmen.

Als wir all die Vorschläge zusammentrugen, bemerkten wir sehr bald, daß wir sehr viel Platz benötigen würden. Keiner von uns besitzt ein genügend großes Grundstück. So sind wir auf den Gedanken verfallen, das Fest einfach auf die Straße zu verlegen. Hier ist genug Raum für Geselligkeit und Tanz, für Tische mit Speis und Trank. Vor allem den Kindern gefällt es viel besser. Sie können toben und laufen und sich bei Spielen wie Sackhüpfen und Eierlaufen amüsieren.

Ich möchte allen Helfern ganz herzlich danken. Durch die Vorbereitungen zu diesem Fest sind wir zu einer Gemeinschaft geworden. Ich bin sicher, daß dieses Gefühl sich in Zukunft noch verstärken wird.

Meine Damen und Herren, liebe Kinder, ich wünsche allen viel Freude und gute Unterhaltung beim ersten „Straßenfest Blumenstraße"!

Reden im Vereinsleben
Schulfest (Rede eines Mitglieds der Elternpflegschaft)

Liebe Schüler,
liebe Lehrer,
liebe Eltern,

ich habe meiner Tochter versprechen müssen, keine elendslange, langweilige Rede zu halten.

Die verschiedenen Klassen und Kurse haben seit einigen Wochen an den Vorbereitungen für dieses Fest gearbeitet. Deshalb sei es mir erlaubt, wenigstens auf die Kunstausstellungen der Leistungskurse im Zeichensaal und die sportlichen Veranstaltungen in der Halle und im Freien aufmerksam zu machen. Auch die Theateraufführung in der Aula, die heute Abend den Abschluß bilden wird, möchte sicher niemand versäumen.

Wollte ich alle Genüsse aufzählen, die heute geboten werden, es würde recht lange dauern. Ich bemerke, daß meine Tochter mich schon drohend anschaut, und bitte Sie, sich an die jungen Damen und Herren zu wenden, die die selbstgestalteten Programmhefte bereithalten.

Allen Lehrern und Schülern, die durch ihr Engagement und die selbstlose Mitarbeit dieses Fest ermöglicht haben, danke ich ganz herzlich.

Ich wünsche den Sportlern viel Erfolg, uns allen einen unterhaltsamen Tag.

Herr Direktor ... (Name), ich hab's kurz gemacht, aber Sie dürfen nicht zu kurz kommen. Über einige Worte von Ihnen freuen wir uns.